Michael Esfeld

Einführung in die Naturphilosophie

Einführungen Philosophie

Die Reihe „Einführungen“ (Philosophie) soll vor allem den Studienanfängern Orientierung bieten. Auf dem neuesten Stand der Forschung werden die wesentlichen Theorien und Probleme aller Hauptgebiete der Philosophie dargestellt. Dabei geht es nicht um Philosophiegeschichte, sondern um das Philosophieren selbst. Nicht Namen und Epochen stehen im Vordergrund, sondern philosophische Argumente. Jeder Band steht für sich und ermöglicht einen systematischen Überblick über das jeweilige Gebiet. Die didaktische Aufbereitung (Zusammenfassungen, Übungsaufgaben, Literaturhinweise ...), eine übersichtliche Gliederung und die gute Lesbarkeit machen die Bände zu einem hervorragenden Hilfsmittel für Studierende.

Michael Esfeld

Einführung in die Naturphilosophie

Wissenschaftliche Buchgesellschaft

Einbandgestaltung: Neil McBeath, Stuttgart.

Die Deutsche Bibliothek – CIP-Einheitsaufnahme
Ein Titeldatensatz für diese Publikation ist bei
Der Deutschen Bibliothek erhältlich.

Gedruckt auf säurefreiem und alterungsbeständigem Papier
Printed in Germany

Besuchen Sie uns im Internet: www.wbg-darmstadt.de

ISBN 3-534-15461-4

Inhalt

I. Einleitung 7
1. Was ist Naturphilosophie? 7
2. Überblick über das Buch 8
3. Zusammenfassung, Lektürehinweise, Fragen und Übungen . . 10

II. Der philosophische Naturbegriff 11
1. Aristoteles 11
2. Descartes 13
3. Zusammenfassung, Lektürehinweise, Fragen und Übungen . . 16

III. Raum, Zeit und Materie 18
1. Newton und der Atomismus 18
2. Leibniz, Kraftpunkte und räumliche und zeitliche Relationen 21
3. Descartes, Spinoza und die Identität von Raum, Zeit und Materie 23
4. Zusammenfassung, Lektürehinweise, Fragen und Übungen . . 27

IV. Die Philosophie der Relativitätstheorie 29
1. Von Raum und Zeit zur Raum-Zeit 29
a) Die physikalischen Grundlagen 29
b) Mögliche philosophische Konsequenzen der Vereinigung von Raum und Zeit 33
2. Raum, Zeit und Materie nach der Relativitätsphysik 38
a) Substantielle Raum-Zeit 38
b) Relationale Raum-Zeit 40
c) Materielle Raum-Zeit 42
3. Zusammenfassung, Lektürehinweise, Fragen und Übungen . . 44

V. Die Herausforderung der Quantenphysik 46
1. Vier Prinzipien der klassischen Physik und Naturphilosophie . 46
2. Zustandsverschränkungen: das Kennzeichen der Quantentheorie 51
a) Inkompatible Eigenschaften 51
b) Verschränkte Zustände 54
c) Von der Quantenmechanik zur Quantenfeldtheorie 60
3. Alternativen zur Quantentheorie? 62
4. Das Messproblem 66
5. Zusammenfassung, Lektürehinweise, Fragen und Übungen . . 71
VI. Eine Naturphilosophie von Relationen 73
1. Relationen versus intrinsische Eigenschaften 73
2. Der Kreis zwischen der Erkenntnistheorie und der Ontologie . 80
3. Zusammenfassung, Lektürehinweise, Fragen und Übungen . . 82

VII. Naturgesetze und Kausalität 83
1. Was sind Naturgesetze? 83
a) Zwei Probleme für eine Theorie von Naturgesetzen 83
b) Der Gesetzes-Realismus 85
c) Der Gesetzes-Reduktionismus 88
d) Gibt es überhaupt Naturgesetze? 93
2. Was ist Kausalität? 94
3. Zusammenfassung, Lektürehinweise, Fragen und Übungen . . 98

VIII. Universelle und spezielle Naturwissenschaft 100
1. In welchem Sinne ist die Physik eine universelle Naturwissenschaft? 100
2. Emergenz und Reduktion 107
3. Thermodynamik und zeitlich gerichtete Prozesse 110
4. Zusammenfassung, Lektürehinweise, Fragen und Übungen . . 114

IX. Philosophische Aspekte der Biologie 116
1. Die Philosophie der Evolutionsbiologie 116
2. Bewusstsein und Qualia 124
3. Zusammenfassung, Lektürehinweise, Fragen und Übungen . . 126

X. Grenzen der Naturwissenschaft 127
1. Grenzen der naturwissenschaftlichen Erkenntnis 127
a) Immanente Beobachter 127
b) Unsere Stellung in der Natur 129
2. Grenzen der technischen Beherrschbarkeit der Natur 133
3. Natur, Naturwissenschaft und Moral 137
4. Zusammenfassung, Lektürehinweise, Fragen und Übungen . . 141

Danksagung 143

Literatur 145

Register 155
Namen 155
Sachen 155

I. Einleitung

Dieses Kapitel bestimmt das Thema dieser Einführung. Es enthält einen Vorschlag, wie man die Naturphilosophie von anderen philosophischen Disziplinen abgrenzen kann. Ferner wird ein Überblick über den Inhalt des Buches gegeben.

1. Was ist Naturphilosophie?

Gegenstand der Naturphilosophie

Dieses Buch soll einen Überblick über die Grundzüge der heutigen Naturphilosophie geben. Das Hauptthema der Naturphilosophie ist die Frage danach, was die Natur ist. Ausschließlich dieses Hauptthema wird in diesem Buch behandelt. Eine zeitgemäße Antwort auf diese Frage muss sich am Stand der Naturwissenschaften orientieren. Die Naturphilosophie ist aber keine populäre Darstellung von Ergebnissen der Naturwissenschaften. Das Ziel dieses Buches ist das Folgende: Es sollen die begrifflichen Werkzeuge der Philosophie eingesetzt werden, um die grundlegenden Züge des heutigen Erkenntnisstandes in den Naturwissenschaften in Hinblick auf eine Gesamtsicht der Natur auszuwerten und die philosophischen Konsequenzen einer solchen Gesamtsicht auszuloten. Dabei wird eine Reihe von Positionen zur Sprache kommen. Die eigene Akzentsetzung des Autors wird jedoch auch deutlich werden (insbesondere in Kapitel VI). Diese Akzentsetzung ist, wie in jedem Philosophiebuch, als Anregung zum kritischen Mitdenken über die behandelten Fragestellungen zu verstehen. Dasselbe gilt für die Fragen und Übungen am Ende eines jeden Kapitels: Sie sollen nicht in erster Linie Hilfestellung zum Lernen eines Stoffes, sondern Aufforderung zum eigenen Nachdenken über das Thema sein.

Naturphilosophie im philosophischen Kontext

Die Naturphilosophie als Frage danach, was die Natur ist, ist in der Nachbarschaft zu drei anderen philosophischen Disziplinen angesiedelt: der Wissenschaftstheorie, der Ontologie und der Philosophie der Technik. Man kann die Naturphilosophie auf folgende Weise von der Wissenschaftstheorie unterscheiden: Der Blick der Naturphilosophie ist nicht in erster Linie auf die wissenschaftlichen Theorien gerichtet im Sinne von deren logischer Analyse und deren Vergleich. Der Blick der Naturphilosophie ist auf den Gegenstand der naturwissenschaftlichen Theorien, die Natur, gerichtet. Wissenschaftliche Theorien werden in der Naturphilosophie in erster Linie unter dem Aspekt dessen betrachtet, was sie über die Natur aussagen. So verstanden behandelt die Naturphilosophie nicht die Frage danach, ob wissenschaftliche Theorien überhaupt so aufgenommen werden sollen, dass sie etwas über die Natur aussagen. Die Frage nach Realismus, Relativismus und Instrumentalismus in der Interpretation naturwissenschaftlicher Theorien wird daher in diesem Buch nicht explizit thematisiert.

Die Naturphilosophie gehört gemäß dieser Bestimmung zu der philosophischen Disziplin der Ontologie, der Lehre vom Sein. Statt von „Ontologie" kann man auch von „Metaphysik" sprechen. Die Naturphilosophie ist die Ontologie eines bestimmten Bereichs, der Natur. Sie unterscheidet sich dadurch von der Ontologie oder der Metaphysik im Allgemeinen, dass es in ihr nicht um generelle Kategorien des Seins geht (vergleiche Aristoteles' Bestimmung des Gegenstands dessen, was später „Metaphysik" genannt wird, in *Metaphysik* Buch IV, Kapitel 1 bis 3 [1–1]). Das Thema sind diejenigen Begriffe, die auf dem heutigen Stand des Wissens erforderlich sind, um zu verstehen, was die Naturwissenschaften über die Natur aussagen. Insofern es um Erkenntnis als etwas, das sich argumentativ ausweisen lässt, geht, setzt die heutige Naturphilosophie voraus, dass Erkenntnis über die Natur nur mit Hilfe der Naturwissenschaften gewonnen werden kann. Hierin unterscheidet sich die zeitgenössische Naturphilosophie insbesondere von der Naturphilosophie der Romantik. Die heutige Naturphilosophie ist somit das Feld, auf dem sich die Philosophie und die Naturwissenschaften im Hinblick auf das Ziel begegnen, Erkenntnis von der Natur zu gewinnen.

Der Naturphilosophie benachbart ist die Philosophie der Technik. Das Thema der letzteren ist vor allem die Reflexion über die technische Anwendung naturwissenschaftlicher Ergebnisse. Es führt aber nicht nur ein Weg von Naturwissenschaft zu Technik beziehungsweise von Naturphilosophie zu Technikphilosophie. Es gibt auch einen umgekehrten Weg: Die Reflexion darauf, dass experimentelle Naturwissenschaft von Technik abhängt, welche die entsprechenden Geräte bereitstellt, gehört ebenfalls zur Technikphilosophie. An Bedeutung hat die Technikphilosophie im Zusammenhang damit gewonnen, dass das Programm, die Ergebnisse der Naturwissenschaft zur Verbesserung der menschlichen Lebensumstände einzusetzen, heute in Frage gestellt wird.

2. Überblick über das Buch

Aufbau des Buches

Das Buch gliedert sich grob in drei Teile: das philosophische Naturverständnis (Kapitel II und III), die Philosophie der heutigen Naturwissenschaften (Kapitel IV bis IX) – wobei der Schwerpunkt auf der Physik als der grundlegenden Naturwissenschaft liegt – und die Reflexion über das Verhältnis von Naturwissenschaft, Technik und unserer Stellung in der Natur (Kapitel X). Dieses Buch setzt den Akzent auf eine Einführung in die generelle Naturphilosophie. Das heißt, es wird die Frage nach den großen Zusammenhängen – die Frage nach dem Zusammenhang von Raum, Zeit und Materie sowie die Frage nach der Struktur der Materie – relativ ausführlich behandelt. Fragen nach naturphilosophischen Problemen in speziellen Bereichen, wie zum Beispiel der Biologie, werden hingegen nur relativ kurz angesprochen (Kapitel IX).

Der Überblick über den philosophischen Naturbegriff beginnt mit Aristoteles' Abhandlung zur *Physik*. Die Bezugnahme auf die Antike ist als Hintergrund hilfreich, um die zentrale Problemstellung der neuzeitlichen Naturphilosophie zu verstehen. Erläutert wird diese Problemstellung anhand von Descartes' Verständnis der Natur als Zusammenhang der Dinge, in die wir einerseits integriert sind und die uns andererseits als Objekte des

Erkennens und der technischen Nutzbarmachung gegenüberstehen (Kapitel II).

Die Naturphilosophie von Descartes bis Leibniz wird dann benutzt, um die drei wesentlichen Konzeptionen des Verhältnisses von Raum, Zeit und Materie einzuführen: Raum und Zeit als selbständige Seiende, in denen sich materielle Gegenstände befinden (Atomismus, Newton); die Rückführbarkeit von Raum und Zeit auf Relationen zwischen materiellen Gegenständen (Leibniz); die Identität von Materie und Raum in dem Sinne, dass die materiellen Eigenschaften als Eigenschaften von Punkten oder Gebieten des Raumes verstanden werden (Descartes, Spinoza) (Kapitel III).

Methodisch soll die Bezugnahme auf die Naturphilosophie von Descartes bis Leibniz zeigen, wie philosophische Konzeptionen – vorgestellt im Ausgang von historischen Texten – zum Verständnis der heutigen Physik eingesetzt werden können: Die Vereinigung von Raum und Zeit in der speziellen und der allgemeinen Relativitätstheorie kann im Sinne von jeder der genannten drei Konzeptionen interpretiert werden. Die Physik der Relativität legt uns mithin nicht auf eine bestimmte Sicht des Verhältnisses von Raum, Zeit und Materie fest (Kapitel IV).

Die größte Herausforderung für die heutige Naturphilosophie ist die Quantenphysik. Die Darstellung in diesem Buch legt den Schwerpunkt darauf, wie die Quantenphysik uns von einer Ontologie voneinander unabhängiger Einzeldinge zu einer Naturphilosophie führt, die den Akzent auf bestimmte Relationen setzt (Kapitel V). Dieser Sachverhalt wird in Kapitel VI in einen größeren philosophischen Rahmen gestellt. Kapitel VII diskutiert die wichtigsten heutigen Positionen in Bezug darauf, was Naturgesetze sind und wie Kausalität verstanden werden kann.

Das dann folgende Kapitel beschäftigt sich mit dem Übergang von der Physik als genereller Naturwissenschaft, deren Gesetze für alle Dinge in der Natur gelten, zu speziellen naturwissenschaftlichen Disziplinen. Der Schwerpunkt liegt nicht auf der wissenschaftstheoretischen Frage der Möglichkeit oder Unmöglichkeit der Theoriereduktion, sondern auf der ontologischen Frage nach dem Zusammenhang der Dinge höherer Ebenen mit den Dingen der grundlegenden Ebene. In welchem Sinne handelt es sich dabei um neuartige Dinge mit emergenten Eigenschaften? Und in welchem Sinne handelt es sich bloß um Zusammensetzungen aus kleineren Dingen? Dabei geht es auch um die Frage, ob der wissenschaftliche Realismus in Bezug auf die Gegenstände physikalischer Theorien mit dem Alltags-Realismus vereinbar ist. Exemplarisch wird das Problem behandelt, wie die grundlegenden Naturgesetze, die alle Prozesse als im Prinzip umkehrbar beschreiben, mit unserer Erfahrung zeitlich gerichteter Prozesse verbunden werden können (Kapitel VIII). Was die Philosophie spezieller Naturwissenschaften betrifft, so werden in Kapitel IX die besonderen philosophischen Fragen, die von der Biologie aufgeworfen werden, thematisiert.

Das letzte Kapitel kommt auf die Problemstellung der neuzeitlichen Naturphilosophie zurück und fragt nach den Grenzen der Naturwissenschaft. Die erste Frage betrifft unsere Stellung in der Natur und damit die Frage nach Grenzen der Naturwissenschaft im Bereich des Verständnisses von uns selbst als denkender und handelnder Personen. Auf die wichtigsten

Positionen zu dieser Frage wird kurz hingewiesen. Die zweite Frage betrifft den Zusammenhang von Naturwissenschaft und Technik, reflektiert als die Frage nach dem Zusammenhang von Naturphilosophie und Technikphilosophie. Gefragt wird nach Grenzen der Naturwissenschaft, die Grenzen für die technische Beherrschbarkeit der Natur sind, und es wird kurz auf die Ontologie oder Metaphysik der Technik eingegangen. Das Buch schließt mit der Frage nach moralischen Grenzen in Bezug auf den Umgang mit der Natur. Die wichtigsten Antworten auf diese Frage werden skizziert (Kapitel X).

3. Zusammenfassung, Lektürehinweise, Fragen und Übungen

Zusammenfassung

Dieses Kapitel hat das Thema der Naturphilosophie eingegrenzt: Die Naturphilosophie ist im Kontext von Wissenschaftstheorie, Ontologie und Philosophie der Technik angesiedelt. Im Ausgang von der begrifflichen Analyse und der Interpretation naturwissenschaftlicher Theorien kann die Naturphilosophie als der Versuch angesehen werden, zu einer Ontologie der Natur zu gelangen. Eine Ausweitung des Themas in Richtung einer praktischen Naturphilosophie ist möglich. Es wurde ein Überblick über den Aufbau dieser Einführung in die Naturphilosophie gegeben.

Lektürehinweise

- Siehe zu Bestimmungen des Gegenstandes einer heutigen Naturphilosophie [1–2], [1–3], [1–4], [1–5], [1–6] und [1–7] sowie für eine auf den Informationsbegriff fokussierte Einführung [1–8]; für einen Gesamtüberblick ist der Lexikonartikel [1–9] empfehlenswert; speziell zur Philosophie der Physik siehe [1–10] und [1–11].

Fragen und Übungen

- Wie kann das Verhältnis der Naturphilosophie zur Wissenschaftstheorie einerseits und zur Ontologie und Metaphysik andererseits bestimmt werden?
- Was für argumentativ ausweisbare Möglichkeiten, Erkenntnis über die Natur zu gewinnen, gibt es und was folgt daraus für die Beziehung zwischen Naturphilosophie und Naturwissenschaft?
- Wie könnte eine praktische Naturphilosophie aussehen?

II. Der philosophische Naturbegriff

Das Kapitel stellt zwei zentrale philosophische Konzeptionen der Natur vor. Gemäß Aristoteles ist die Natur der Bereich dessen, was von selbst ist. Es gibt keinen Gegensatz zwischen Natur und Geist. Der wesentliche Unterschied besteht zwischen den Dingen der Natur und den Produkten der Technik. Nach Descartes ist die Natur ausschließlich durch Ausdehnung und Bewegung gekennzeichnet. Was in der Natur geschieht, unterliegt mathematischen Gesetzmäßigkeiten und kann daher im Prinzip berechnet werden. Es besteht einerseits ein Gegensatz zwischen Natur und Geist, andererseits sind wir als Denkende und Handelnde in die Natur integriert.

1. Aristoteles

Bedeutung von „Natur"

Das Wort „Natur" wird in der heutigen Umgangssprache in zwei verschiedenen Bedeutungen verwendet. Wir sprechen von der Natur im Sinne des Zusammenhangs des Seienden in der Welt und insbesondere unserer Umwelt – zum Beispiel, wenn von Naturschutz die Rede ist oder wenn es um die Beziehung zwischen Natur und Geist geht. Und wir sprechen von der Natur einer Sache im Sinne dessen, was die wesentlichen Eigenschaften der betreffenden Sache sind, also was deren Identität ausmacht. Gibt es einen Zusammenhang zwischen diesen beiden Bedeutungen?

Ursprung des Naturbegriffs

Gehen wir zum Ursprung des Begriffs der Natur zurück. „Natur", griechisch „fýsis", ist von dem Verb „fýein" abgeleitet, das mit „hervorgebracht werden, wachsen" übersetzt werden kann. Die Physis ist der Bereich dessen, was von selbst ist, indem es in sich selbst den Anfang von Veränderung und Bestand hat. Die Physis eines Dinges ist das, was dieses Ding von sich aus ist – was der ihm innewohnende Anfang von Veränderung und Bestand ist. Wir sehen, wie hier die beiden heutigen Bedeutungen des Wortes „Natur" zusammenlaufen – Natur als das, was ein Ding an sich selbst ist, und Natur als der Zusammenhang der Dinge, die von sich aus sind. In der ersten systematisch ausgearbeiteten Naturphilosophie, der *Physik* des Aristoteles (384–322 v. Chr.) [2–1], wird dementsprechend dem Bereich der Natur als dem Bereich dessen, was von selbst ist, nicht der Bereich des Geistes gegenübergestellt, sondern der Bereich der Technik als der Bereich der Dinge, die von uns hervorgebracht werden (insbesondere Buch 2, Kapitel 1). Geist im Sinne geistigen Lebens – Wesen mit Wahrnehmungen, Gefühlen, Wünschen, Gedanken und Absichten – gehört zur Natur, weil es zu dem gehört, was von sich aus ist.

Vier Arten von Ursachen

Im Hintergrund dieser Position von Aristoteles steht ein viel weiteres Verständnis von Ursächlichkeit als das heute übliche. Aristoteles unterscheidet vier Arten von Ursachen: die Form (eidos) und die Materie (hýle) eines Dinges, den Ursprung einer Veränderung, insbesondere einer Bewegung, und das Ziel oder den Zweck (télos) einer Veränderung, insbesondere einer Bewegung ([2–1], Buch 2, Kapitel 3). Jedes Ding in der Natur hat eine

Form. Die Form ist insofern etwas Geistiges (Intelligibles), als sie dasjenige ist, was die Seele eines denkenden Wesens von dem betreffenden Ding aufnimmt und über das die Seele dann als Begriff verfügt: Die Form des Steines zum Beispiel ist im Stein und als Begriff „Stein" in der Seele ([2–2], Buch 3, Kapitel 4 bis 8, insbesondere 431b 21–432a 1). Auf dieser Grundlage besteht kein Gegensatz zwischen Natur und Geist, sondern ein mehr oder weniger kontinuierlicher Übergang von unbelebtem Materiellen über Pflanzen und Tiere zu denkenden Wesen. Aristoteles konzipiert seine Abhandlung *Über die Seele* [2–2] als eine biologische Schrift, und er versteht die Seele als die Form eines lebendigen Wesens ([2–2], Buch 2, Kapitel 1; das Problem, wie der vernünftige Seelenteil verstanden werden soll, klammere ich hier aus). Die Formen sind unentstanden und unvergänglich in dem Sinne, dass es immer Exemplare jeder Art gibt.

Ferner hat jede natürliche Veränderung nicht nur eine Ursache im Sinne des bewirkenden Ursprungs, sondern auch ein Ziel oder einen Zweck. Das Handeln von Lebewesen aufgrund von Wünschen und Begierden einschließlich des absichtsvollen Handelns denkender Wesen fügt sich auf diese Weise in die Natur ein – und zwar in der Weise, dass sich das neuzeitliche Problem, wie Denken und absichtsvolles Handeln in die Natur integriert sein könnte, gar nicht stellt. Aristoteles' Hauptargument dafür, von Zweckursachen auch im Bereich des Unbelebten zu sprechen, ist, dass sich auch dort Regelmäßigkeit findet. Aristoteles denkt Regelmäßigkeit eo ipso auf ein Ziel hin ([2–1], Buch 2, Kapitel 8, insbesondere 198b 33–199a 8). Die Mathematik wird nicht auf den Bereich des Veränderlichen angewendet; sie bezieht sich auf abstrakte Formen ([2–1], Buch 2, Kapitel 2).

Gegensatz zwischen Natur und Technik

Zwischen den Dingen der Natur (fýsis) und den Produkten der Kunst oder Technik (téchne) besteht folgender Gegensatz: Im Falle von Produkten der Technik ist die Form zunächst im Geiste des Herstellenden, und der Zweck der Veränderung ist etwas, das der Herstellende setzt und nicht dem Ding als solchem zukommt. Dieser Gegensatz besteht in Bezug auf die technisch hergestellten Dinge. Die Absicht, etwas durch den Einsatz von Technik herzustellen, gehört hingegen zur Natur des Menschen. Trotz dieses kategorialen Unterschiedes zwischen Dingen der Natur und Produkten der Technik vollenden die Produkte der Technik das, was in der Natur angelegt ist. Aristoteles schreibt:

> „Wenn z. B. ein Haus zu den Naturgegenständen gehörte, dann entstünde es genau so, wie jetzt aufgrund handwerklicher Fähigkeit; wenn umgekehrt die Naturdinge nicht allein aus Naturanlage, sondern auch aus Kunstfertigkeit entstünden, dann würden sie genau so entstehen, wie sie natürlich zusammengesetzt sind. Wegen des einen ist also das andere da. Allgemein gesprochen, die Kunstfertigkeit bringt teils zur Vollendung, was die Natur nicht zu Ende bringen kann, teils eifert sie ihr (der Natur) nach" ([2–1], Buch 2, Kapitel 8, 199a 12–18; Übersetzung von Zekl).

Die Produkte der Technik fügen sich also in die Natur ein.

Suche nach Unveränderlichem

Nicht nur die *Physik* des Aristoteles, sondern nahezu die gesamte altgriechische Naturphilosophie ist durch die Suche nach dem Unveränderlichen gekennzeichnet. Der von allen Seiten geteilte Ausgangspunkt ist die Wahrnehmung vielfältiger Veränderungen. Die Fragestellung ist dann aber nicht, Gesetzmäßigkeiten herauszufinden, nach denen diese Veränderungen selbst ablaufen, so dass sie berechenbar, damit beherrschbar und schließlich technisch nutzbar werden. Die Fragestellung ist vielmehr, was das Unveränderliche ist, das diesen Veränderungen zugrunde liegt. Das gilt nicht nur für Platon (428–347 v. Chr.) und Aristoteles, sondern auch für die altgriechischen Atomisten wie Demokrit (ca. 460–380 v. Chr.). Die Atome, die Demokrit annimmt, sind unveränderlich. Sie sind durch wenige grundlegende Eigenschaften gekennzeichnet – wie zum Beispiel Raumgestalt und Undurchdringlichkeit – die immer gleich bleiben (insbesondere Fragmente 68 A37, 68 A45, 68 A57, 68 B141 in [2–3]). Eine Ausnahme bilden lediglich Heraklit (um 480 v. Chr.) und dessen Anhänger, für die gilt, dass alles im Fluss ist, es also gar nichts Unveränderliches gibt.

Intrinsische Eigenschaften

Unter Bezugnahme auf Aristoteles können wir diese auf Unveränderliches fokussierte Position so kennzeichnen: Es gibt eine Vielzahl von einzelnen Dingen. Diese Dinge sind durch Eigenschaften gekennzeichnet, die den Veränderungen zugrunde liegen und die in den Veränderungen der Dinge erhalten bleiben (insbesondere [2–4], Kapitel 5, und [1–1], Buch VII). In philosophischer Fachterminologie ausgedrückt handelt es sich dabei um innere oder „intrinsische Eigenschaften". Intrinsisch sind alle und nur diejenigen Eigenschaften, die ein Ding unabhängig davon haben kann, ob es andere Dinge gibt oder ob es solche nicht gibt. Es handelt sich also um Eigenschaften, deren Beschreibung in keiner Weise eine Bezugnahme auf andere Dinge erfordert. Ein Mensch zu sein ist ein Kandidat für eine intrinsische Eigenschaft, während Vater zu sein keine intrinsische Eigenschaft ist; denn Vater zu sein impliziert die Existenz einer anderen Person, deren Vater die betreffende Person ist.

Dieser Hinweis auf die Grundzüge der Naturphilosophie von Aristoteles soll den Hintergrund bilden, vor dem die zentrale Problemstellung der neuzeitlichen Naturphilosophie skizziert wird. Wir können heute nicht zu der altgriechischen Naturphilosophie zurückkehren. Antworten auf die heutigen Fragestellungen müssen aus der Reflexion auf die heutige Situation erwachsen, die durch einige Jahrhunderte neuzeitlicher Naturphilosophie, Naturwissenschaft und Technik geprägt ist. Aber für diese Reflexion kann es hilfreich sein, alle philosophischen Konzeptionen im Bewusstsein zu haben, die zu unserer Tradition gehören.

2. Descartes

Übergang zur neuzeitlichen Naturphilosophie

Die Problemstellung, die für die neuzeitliche Naturphilosophie charakteristisch ist, kann anhand von René Descartes (1596–1650) eingeführt werden. Die Problemstellung ist, kurz gefasst, diese: Einerseits steht die Natur uns denkenden Wesen als etwas anderes gegenüber. Auf der anderen Seite sind wir in der Natur, indem wir uns als denkende und handelnde Wesen in der Natur behaupten müssen. Der geistesgeschichtliche Hintergrund von Descartes' Philosophie ist dadurch geprägt, dass die aristotelische Sicht der Natur als etwas, dem Ziele immanent sind, ihre Tragfähigkeit verloren hat. Die christliche Philosophie des Mittelalters, die zeitlich zwischen Aristoteles und Descartes steht, verändert den aristotelischen Naturbegriff: Die Natur ist nicht von selbst, sondern von Gott geschaffen. Bei einigen spätmittelalterlichen Philosophen werden die Überlegungen darüber, was es heißt, dass Gott absolut ist, zu der These zugespitzt, dass Gott aus absoluter Macht handeln kann, ohne an irgendwelche Prinzipien gebunden zu sein. Wenn Gott aus absoluter Macht, ohne an irgendwelche Prinzipien gebunden zu sein, handeln kann, dann kann das Vertrauen auf eine sinnvolle Ordnung der Natur, in die wir integriert sind, zumindest erschüttert werden. Welches Gewicht diese Überlegungen über die absolute, ungebundene Macht Gottes haben, ist umstritten ([2–5], Teil 2, und [2–6] sind Deutungen der neuzeitlichen Philosophie von diesen Überlegungen her; siehe dagegen zum Beispiel [2–7], S. 77–79). Der Hinweis auf Überlegungen wie die genannten kann aber Folgendes zeigen: Man kann Faktoren anführen, aufgrund deren der Übergang von der aristotelischen und der christlichen Naturphilosophie zur neuzeitlichen Naturphilosophie als rational nachvollziehbar erscheint (siehe dazu auch [2–8], Kapitel 1.2). Für die heutige Diskussion bedeutet das: Es ist nicht nur ein historischer Zufall, dass unsere Situation durch einige Jahrhunderte neuzeitlicher Naturphilosophie, Naturwissenschaft und Technik geprägt ist. Man kann mit dem verstorbenen Philosophen Hans Blumenberg (1900–1996) von einer Legitimität der Neuzeit sprechen [2–5], die bei der heutigen Auseinandersetzung mit dem geistesgeschichtlichen Hintergrund der neuzeitlichen Naturwissenschaft und Naturphilosophie berücksichtigt werden sollte.

Descartes' Naturphilosophie

Die Hauptquelle von Descartes' Naturphilosophie ist das zweite Buch der *Prinzipien der Philosophie* [2–9] (zur Einführung siehe zum Beispiel [2–10], Kapitel 3). Descartes zufolge ist die Natur der Bereich des räumlich und zeitlich Ausgedehnten. Über Ausdehnung hinaus ist dieser Bereich durch Bewegung gekennzeichnet. Statt der vier aristotelischen Typen von Ursachen erkennt Descartes nur noch den Ursprung von Bewegung als Ursache an. Regelmäßigkeit wird nicht mehr unter dem Gesichtspunkt eines Ziels gedacht. Bewegung ist vielmehr als solche gesetzmäßig. Jede Bewegung ist durch andere Bewegungen nach Gesetzen determiniert. Diese Gesetze können in der Sprache der Mathematik formuliert werden. Indem Descartes die Natur so denkt, dass sie ausschließlich durch Ausdehnung und Bewegung gekennzeichnet ist, überträgt er in gewisser Weise das, was nach Aristoteles für Produkte der Technik gilt, auf die Natur insgesamt: Der Natur ist keinerlei Ziel oder Zweck immanent.

Was die Natur charakterisiert, ist nach Descartes dementsprechend keine Vielzahl von Formen, die intrinsische Eigenschaften sind, sondern allein Ausdehnung und Bewegung. Es gibt zwar etwas Unveränderliches, das der Veränderung zugrunde liegt; das ist aber keine qualitative Form. Das Unveränderliche liegt in der Veränderung selbst: Die Quantität der Materie und die Summe der Bewegung im ganzen Universum bleiben erhalten ([2–9], Buch 2, § 36). Eine Substanz im Sinne desjenigen, das bei aller Veränderung erhalten bleibt, ist letztlich nur der körperliche Bereich insgesamt genommen. Descartes schreibt in der *Übersicht über die Meditationen* [2–11]:

> „Erstens nämlich muß man wissen, daß überhaupt alle Substanzen ... ihrer Natur nach unzerstörbar sind, und daß sie niemals aufhören können zu sein ... Zweitens aber muß man beachten, daß der Körper allgemein genommen Substanz ist [*corpus quidem, in genere sumptum, esse substantiam*] und darum auch niemals untergehen kann; daß aber der menschliche Körper, sofern er sich von den übrigen Körpern unterscheidet, ... äußerst leicht untergeht" (Übersetzung gemäß der Ausgabe von Gäbe, S. 25–27).

Jeder einzelne, bestimmte Körper kann vergehen. Was immer bestehen bleibt, ist nicht die Form von Dingen einer Art, sondern nur das Körperliche (die Materie) insgesamt, ungeachtet seiner jeweiligen Gestalt. Diese Konzeption lässt im Prinzip Raum dafür, Entstehen und Vergehen natürlicher Arten zu denken. Allerdings hat Descartes noch keine Evolutionstheorie im Sinn.

Ausdehnung und Denken

Mit dieser Sicht der Natur stellt sich das Problem, wie wir als denkende und handelnde Wesen in die Natur integriert sind. Den Kontrast zum Begriff der Natur bildet für Descartes nicht der Begriff der Technik, sondern der Begriff des Geistes. Auf der einen Seite gehören wir nach Descartes nicht zum Bereich des Ausgedehnten, insofern wir denkende und handelnde Wesen sind. Descartes stellt dem Bereich des Ausgedehnten als *res extensa* das Denken als einen eigenständigen Seinsbereich gegenüber, den Bereich der *res cogitans* ([2–11], 6. Meditation; [2–9], Buch I, § 8). Auf der anderen Seite sind wir an die Natur gebunden. Zu unserer Selbsterhaltung und Selbstbehauptung müssen wir handelnd in die Natur eingreifen.

Die kausale Wirksamkeit von Handlungsabsichten

Wie können wir aber als Handelnde überhaupt in den Bereich der Natur eingreifen, wenn jedes Ereignis in der Natur auf andere Ereignisse gemäß deterministischen Gesetzen folgt? Descartes beantwortet diese Frage auf folgende Weise: Die Handlungsabsicht ist physikalisch wirksam, indem sie die Bewegungsrichtung der physikalischen, animalischen Geister im Gehirn verändert. Die Handlungsabsicht verändert aber nicht den Betrag von deren Bewegung. Eine Änderung der Bewegungsrichtung von Körperlichem durch Geistiges ist möglich, ohne in Konflikt mit Descartes' physikalischem Determinismus zu geraten. Denn Descartes veranschlagt nur ein Gesetz der Erhaltung des Betrags des Impulses ($|mv|$). Er kennt aber nicht das Gesetz, gemäß dem der Impuls als vektorielle, das heißt gerichtete Größe erhalten bleibt ([2–9], Buch 2, §§ 36, 41; siehe dazu [2–12], § 50, und [2–13]). Da sich der Determinismus in Descartes' Physik nur auf den Betrag des Impulses, nicht aber auf den Impuls als gerichtete Größe bezieht, kann Descartes die genannte kausale Wirksamkeit nicht-physikalischer Handlungsabsichten annehmen und zugleich einen physikalischen Determinismus vertreten.

Naturwissenschaft und Technik

Nach Descartes hat die Naturwissenschaft nicht nur das Ziel, Erkenntnis von der Natur zu gewinnen, sondern die Erkenntnisse über die Natur sollen unserer Selbstbehauptung in der Natur dienen. Von Descartes bis heute ist dieses nicht als eine Aussage über die Motive der jeweiligen Naturwissenschaftler zu verstehen. Es ist eine Aussage über die gesellschaftliche

Funktion der Naturwissenschaft angesichts der oben genannten Problemstellung. Naturwissenschaft steht für Descartes im Dienste der Humanität in dem Sinne, dass sie zu einer Verbesserung der menschlichen Lebensumstände eingesetzt werden soll, wobei Descartes in erster Linie die Medizin im Auge hat ([2–14], 6. Teil). Hierin ist sich Descartes mit den anderen großen Philosophen am Beginn der Neuzeit, wie Francis Bacon (1561–1626) und Thomas Hobbes (1588–1679), einig. Bacon entwirft ein entsprechendes Programm im *Neuen Organon* [2–15], und auch Hobbes spricht davon, dass wir die naturwissenschaftlichen Erkenntnisse planmäßig zur Förderung des menschlichen Lebens nutzen sollen ([2–16], Kapitel 1, § 6). Technik schließt für Descartes wie für Aristoteles an die Natur an. Aber für Descartes ist die Technik keine Vollendung dessen, was in der Natur angelegt ist, sondern eine planmäßige Umgestaltung der Natur gemäß menschlichen Zwecken. Die technischen Gegenstände stellen für Descartes, im Unterschied zu Aristoteles, kein ontologisches Problem dar. Es handelt sich um Dinge in der Natur wie alle anderen, die durch Ausdehnung und Bewegung gekennzeichnet sind und die den Bewegungsgesetzen, insbesondere den Erhaltungsgesetzen, unterliegen. Um die Natur zu unseren Zwecken verändern zu können, müssen wir uns in unserem Handeln an die Gesetzmäßigkeiten der Natur anpassen. Es bedarf daher keiner Philosophie der Technik im Sinne einer Ontologie der technischen Gegenstände. Und Technikphilosophie als kritische Reflexion über die Technik kommt erst dann zum Tragen, wenn das Programm, Naturwissenschaft zu fördern, um sie zur Verbesserung der menschlichen Lebensumstände einzusetzen, fragwürdig wird.

3. Zusammenfassung, Lektürehinweise, Fragen und Übungen

Zusammenfassung

In diesem Kapitel haben wir die beiden wichtigsten Sichtweisen der Natur in der Philosophiegeschichte kennengelernt: Natur als der Bereich dessen, was von selbst ist (Aristoteles), und Natur als der Bereich des Ausgedehnten und Bewegten (Descartes). Die letztere Sicht ist für die neuzeitliche Naturwissenschaft bestimmend. Sie bildet den Ausgangspunkt für die heutige Naturphilosophie – und darüber hinaus für die zentrale Problemstellung der neuzeitlichen Philosophie insgesamt, wie wir uns selbst als Denkende und Handelnde in der Natur verstehen sollen.

Lektürehinweise

- Aristoteles, *Physik*, Buch 2, Kapitel 1, 2, 3 und 8 [2–1]
- Descartes, *Prinzipien*, Buch 2 [2–9]; *Von der Methode*, 6. Teil [2–14]

Fragen und Übungen

- Was ist nach Aristoteles der Gegensatz zwischen Natur und Technik und inwiefern besteht kein Gegensatz?
- Wieso ist für Aristoteles die Mathematik nicht zur Beschreibung der physikalischen Umwelt geeignet?
- Wieso besteht für Aristoteles kein Gegensatz zwischen Natur und Geist und wieso besteht für Descartes ein solcher Gegensatz?

- Erläutern Sie den Wandel des Naturbegriffs von Aristoteles zu Descartes!
- Wie löst Descartes das Problem, dass Handlungsabsichten physikalisch wirksam sind, obwohl die physikalische Welt seines Erachtens deterministisch ist?
- Was heißt es, die naturwissenschaftlichen Erkenntnisse zur Verbesserung der menschlichen Lebensumstände einzusetzen (und was heißt das nicht unbedingt)?

III. Raum, Zeit und Materie

Dieses Kapitel stellt die drei wesentlichen Konzeptionen dessen vor, wie das Verhältnis von Raum, Zeit und Materie in der Naturphilosophie gedacht werden kann. Diese Konzeptionen werden anhand der Auseinandersetzung zwischen Newton und Leibniz sowie der Naturphilosophie von Descartes und Spinoza eingeführt. Auf die wichtigsten Probleme von jeder dieser Konzeptionen wird hingewiesen.

1. Newton und der Atomismus

Grundpositionen

Die Frage nach dem Verhältnis von Raum, Zeit und Materie kann als das wichtigste naturphilosophische Thema angesehen werden. In diesem Kapitel sollen drei Grundtypen, dieses Verhältnis zu denken, vorgestellt werden. Es sind, kurz gefasst, diese:

1. Raum und Zeit auf der einen und Materie auf der anderen Seite sind verschiedenes Seiendes;
2. Raum und Zeit können in irgendeiner Weise auf Materie zurückgeführt werden;
3. Materie kann in irgendeiner Weise auf Raum und Zeit zurückgeführt werden.

Diese Grundtypen werden in diesem Kapitel anhand von Philosophen aus dem 17. Jahrhundert vorgestellt. Im nächsten Kapitel erfolgt die Bezugnahme auf die heutige Naturwissenschaft.

Raum und Zeit verschieden von Materie

Die vom Alltagsverständnis her am nächsten liegende Konzeption ist wohl diejenige, welche Raum und Zeit auf der einen und Materielles auf der anderen Seite als verschiedenes Seiendes ansieht. Man stellt sich Raum und Zeit häufig als etwas vor, welches das Materielle umfasst. Bildlich gesprochen: Der Raum und die Zeit sind so etwas wie Behälter, in denen sich das Materielle befindet. Philosophisch wird eine solche Konzeption von Isaac Newton (1642–1727) in den *Mathematischen Grundlagen der Naturphilosophie* ausgearbeitet [3–1]. Nach Newton sind der Raum und die Zeit absolut im Sinne dessen, dass sie für sich bestehendes, eigenständiges Seiendes sind. Raum und Zeit könnte es auch dann geben, wenn es nichts Materielles in Raum und Zeit gäbe. Newton kann als Atomist angesehen werden, obwohl nicht alle Textstellen eindeutig sind (siehe zu Newtons Atomismus [3–2], S. 29–51, besonders S. 50, sowie S. 119–120). Das Materielle ist nicht beliebig teilbar. Das grundlegende Materielle in Raum und Zeit sind punktartige Teilchen, die unteilbar sind, Atome im wörtlichen Sinne. Alle Körper sind aus Atomen aufgebaut. Am Ende der *Optik* schreibt Newton:

> „Nach allen diesen Betrachtungen ist es mir wahrscheinlich, daß Gott im Anfange der Dinge die Materie in massiven, festen, harten, undurchdringlichen und beweglichen Partikeln erschuf … keine Macht von ge-

wöhnlicher Art würde im Stande sein, das zu zerteilen, was Gott selbst bei der ersten Schöpfung als Ganzes erschuf. ... Damit also die Natur von beständiger Dauer sei, ist der Wandel der körperlichen Dinge ausschließlich in die verschiedenen Trennungen, neuen Vereinigungen und Bewegungen dieser permanenten Teilchen zu verlegen ..." ([3–3], Band 2, S. 143).

Die Atome füllen den Raum nicht aus. Leerer Raum ist erforderlich, damit die Atome sich bewegen können. Die Bewegung der Atome erfolgt gemäß deterministischen Gesetzen. Sie ist mathematisch berechenbar. Die Bewegung eines Körpers findet im absoluten Raum statt. Bewegung ist nach Newton absolut im Sinne dessen, dass die Bewegung eines Körpers nicht relativ zu dem Bewegungszustand anderer Körper ist. Das impliziert jedoch nicht, dass es möglich ist, die Bewegung eines Körpers ohne Bezugnahme auf den Bewegungszustand anderer Körper zu beschreiben.

Allerdings denkt sich Newton Versuche aus, mit denen er absolute Bewegung und auf diese Weise den absoluten Raum empirisch nachweisen möchte. Berühmt ist insbesondere das Gedankenexperiment des Eimerversuchs. Mit diesem Gedankenexperiment möchte Newton zeigen, dass es möglich ist, Rotationsbewegungen allein aufgrund der mit diesen verbundenen Trägheitskräfte und somit unabhängig von der Bezugnahme auf den Bewegungszustand anderer Körper empirisch nachzuweisen. Trägheitskräfte sind gemäß diesem Gedankenexperiment keine Folge von Relativbewegungen; sie sind vielmehr auf Bewegungen in Bezug auf den absoluten Raum zurückzuführen ([3–1], Scholium zu den Definitionen).

Newtons Physik impliziert, dass Gravitation eine Fernwirkung zwischen den Atomen ist; Newton selbst hält eine Fernwirkung jedoch für eine große Absurdität (Brief 406 an Bentley, 25. Feb. 1692/3, in [3–4], S. 254). Eine Fernwirkung ist eine Wirkung, die sich instantan über beliebige Gebiete des Raumes hinweg ausbreitet. Wenn beispielsweise die Sonne vernichtet werden würde, dann hätte das nach der Newton'schen Physik sofort eine Auswirkung auf den Bewegungszustand der Erde, obgleich zwischen der Erde und der Sonne eine beachtliche räumliche Distanz besteht.

Die Konzeption, Raum und Zeit auf der einen und Materielles auf der anderen Seite als verschiedenes Seiendes anzusehen, ist nicht an den Atomismus gebunden. Die Materie in Raum und Zeit brauchen nicht Atome zu sein, die sich im leeren Raum bewegen. Man kann auch annehmen, dass alle Körper immer weiter teilbar sind und sogar dass der Raum voll ist. Descartes zum Beispiel entwickelt eine Konzeption dessen, wie Bewegung möglich ist, auch wenn es keinen leeren Raum gibt. Bewegung im vollen Raum ist möglich, wenn sie letztlich kreisförmig ist ([2–9], Buch 2, § 33). Ferner ist eine Feldkonzeption von Materie mit dieser Sicht von Raum, Zeit und Materie vereinbar. Feldtheorien sind der Physik Newtons allerdings noch fremd. Sie werden erst zu Beginn des 19. Jahrhunderts entwickelt. Ein Feld ist etwas, das sich im Prinzip über den gesamten Raum und die gesamte Zeit erstreckt. Felder sind durch physikalische Eigenschaften bestimmt, die sie an Punkten oder punktartigen Gebieten des Raumes und der Zeit haben. Ein Raum, der mit Feldern gefüllt ist, ist kein leerer Raum, weil es an allen Punkten irgendwelche Feldeigenschaften gibt (siehe [3–5] zu Feldtheorien in der Naturphilosophie). Für die hier zur Debatte stehende Sicht des Verhältnisses von Raum, Zeit und Materie kommt es nicht darauf an, wie die Materie gedacht wird. Diese Konzeption ist mit allen bekannten physikalischen Analysen dessen, worin die Materie besteht, vereinbar. Es kommt lediglich darauf an, dass Raum und Zeit auf der einen und Materie auf der anderen Seite für verschiedenes Seiendes gehalten werden.

Status von Raum und Zeit

Das Hauptproblem für diese Konzeption ist die Frage nach dem ontologischen Status von Raum und Zeit als einem Seienden, das von dem Materiellen unabhängig ist. Materielles ist von Raum und Zeit ontologisch abhängig, weil es Materielles nur in Raum und Zeit geben kann. Raum und Zeit sind hingegen von Materiellem nicht ontologisch abhängig; Raum und Zeit könnte es auch geben, wenn es nichts Materielles gäbe. Gemäß dem Vorsokratiker Demokrit, auf den die Naturphilosophie von Atomen in einem leeren, absoluten Raum zurückgeht, gehört der Raum nicht zu den Dingen, die existieren: Er ist Nicht-Sein (Fragmente 68 A6, A37, in [2–3], Band 2). Das Sein – die Atome – kann aber nur auf der Grundlage des Raumes existieren, nämlich im Raum. Demokrit kommt daher zu dem paradoxen Schluss, dass das Nicht-Sein ebenso existiert wie das Sein (Fragment 68 A 6). Newton vergleicht den Raum an einer Stelle der *Optik* ([3–3], Band 2, S. 145; siehe auch Clarke, Brief 1 an Leibniz, § 3; Brief 2 an Leibniz, § 3 in [3–6]) mit einem unbegrenzten, gleichförmigen Empfindungsorgan Gottes. Als Newtons Vertreter Samuel Clarke (1675–1729) an dieser Stelle in seiner Korrespondenz mit Leibniz unter Druck gesetzt wird, schreibt er, dass der Raum eine Eigenschaft Gottes ist, die eine unmittelbare und notwendige Folge von Gottes Existenz ist (Brief 3 an Leibniz, § 3; Brief 4 an Leibniz, §§ 8–10, 15, 41; Brief 5 an Leibniz, §§ 36–48, 79–82 in [3–6]). Trotz dieser Beschreibung – oder vielleicht gerade wegen dieser Beschreibung – ist der Einwand von Immanuel Kant (1724–1804) plausibel: Der Raum als etwas, das es zusätzlich zu Materiellem gibt, ist ein Unding – etwas, das da ist, ohne dass es etwas Wirkliches gibt (*Kritik der reinen Vernunft* A 39/B 56, B 70–71 [3–7]).

Das Problem wäre selbst dann nicht beseitigt, wenn man plausibel machen könnte, dass Raum und Zeit ebenso ontologisch abhängig von Materiellem sind, wie Materielles von Raum und Zeit ontologisch abhängig ist – also wenn es Raum und Zeit nur zusammen mit Materiellem in Raum und Zeit geben könnte. Das Problem ist dieses: In philosophischer Reflexion lässt sich nicht klären, was Raum und Zeit als Seiendes, das es zusätzlich zu Materiellem gibt, sein könnten. Wenn es Schwierigkeiten bereitet, hier zwei verschiedene Seiende zu denken – Raum und Zeit auf der einen, Materielles auf der anderen Seite –, dann liegt der Gedanke nahe, dass es sich gar nicht um verschiedenes Seiendes handelt. Es gibt zwei prinzipielle Möglichkeiten, diesen Gedanken auszuführen: Entweder führt man Raum und Zeit in irgendeiner Weise auf Materielles zurück, oder man führt das Materielle in irgendeiner Weise auf Raum und Zeit zurück.

oder 3.: unauflösliche Verschränkung

x Kein Problem! Materie ist ein Seiendes neben Raum u. Zeit, aber nicht das Seiende.

2. Leibniz, Kraftpunkte und räumliche und zeitliche Relationen

Raum und Zeit nur Relationen

Die Position, dass Raum und Zeit kein eigenständiges Seiendes im Unterschied zu Materiellem sind, vertritt Gottfried Wilhelm Leibniz (1646–1716). Leibniz entwickelt seine Position in Auseinandersetzung mit Newtons Theorie. Die wichtigste Quelle ist sein Briefwechsel mit Samuel Clarke, der für Newton spricht [3–6]. Nach Leibniz sind Raum und Zeit nur Relationen. Der Raum ist die Anordnung des zugleich Existierenden. Die Zeit ist die Anordnung des nacheinander Existierenden ([3–6], 3. Brief, § 4; 4. Brief, § 41 und P. S.; 5. Brief, §§ 29, 47, 104). Der Bewegungszustand eines Körpers ist immer relativ auf den Bewegungszustand anderer Körper ([3–6], 3. Brief, § 5; 4. Brief, §§ 6, 13; 5. Brief, §§ 31, 47). Gegen einen absoluten Raum und eine absolute Zeit argumentiert Leibniz in folgender Weise: Da alle Raum- und Zeitstellen gleich sind, könnte es keinen Grund für Gott geben, Materie an einer bestimmten Raum- oder Zeitstelle zu schaffen. Selbst wenn der absolute Raum voll wäre, beständen mehrere, ununterscheidbare Möglichkeiten, die Materie in diesen Raum zu setzen – die Materie könnte zum Beispiel als ganze um 180 Grad gedreht sein; es würde ein Grund für Gott fehlen, eine dieser Anordnungen zu wählen ([3–6], 3. Brief, §§ 5–6; 4. Brief, § 15). Ohne Bezugnahme auf Gott können wir dieses Argument so formulieren: Wenn es einen absoluten Raum und eine absolute Zeit gäbe, dann beständen mehrere Möglichkeiten, wie das Materielle in Raum und Zeit angeordnet sein könnte. In allen diesen verschiedenen Möglichkeiten sind jedoch alle Relationen zwischen Materiellem gleich. Von der Theorie eines absoluten Raumes und einer absoluten Zeit her gibt es einen Unterschied zwischen diesen Möglichkeiten; ein solcher Unterschied tritt aber in keiner Weise hervor. Deshalb gibt es keinen absoluten Raum und keine absolute Zeit als Seiendes, das von dem Materiellen verschieden ist.

Kein Kontinuum

Leibniz lehnt in seinem Briefwechsel mit dem Cartesianer Burcher de Volder (1643–1709) die Position ab, dass ein Kontinuum im Sinne von etwas, das nicht aus Teilen zusammengesetzt ist, existiert: Ein Kontinuum involviert Unbestimmtheit. Unbestimmtheit kann es in Wirklichkeit nicht geben ([3–8], S. 282 mit Anmerkung/deutsch S. 181–183; vergleiche [3–9], S. 57–58). Dieses Argument kann folgendermaßen verstanden werden (vergleiche [3–10], S. 35–36): Es ist nicht von vornherein vorgegeben, wie Abgrenzungen innerhalb eines Kontinuums vorzunehmen wären. Es könnte folglich, streng genommen, nie einen zureichenden Grund für die Wahl bestimmter Abgrenzungen geben. Daher müssen nach Leibniz alle denkbaren Abgrenzungen vorgegeben sein. Es gibt kein Kontinuum im Sinne von etwas, das nicht aus Teilen zusammengesetzt ist. Leibniz setzt die Teilbarkeit von Materiellem mit Geteiltheit, dem Bestehen aus Teilen, gleich. Alles Reale ist diskret ([3–8], S. 261–262, 276, 281–282 mit Anmerkung/deutsch S. 157, 171, 181–183).

Monaden

Leibniz ist jedoch kein Atomist. Alles Materielle ist nicht nur unendlich teilbar, sondern in der Tat unendlich geteilt. Statt Atome stellt sich Leibniz

Kraftpunkte vor, die Monaden. Er kritisiert an Descartes' Naturphilosophie, dass durch die Prinzipien „Ausdehnung" und „Bewegung" nicht alle Eigenschaften der Materie (wie Undurchdringlichkeit) und nicht alle Vielfalt des Materiellen erklärt werden können. Hierzu ist der Kraftbegriff notwendig, der fundamentaler als „Ausdehnung" und „Bewegung" ist. Diese Kritik führt Leibniz insbesondere in seinem Briefwechsel mit de Volder aus ([3–8], S. 169–171, 184/deutsch S. 125–129, 139–141). Leibniz kann so verstanden werden, dass er eine physikalische Feldtheorie vorwegnimmt: Die Kraftpunkte (Monaden) können physikalisch als Feldquellen aufgefasst werden. Die Monaden übernehmen bei Leibniz die Funktion, welche die Atome in einer atomistischen Naturphilosophie haben. Leibniz bezeichnet die Monaden auch als die wirklichen Atome ([2–12], § 3). Jedes Ganze ist ein Aggregat von Monaden ([2–12], § 2). Den Monaden kommen jedoch nicht, wie den Atomen der Atomisten, nur wenige grundlegende Eigenschaften zu – im Gegenteil, jede Monade spiegelt in sich die ganze Welt aus ihrer Perspektive wider ([2–12], § 56; [3–6], Brief 5, § 87). Dennoch handelt es sich bei den Eigenschaften der Monaden, ebenso wie bei den charakteristischen Eigenschaften der Atome, um intrinsische Eigenschaften.

Was für Relationen?

Für diese Theorie von Raum, Zeit und Materie ist es wiederum nicht entscheidend, als was das Materielle gedacht wird – ob als Kraftpunkte (Monaden) und damit in einer feldtheoretischen Weise, als Atome oder in einer anderen Form. Entscheidend ist allein diese These: Raum und Zeit sollen ausschließlich in Relationen zwischen Materiellem bestehen. Es gibt eine Weise, in der diese These ohne Schwierigkeiten ausgeführt werden kann: Man kann diese These einfach als die Verneinung der Position auffassen, dass es Raum und Zeit auch unabhängig von Materiellem in Raum und Zeit geben könnte. In diesem Falle sieht man das Materielle weiterhin so an, dass es durch räumliche und zeitliche Ausdehnung charakterisiert ist. Räumliche und zeitliche Ausdehnung sind grundlegende, relationale Eigenschaften von Materiellem. Der Anhänger der These eines absoluten Raumes und einer absoluten Zeit kann in diesem Fall einwenden, dass eine solche relationale Theorie von Raum und Zeit räumliche und zeitliche Ausdehnung als System von Relationen zwischen Materiellem schlicht voraussetzt. Die These eines absoluten Raumes und einer absoluten Zeit ist demgegenüber als eine Erklärung dessen angelegt, was räumliche und zeitliche Ausdehnung ist.

Die anspruchsvolle Variante einer relationalen Theorie von Raum und Zeit versucht, das Anliegen aufzunehmen, welches in diesem Einwand zum Ausdruck kommt. Um das zu erreichen, muss eine relationale Theorie von Raum und Zeit zwei Anforderungen erfüllen. Die erste Anforderung ist, eine Bestimmung des Materiellen zu geben, die dieses nicht als räumlich und zeitlich Ausgedehntes charakterisiert. Leibniz' Theorie erfüllt diese Anforderung: Er bestimmt das Materielle als etwas Ausdehnungsloses, das eine Kraft ist, nämlich als Kraftpunkte. Die zweite Anforderung ist, von dieser Bestimmung aus räumliche und zeitliche Relationen zu rekonstruieren. Leibniz erfüllt diese Anforderung nicht. Er behauptet, dass alle Relationen einschließlich der räumlichen und zeitlichen Beziehungen durch die intrinsischen Eigenschaften der Kraftpunkte (Monaden) festgelegt sind (zum

Beispiel [2–12], §§ 56, 59). Diese Behauptung löst Leibniz jedoch nicht ein: Es ist nicht nachvollziehbar, wie ausdehnungslose Kraftpunkte (Monaden) von sich aus eine Anordnung aufbauen könnten, so dass räumliche und zeitliche Relationen zwischen diesen Kraftpunkten bestehen, ohne dabei räumliche und zeitliche Relationen vorauszusetzen. In Leibniz' Metaphysik ergibt sich stattdessen ein anderes Bild: Die Monaden, die Kraftpunkte, sind nichts Materielles. Räumliche und zeitliche Relationen ebenso wie Kräfte sind letztlich nichts Reales, sondern, wie alles Körperliche, Vorstellungen in unkörperlichen Monaden (siehe zum Beispiel [3–8], S. 275, 281/deutsch S. 167–169, 179).

Es wäre zu viel verlangt, von einer Konzeption, die Raum und Zeit nur als räumliche und zeitliche Relationen anerkennt, zu fordern, sie müsse diese Relationen von den intrinsischen Eigenschaften dessen aus rekonstruieren, was als das Materielle angesehen wird. Es ist dieser Konzeption freigestellt, das Materielle durch Relationen zu charakterisieren; nur sollten diese, um den genannten Anspruch zu erfüllen, dann keine räumlichen und zeitlichen Relationen sein. Kausale Relationen und die Relationen der Verschränkung in der Quantenphysik können Kandidaten für solche Relationen sein. Ich werde darauf zurückkommen (Kapitel IV.2.b und V.2.c). Der genannte Einwand bleibt jedoch bestehen: Es ist zumindest nicht leicht zu sehen, wie es möglich sein könnte, Raum und Zeit nicht als grundlegend anzuerkennen, sondern räumliche und zeitliche Relationen auf etwas anderes, Grundlegenderes zurückzuführen.

3. Descartes, Spinoza und die Identität von Raum, Zeit und Materie

Materie auf Raum und Zeit zurückführen

Die dritte Möglichkeit, das Verhältnis von Raum, Zeit und Materie zu denken, geht davon aus, dass räumliche und zeitliche Relationen nicht auf etwas anderes, Grundlegenderes zurückgeführt werden können. Statt räumliche und zeitliche Relationen auf eine Charakterisierung von Materiellem zurückführen zu wollen, die dieses nicht als räumlich und zeitlich Ausgedehntes bestimmt, wird umgekehrt versucht, das Materielle auf das System der räumlichen und der zeitlichen Ausdehnung zurückzuführen. Wie in der Theorie von Newton ergibt sich dann ebenfalls die Konzeption eines absoluten Raumes und einer absoluten Zeit: Bei dem System der räumlichen und der zeitlichen Relationen handelt es sich um eine Substanz im Sinne eines Seienden, das von allem anderen unabhängig für sich besteht. Aber diese Substanz ist mit der Materie identisch. Raum und Zeit auf der einen und Materie auf der anderen Seite sind also nicht verschiedenes Seiendes. Diese Konzeption ist bei Descartes angelegt. Der holländische Philosoph Baruch de Spinoza (1632–1677) kann so verstanden werden, dass er diese Konzeption ausführt. Man findet eine Andeutung dieser Konzeption sogar bei Newton in dessen Schrift *Über die Gravitation* (in [3–11], S. 56–57). Ich beschränke mich im Folgenden auf den Raum, da die Zeit von Descartes und Spinoza in dieser Hinsicht vernachlässigt wird.

Descartes

Descartes zufolge ist allein das Attribut der Ausdehnung kennzeichnend für alle physikalischen Dinge. Mit Ausdehnung meint Descartes in erster Linie räumliche Ausdehnung, das heißt, Ausdehnung in Länge, Breite und Tiefe, wobei der Raum euklidisch und somit flach ist. Descartes kann so gelesen werden, dass die Begriffe „körperlich", „materiell" und „ausgedehnt" sich nicht nur auf dasselbe beziehen, sondern dass ihre Bedeutung auch dieselbe ist (insbesondere [2–9], Teil II, § 4). Ferner behauptet er, dass die ausgedehnte Substanz und der physikalische Raum miteinander identisch sind ([2–9], Teil II, §§ 10–12). In Kapitel II.2 wurde schon zitiert, dass nach Descartes letztlich nur der körperliche Bereich insgesamt genommen eine Substanz im Sinne desjenigen ist, was bei aller Veränderung erhalten bleibt. Wenn wir diesen Punkt berücksichtigen, dann liegt die Schlussfolgerung nahe, dass die körperliche Substanz dasselbe wie der Raum ist. Zahlreiche Gelehrte verstehen Descartes in diesem Sinne (zum Beispiel [3–5], S. 103; [3–12], S. 23–24; dagegen vor allem [3–13], S. 30–33).

Descartes' Position ist jedoch doppeldeutig: Auf der einen Seite führt das Argument, dass keine Substanz aufhören kann zu existieren, dazu, nur eine Substanz anzuerkennen, nämlich den körperlichen Bereich als Ganzes. Auf der anderen Seite nimmt Descartes im ersten Teil der *Prinzipien* ([2–9], Teil I, § 60) an, dass die Teile der körperlichen Substanz selbst Substanzen sind: Er vertritt die Position, dass es einen realen Unterschied zwischen den Teilen der körperlichen Substanz gibt. Ein realer Unterschied ist diejenige Art von Unterschied, die zwischen Substanzen besteht. Deshalb lässt sich nicht mehr sagen, als dass die Position, das Körperliche mit dem Raum zu identifizieren, bei Descartes angelegt ist.

Spinoza

Die *Ethik* von Spinoza ist in dieser Hinsicht ergiebiger. Spinoza geht davon aus, dass es nur nummerisch eine Substanz gibt. Wie Descartes hält er die Begriffe „körperlich", „materiell" und „ausgedehnt" ihrer Bedeutung und Referenz nach für identisch. Er lehnt ebenfalls den Atomismus ab. Er entwickelt seine Theorie des körperlichen Bereichs im Wesentlichen in der Anmerkung zu Lehrsatz 15 von Teil 1 der *Ethik* [3–14]. Descartes' Terminologie übernehmend spricht er dort von der körperlichen oder der ausgedehnten Substanz. Er behauptet, dass diese Substanz nur als unendlich, einzigartig und unteilbar verstanden werden kann. Damit bestreitet er jedoch nicht, dass jeder Körper teilbar ist. Spinoza schreibt:

> „So wissen auch andere, welche sich einbilden, eine Linie sei aus Punkten zusammengesetzt, viele Beweise dafür beizubringen, daß eine Linie nicht ins Unendliche teilbar sei. Und in der Tat ist es nicht minder widersinnig zu behaupten, daß die körperliche Substanz aus Körpern oder Teilen zusammengesetzt sei, als zu behaupten, ein Körper sei aus Flächen, die Flächen seien aus Linien, die Linien endlich aus Punkten zusammengesetzt" ([3–14], Teil 1, Anmerkung zu Lehrsatz 15, Übersetzung gemäß der Ausgabe von Rauthe-Welsch).

Die körperliche Substanz ist gemäß diesem Zitat ein Kontinuum. Jede Teilung führt zu etwas, das weiter geteilt werden kann. Die Unteilbarkeit der körperlichen Substanz, die mit der Teilbarkeit von allem bestimmten Körperlichen einhergeht, kann auf dieselbe Weise wie die Unteilbarkeit des dreidimensionalen räumlichen Kontinuums verstanden werden: Von dem Kontinuum aus betrachtet sind Teilungen lediglich Abgrenzungen innerhalb des Kontinuums. Mit der Behauptung, dass die körperliche Substanz unteilbar ist, beabsichtigt Spinoza nur herauszustellen, dass sie nicht aus Teilen zusammengesetzt ist, die eine eigene Existenz haben. Nichtsdestoweniger können Teile innerhalb der Substanz unterschieden werden.

Bennetts Interpretation

Der Philosoph Jonathan Bennett arbeitet die Interpretation, gemäß der Spinoza die körperliche Substanz mit dem Raum gleichsetzt, ausführlich aus ([3–15], Kapitel 4; zu einer anderen Interpretation siehe vor allem [3–16], Kapitel 1). Bennett führt unsere Rede über Körper im Raum auf Eigenschaften zurück, die Gebieten des Raumes zugesprochen werden. Er fasst die Position, die er Spinoza zuschreibt, so zusammen:

> „... es gibt lediglich eine Substanz – nämlich das Ganze des Raumes – dessen Gebiete verschiedene Qualitäten wie Undurchdringlichkeit, Masse und so weiter annehmen, so dass jede Aussage, welche die Existenz eines Körpers behauptet, sich auf eine Aussage reduziert, welche etwas über ein Gebiet des Raumes sagt“ ([3–15], § 22.1, eigene Übersetzung).

Alle Aussagen, die auf Dinge im Raum Bezug nehmen, werden mithin auf Aussagen zurückgeführt, die auf Gebiete des Raumes referieren und die diesen Gebieten physikalische Eigenschaften zuschreiben. Aber die physikalischen Eigenschaften von Gebieten des Raumes sind nicht identisch mit den Eigenschaften, welche wir Körpern zuschreiben, die wir in diesen Gebieten lokalisieren. Bennett versieht die Begriffe für Eigenschaften von Gebieten des Raumes mit einem Stern (*). Er schreibt:

> „Zu sagen, dass die Pfütze glitschig ist, heißt, zu sagen, dass ein bestimmtes Gebiet des Raumes glitschig* ist – das heißt, es hat diejenigen Eigenschaften von Gebieten, die wir so auf den Begriff bringen, dass wir sagen, es gäbe glitschige Dinge in ihnen“ ([3–15], § 23.5, eigene Übersetzung).

Materielles auf Raum und Zeit zurückzuführen heißt somit, die Eigenschaften, die wir Körpern im Raum zuschreiben, auf der Basis von Eigenschaften zu rekonstruieren, die Punkten oder Gebieten des Raumes zukommen.

Allgemeine Formulierung der Position

Gemäß dieser Konzeption ist das Körperliche oder die Materie mit dem Raum oder der Raum-Zeit identisch (siehe auch [3–17]). Das läuft nicht darauf hinaus, die Materie zu eliminieren. Die Behauptung ist nur, dass es keine physikalischen Systeme wie Teilchen oder Felder zusätzlich zum Raum gibt. Die Materie und der Raum sind dasselbe. Die Punkte oder Gebiete des Raumes sind die Teile der Materie. Diese sind nicht nur die grundlegenden Systeme, sondern auch die einzigen Systeme im physikalischen Bereich. Sie haben physikalische Eigenschaften, und alle physikalischen Eigenschaften treten als Eigenschaften der Punkte oder Gebiete des Raumes auf. Entgegen der Behauptung von Bennett ([3–15], § 23.1 und 4) werden Körper nicht auf Eigenschaften des Raumes reduziert. Körper sind Gebiete des Raumes, die bestimmte physikalische Eigenschaften haben.

Die Identifikation mit der Materie lässt den Raum nicht unberührt. Sobald der Raum als dasselbe wie die Materie angesehen wird und verschiedene physikalische Eigenschaften seinen Punkten oder Gebieten zukommen, hat er eine interne Struktur. Diese Struktur besteht in den verschiedenen physikalischen Eigenschaften (oder den verschiedenen Werten dieser Eigenschaften), welcher der Raum in den verschiedenen Gebieten hat. Die Gebiete können relativ scharfe Grenzen haben; in jedem Fall gibt es vage Grenzen, die Gebiete voneinander abscheiden. Der Einwand von Leibniz gegen ein Kontinuum trifft diese Konzeption mithin nicht. Man kann diese Konzeption nicht so rekonstruieren, dass man sich zunächst einen leeren Raum vorstellt und dann Materielles als in diesen Raum hineingesetzt denkt – in dem Sinne, dass der Raum physikalische Eigenschaften erwirbt. Raum und Materielles sind nach dieser Konzeption in der Weise miteinander identisch, dass man nicht einmal begrifflich zwischen beiden unterscheiden kann. Es gibt dementsprechend auch keinen leeren Raum. Irgendwelche physikalischen Eigenschaften kommen jedem Punkt und jedem Gebiet des Raumes zu.

Bewegung

Das augenfälligste Problem für diese Konzeption ist, eine Erklärung von Bewegung zu geben. Descartes' Physik basiert auf einem Erhaltungsgesetz der Bewegung (siehe Kapitel II.2), und ähnliches gilt für die Physik von Spinoza (siehe insbesondere [3–14], Teil 2, die Einschübe zwischen Lehrsatz 13 und Lehrsatz 14). Punkte und Gebiete des Raumes mögen physikalische Eigenschaften haben. Aber sie können sich nicht bewegen. Bennett [3–15] arbeitet im Rahmen seiner Interpretation von Spinoza die folgende Erklärung von Bewegung aus (siehe schon [3–17]): Er beginnt mit einer kontinuierlichen Menge von Raumpunkten in der Zeit, die in ihren physikalischen Eigenschaften ähnlich sind und die aufgrund dieser Ähnlichkeit von ihrer Umgebung abgehoben sind. Bennett nennt eine solche Menge einen String. Er reduziert die Beschreibung der Bewegung eines Körpers auf die Beschreibung der physikalischen Eigenschaften von einem solchen String. Bennett vergleicht diese Erklärung von Bewegung mit der Weise, wie Tau sich über die Landschaft legt:

> „Wenn, wie wir sagen, Tau sich über die Landschaft legt, bewegt sich nicht wirklich etwas; es treten lediglich fortschreitende Veränderungen dessen ein, welche Teile der Landschaft gefroren sind und welche geschmolzen sind. In ähnlicher Weise ist es Spinozas Sicht, dass die Bewegung von Dingen oder von Stofflichem letztlich ein qualitatives Geschehen ist – ein Wechsel darin, welche Gebiete F sind und welche es nicht sind (gegeben geeignete Werte, die für den Platzhalter F eingesetzt werden können)" ([3–15], § 22.2, eigene Übersetzung).

Projektion

Was die Bewegung eines Körpers durch den Raum zu sein scheint, das ist tatsächlich ein Wechsel grundlegender physikalischer Eigenschaften von Gebieten des Raumes: Ein Gebiet verliert bestimmte physikalische Eigenschaften, und ein benachbartes anderes Gebiet erhält diese oder ähnliche Eigenschaften unmittelbar.

Was sind die physikalischen Eigenschaften des Raumes?

Diese Konzeption vermeidet das Problem, welches der ontologische Status von Raum und Zeit für eine Theorie darstellt, gemäß der Raum und Zeit auf der einen und die Materie auf der anderen Seite verschiedenes Seiendes sind. Wenn überhaupt irgendetwas, dann sind nur Raum und Zeit zusammen mit Materie etwas Absolutes oder eine Substanz. Es gibt keinen absoluten Raum im Sinne eines Raumes, der von der Materie losgelöst ist.

Der Raum hat kein Sein unabhängig von Materie im Raum. Gemäß dieser Konzeption liegt es zwar nahe, den Raum oder Raum und Zeit als ein Kontinuum zu denken, wie Descartes und Spinoza es tun. Diese Konzeption ist aber nicht darauf festgelegt, Raum und Zeit als ein Kontinuum anzusehen. Raum und Zeit könnten auch aus diskreten Raum- und Zeitstücken bestehen. Worauf es ankommt, ist lediglich, alles Materielle auf physikalische Eigenschaften von Punkten oder Gebieten des Raumes und der Zeit zurückzuführen. Damit ist diese Konzeption an eine Physik von Feldern im Unterschied zu einer Physik von Teilchen gebunden: Die gesamte Materie ist ein Feld, das in den physikalischen Eigenschaften von Punkten oder Gebieten des Raumes und der Zeit besteht. Das Materie-Feld ist also nicht etwas, das es in Raum und Zeit gibt, sondern es ist identisch mit Raum und Zeit. Das Hauptproblem für diese Konzeption ist, verständlich zu machen, welches die physikalischen Eigenschaften von Punkten oder Gebieten von Raum und Zeit sein sollen, auf welche die herkömmlichen physikalischen Eigenschaften, die wir Seiendem im Raum und der Zeit zuschreiben, zurückgeführt werden können. Die Weise, wie diese Konzeption oben anhand von Bennetts Spinoza-Interpretation eingeführt wurde, lässt offen, was diese physikalischen Eigenschaften von Punkten oder Gebieten des Raumes und der Zeit sein könnten.

4. Zusammenfassung, Lektürehinweise, Fragen und Übungen

Zusammenfassung
In diesem Kapitel haben wir die drei wesentlichen Konzeptionen des Verhältnisses von Raum, Zeit und Materie kennengelernt. Eingeführt wurden diese Konzeptionen anhand der Positionen von Philosophen des 17. Jahrhunderts. Keine dieser drei Konzeptionen ist von sich aus völlig überzeugend. Wenn wir Raum und Zeit auf der einen und Materie auf der anderen Seite als verschiedenes Seiendes ansehen, dann haben wir folgendes Problem: Was ist der ontologische Status von Raum und Zeit als Seiendem zusätzlich zu dem Materiellen? Wenn wir Raum und Zeit auf Materielles zurückführen wollen – in dem Sinne, dass Raum und Zeit nur in Relationen zwischen Materiellem bestehen – dann haben wir dieses Problem: Wie können wir die betreffenden Relationen charakterisieren, wenn wir nicht räumliche und zeitliche Ausdehnung als etwas Grundlegendes voraussetzen dürfen? Und wenn wir Materielles auf Raum und Zeit zurückführen wollen – in dem Sinne, dass die Materie mit dem Raum und der Zeit identisch ist und alle materiellen Eigenschaften in physikalischen Eigenschaften von Punkten oder Gebieten des Raumes und der Zeit bestehen – dann sind wir mit dem folgenden Problem konfrontiert: Was könnten konkrete Kandidaten für die physikalischen Eigenschaften von Punkten oder Gebieten des Raumes und der Zeit sein, auf die wir die herkömmlichen physikalischen Eigenschaften zurückführen können, die Seiendem in Raum und Zeit zugesprochen werden? Im nächsten Kapitel sollen diese drei Konzeptionen auf die heutige Physik anhand der speziellen und der allgemeinen Relativitätstheorie bezogen werden.

Lektürehinweise
- Newton, *Mathematische Grundlagen der Naturphilosophie*, Scholium zu den Definitionen [3–1]
- *Der Leibniz-Clarke Briefwechsel* [3–6]

- Spinoza, *Ethik*, Buch 1, Anmerkung zu Lehrsatz 15 [3–14], und Bennett [3–15], Kapitel 4

Fragen und Übungen
- Was ist das Verhältnis zwischen der Sicht, dass Raum und Zeit auf der einen und Materie auf der anderen Seite voneinander verschiedenes Seiendes sind, und dem Atomismus?
- In welchem Sinne sind Raum und Zeit gemäß der Konzeption, dass Raum und Zeit auf der einen und Materielles auf der anderen Seite verschiedenes Seiendes sind, absolut?
- Wieso ist die Annahme einer Fernwirkung problematisch?
- Wie kann Bewegung ohne leeren Raum gedacht werden?
- Was ist Leibniz' Hauptargument gegen Newtons Theorie eines absoluten Raumes und einer absoluten Zeit? Ist dieses Argument überzeugend?
- Wieso gibt es Leibniz zufolge kein Kontinuum?
- Welche Möglichkeiten gibt es, die These, dass Raum und Zeit nur Relationen sind, auszuführen, und welche Schwierigkeiten stellen sich für diese Ausführungen?
- Wieso kann Descartes' Naturphilosophie nicht eindeutig der Position, Materielles auf Raum und Zeit zurückzuführen, zugeordnet werden?
- Wieso ist die Position, Materielles auf Raum und Zeit zurückzuführen, auf eine physikalische Feldkonzeption im Unterschied zu einer Konzeption sich bewegender Teilchen festgelegt?
- Wie kann Bewegung innerhalb dieser Position rekonstruiert werden?
- Vergleichen Sie die drei vorgestellten Konzeptionen von Raum, Zeit und Materie und bewerten Sie die Argumente für die jeweilige Position und deren Probleme!

IV. Die Philosophie der Relativitätstheorie

Dieses Kapitel stellt die Vereinigung von Raum und Zeit zur Raum-Zeit in der speziellen und der allgemeinen Relativitätstheorie vor. Mögliche philosophische Konsequenzen dieser Vereinigung werden diskutiert. Das Kapitel bezieht dann die grundlegenden philosophischen Konzeptionen des Verhältnisses von Raum, Zeit und Materie, die im vorigen Kapitel eingeführt wurden, auf die spezielle und die allgemeine Relativitätstheorie. Die Argumente für jede dieser Konzeption werden im Lichte der heutigen Diskussion bewertet.

1. Von Raum und Zeit zur Raum-Zeit

a) Die physikalischen Grundlagen

Spezielle Relativitätstheorie

Die Relativitätstheorie und die Quantentheorie sind die beiden großen physikalischen Theorien des zwanzigsten Jahrhunderts. Dieses Kapitel geht auf die Relativitätstheorie ein, das folgende auf die Quantentheorie. Zu unterscheiden ist zwischen der speziellen Relativitätstheorie (1905) und der allgemeinen Relativitätstheorie (1916). Für die Entwicklung beider Theorien ist Albert Einstein (1879–1955) maßgeblich. Die spezielle Relativitätstheorie legt insbesondere dar, dass es keine für alle Bezugssysteme gemeinsame zeitliche Anordnung der Ereignisse gibt. Was relativ zu einem Bezugssystem gleichzeitig geschieht, das geschieht relativ zu anderen Bezugssystemen nacheinander.

Grundannahmen der speziellen Relativitätstheorie

Einsteins erste Publikation zur speziellen Relativitätstheorie ist der Aufsatz *Zur Elektrodynamik bewegter Körper* (1905) [4–1]. Dort legt Einstein die folgenden beiden Annahmen seinen Überlegungen zugrunde:

1. *Alle Inertialsysteme sind physikalisch gleichwertig.* Das heißt, die physikalischen Gesetze sind unabhängig davon, welches Inertialsystem man zur Beschreibung physikalischer Vorgänge heranzieht. Man bezeichnet ein Bezugssystem genau dann als Inertialsystem, wenn die Bahnen von punktförmigen Probekörpern, die nicht von Kräften beeinflusst sind, geradlinig in diesem System sind. Alle Inertialsysteme bewegen sich relativ zueinander mit konstanter Geschwindigkeit, also ohne beschleunigt zu sein. Obwohl alle solchen Bezugssysteme physikalisch gleichwertig sind, kann es in der jeweiligen Situation, die man beschreiben möchte, sinnvoll sein, ein bestimmtes Bezugssystem herauszugreifen. Worauf es ankommt, ist, dass es physikalisch kein von sich aus ausgezeichnetes Bezugssystem gibt.
2. *In jedem Inertialsystem breitet sich das Licht in gleicher Weise aus, unabhängig von dem Bewegungszustand der Quelle, von der es emittiert wird.* Das ist das Prinzip der Konstanz der Lichtgeschwindigkeit.

Die wesentliche, neue Annahme ist (2). Allerdings ist schon in der Feldtheorie des Elektromagnetismus von James Clerk Maxwell (1831–1879) die

Geschwindigkeit, mit der sich das Feld einer bewegten Punktladung ausbreitet, nicht von der Geschwindigkeit dieser Punktladung abhängig. Ferner zeigt das Experiment von Michelson und Morley von 1887, dass in einem Inertialsystem die Lichtgeschwindigkeit – genauer der Mittelwert der Geschwindigkeiten, mit der sich das Licht auf dem Hin- und Rückweg zwischen zwei festen Punkten bewegt – in allen Raumrichtungen gleich ist. Aber erst Einstein stellt das Prinzip der Konstanz der Lichtgeschwindigkeit an den Anfang der physikalischen Theoriebildung. Infolgedessen kann Einstein die Dynamik ohne das Konzept einer absoluten Zeit formulieren. Auch der Begriff der Gleichzeitigkeit muss ohne das Konzept einer absoluten Zeit neu definiert werden. Mit dem Prinzip der Konstanz der Lichtgeschwindigkeit enthalten die Grundannahmen der speziellen Relativitätstheorie ein absolutes Element. Aus (1) und (2) folgert Einstein dann jedoch das, was gemäß der speziellen Relativitätstheorie relativ ist – insbesondere die Relativität der Gleichzeitigkeit und allgemein die Relativität zeitlicher und räumlicher Abstände ([4–1], §§ 1–2).

Synchrone Uhren

In dem genannten Aufsatz *Zur Elektrodynamik bewegter Körper* geht Einstein wie folgt vor ([4–1], § 1): Er stellt sich in einem Inertialsystem zwei verschiedene Punkte *A* und *B* vor. An diesen Punkten sollen sich zwei gleich beschaffene Uhren befinden, die zueinander in Ruhe sind. Unter welcher Bedingung gehen diese Uhren gleich und sind damit synchron? Man misst die Länge der Strecke *AB* aus. Da die Uhren in Ruhe zueinander sind, kann vorausgesetzt werden, dass der räumliche Abstand zwischen ihnen bestimmt werden kann. Einstein betrachtet einen Lichtstrahl, der von *A* nach *B* läuft, in *B* reflektiert wird und zurück nach *A* läuft. Er definiert, dass unter den genannten Umständen die Zeit, welche die Uhr in *B* im Moment der Reflexion anzeigt, die Hälfte der Zeit zwischen der Aussendung des Lichtstrahls in *A* und dessen Wiedereintreffen in *A* ist. Nehmen wir an, dass die Uhr in *A* bei der Aussendung des Lichtstrahls die Zeit t_1 gleich 12h00 und bei seinem Wiedereintreffen die Zeit t_2 gleich 12h02 anzeigt. Die Uhr in *B* ist gemäß dieser Definition genau dann synchron zu der Uhr in *A*, wenn sie bei der Reflexion des Lichtes in *B* 12h00 plus die Hälfte der Zeit anzeigt, die zwischen 12h00 und dem Wiedereintreffen des Lichtstrahls in *A* verstreicht (also 12h01).

Mit der genannten Methode können beliebig viele Uhren, die in einem Inertialsystem relativ zueinander in Ruhe sind, miteinander synchronisiert werden. Die drei Größen Lichtgeschwindigkeit, Weglänge und Zeitdauer stehen dabei in folgendem Verhältnis zueinander: Die Lichtgeschwindigkeit ist gleich der Weglänge dividiert durch die Zeitdauer. Diese Möglichkeit, Gleichzeitigkeit zu definieren, besteht allerdings nur innerhalb eines Inertialsystems. Uhren in Inertialsystemen, die relativ zueinander bewegt sind, gehen nicht synchron. Die Länge eines stabförmigen, bewegten Körpers wird dadurch gemessen, dass man die Orte der beiden Enden des Stabes gleichzeitig im Sinne des ruhenden Inertialsystems, in dem der Maßstab für die Längenmessung definiert ist, bestimmt. Somit hängt die Längenmessung eines Körpers ebenfalls von der Definition der Gleichzeitigkeit ab. Wenn man von einem Inertialsystem zu einem anderen Inertialsystem übergeht, das relativ zu dem ersten Inertialsystem mit einer konstanten Geschwindigkeit bewegt ist, muss man Zeitdauern und Weglängen einer Lorentz-Transformation unterwerfen. Lorentz-Transformationen sind die Methoden, um Zeitdauern und Weglängen zwischen verschiedenen Inertialsystemen zu übersetzen.

Relativität der räumlichen und zeitlichen Abstände

In der Newtonschen Physik einer absoluten Zeit ist die Gleichzeitigkeit eine zweistellige Relation: Ein gegebenes Ereignis E_1 ist entweder gleichzeitig mit oder es ist nicht gleichzeitig mit einem anderen gegebenen Ereignis E_2. Gleichzeitigkeit ist in dem Sinne absolut, dass diese Angabe vollständig ist. In der speziellen Relativitätstheorie ist die Gleichzeitigkeit hingegen eine dreistellige Relation: Ein gegebenes Ereignis E_1 ist gleichzeitig mit einem anderen gegebenen Ereignis E_2 relativ zu einem Bezugssystem B_1. Es gibt ein anderes Bezugssystem B_2, relativ zu dem dasselbe Ereignis E_1 nicht gleichzeitig mit E_2 ist, sondern auf E_2 folgt; und relativ zu einem dritten Bezugssystem B_3 liegt E_1 vor E_2. Dasselbe gilt für den räumlichen Abstand zwischen zwei verschiedenen Ereignissen: Die räumliche Entfernung zwischen den Ereignissen E_1 und E_2 ist – ebenso wie der zeitliche Abstand zwischen ihnen – relativ zu einem Bezugssystem. Unter einem Ereignis im physikalischen Sinne wird dabei ein Punkt in Raum und Zeit mitsamt dem verstanden, was an diesem Punkt der Fall ist. Ein Ereignis ist also eine vierdimensionale Größe.

Allgemein formuliert besagt die spezielle Relativitätstheorie somit, dass sowohl der räumliche als auch der zeitliche Abstand zwischen je zwei verschiedenen Ereignissen relativ zu einem Bezugssystem ist. Es ist gemäß der speziellen Relativitätstheorie nicht sinnvoll, von räumlichen und von zeitlichen Abständen unabhängig von einem Bezugssystem zu sprechen. Deshalb heißt diese Theorie „Relativitätstheorie". Das Bezugssystem kann ein beliebiges Inertialsystem sein, das mit Uhren und Maßstäben ausgestattet ist. Es braucht kein Beobachter im Sinne eines erkennenden Subjektes zu sein. Die Relativitätstheorie ist mithin nicht in dem Sinne relativ, dass physikalische Ereignisse relativ zu erkennenden Subjekten sind. Es gibt keine Bezugssysteme, die von sich aus ausgezeichnet sind.

Raum-zeitlicher Abstand

Während räumliche und zeitliche Abstände jeweils relativ zu einem Bezugssystem sind, kann man zwischen je zwei verschiedenen Ereignissen einen vierdimensionalen raum-zeitlichen Abstand definieren, der invariant unter dem Wechsel von einem Bezugssystem zu einem anderen Bezugssystem ist. Das heißt: Welches Bezugssystem auch immer man betrachtet, der raum-zeitliche Abstand zwischen zwei Ereignissen ist derselbe. Weil nur der raum-zeitliche Abstand invariant ist, sind Raum und Zeit in der speziellen Relativitätstheorie vereinigt, statt voneinander unabhängige Größen zu sein. Der raum-zeitliche Abstand zwischen zwei Ereignissen kann raumartig, zeitartig oder lichtartig sein. Zwei Ereignisse sind genau dann raumartig voneinander getrennt, wenn es ein Bezugssystem gibt, relativ zu dem die beiden Ereignisse gleichzeitig sind. Das impliziert, dass es kein Bezugssystem gibt, relativ zu dem die beiden Ereignisse am gleichen Ort sind. Zwei Ereignisse sind genau dann zeitartig voneinander getrennt, wenn es kein Bezugssystem gibt, relativ zu dem sie gleichzeitig sind. Das impliziert, dass es ein Bezugssystem gibt, relativ zu dem die beiden Ereignisse am gleichen Ort sind. Zwei Ereignisse sind genau dann lichtartig voneinander getrennt, wenn sie durch einen Lichtstrahl miteinander verbunden werden können.

Zeit nicht wie Raum behandelt

Obwohl Raum und Zeit in der speziellen Relativitätstheorie zur Raum-Zeit vereinigt sind, behandelt die spezielle Relativitätstheorie Raum und Zeit verschieden. Es ist nicht richtig, zu sagen, dass die Zeit verräumlicht wird. Denn es gibt einen objektiven Unterschied zwischen raumartigen und zeitartigen Abständen (siehe dazu zum Beispiel [4–2], S. 66–72). Dieser Unterschied besteht darin, dass es kausale Beziehungen im Sinne physikalischer Interaktionen nur zwischen Ereignissen geben kann, deren Abstand zeitartig oder lichtartig ist. Zeitartig getrennt von einem Ereignis sind alle diejenigen Ereignisse, mit denen dieses Ereignis mit einer Geschwindigkeit verbunden werden kann, die kleiner als die Lichtgeschwindigkeit ist. Diese Ereignisse sind zeitartig voneinander getrennt, weil sie in allen Bezugssystemen entweder früher oder später als das betreffende Ereignis sind. Die Geschwindigkeit des Lichtes im Vakuum liegt bei fast 300 000 Kilometer pro Sekunde. Die Lichtgeschwindigkeit ist, wie gesagt, in allen Inertialsystemen konstant. Die Lichtgeschwindigkeit ist die Obergrenze für die Übermittlung von Signalen und allgemein von Wirkungen. Mit Hilfe der Lichtgeschwindigkeit kann man für jedes Ereignis einen Lichtkegel definieren. Man unterscheidet zwischen dem Vergangenheits- und dem Zukunfts-Lichtkegel eines Ereignisses. Innerhalb des Zukunfts-Lichtkegels eines Ereignisses liegen alle diejenigen Ereignisse, die von diesem Ereignis aus mit einer Geschwindigkeit erreicht werden können, die kleiner als die Lichtgeschwindigkeit ist, und die mithin in allen Bezugssystemen später als das betreffende Ereignis sind. Innerhalb des Vergangenheits-Lichtkegels eines Ereignisses liegen alle und nur diejenigen Ereignisse, von denen aus dieses Ereignis mit einer Geschwindigkeit erreicht werden kann, die kleiner als die Lichtgeschwindigkeit ist, und die mithin in allen Bezugssystemen früher als das betreffende Ereignis sind. Für jedes Ereignis kann man auf diese Weise eine relative Vergangenheit und eine relative Zukunft definieren (s. Abb. S. 33).

Die Lichtgeschwindigkeit als Konstante ist, wie ausgeführt wurde, zusammen mit der Annahme, dass kein Inertialsystem von sich aus hervorgehoben ist, der Grundpfeiler der speziellen Relativitätstheorie. Interaktionen, die sich mit beliebiger Geschwindigkeit und damit schneller als das Licht im Vakuum ausbreiten könnten, würden innerhalb der speziellen Relativitätstheorie zu Paradoxien der Zeit führen. Es wäre dann beispielsweise denkbar, dass man mittels eines zweiten Inertialsystems seine eigene Vergangenheit beeinflussen könnte (für physikalische Einführungen in die spezielle Relativitätstheorie siehe zum Beispiel [4–1], [4–3], [4–4] und [4–5], Kapitel 2; für philosophische Einführungen [4–6], [4–7], [4–8], Kapitel 1 und 2, und [4–9]).

Allgemeine Relativitätstheorie

Die allgemeine Relativitätstheorie fügt zu der speziellen Relativitätstheorie eine Theorie der Gravitation hinzu. Materie im Sinne von Masse bestimmt die geometrische Struktur der Raum-Zeit: Wenn Masse anwesend ist, ist die Raum-Zeit gekrümmt und somit nicht euklidisch, das heißt, nicht flach. Die Krümmung der Raum-Zeit beeinflusst die Bahn von physikalischen Systemen in der Raum-Zeit. Statt eine Kraft im Sinne einer Interaktion (Wechselwirkung) zwischen Materiellem im euklidischen Raum zu sein, besteht die Gravitation in der Krümmung der Raum-Zeit. Die Gravitation (das Gravitationsfeld) und die Krümmung der Raum-Zeit sind dasselbe. Die Raum-Zeit der speziellen Relativitätstheorie ist hingegen, ähnlich wie der Raum der klassischen Physik, flach.

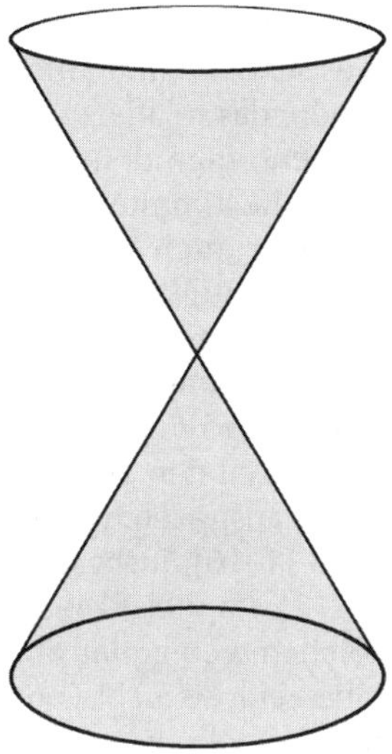

Abb. 1: Der Lichtkegel

Die allgemeine Relativitätstheorie wird insbesondere in der Kosmologie angewendet. Die heute in der Physik weithin akzeptierte Interpretation der Daten der Kosmologie ist, dass sich alle Galaxien voneinander entfernen, welchen Punkt in der Raum-Zeit auch immer man betrachtet und wenn man sich in einem lokalen Bezugssystem befindet, das frei im Gravitationsfeld fällt. Das ist die Grundlage für die vorherrschende kosmologische Theorie eines expandierenden Universums, das letztlich auf ein singuläres Ereignis, den sogenannten Urknall, als Anfangszustand zurückgeführt werden kann. Offen ist, ob das Universum unbegrenzt expandiert oder ob es einen Zustand maximaler Expansion gibt, jenseits von dem eine Kontraktion erfolgt. Die kosmologische Theorie eines expandierenden Universums setzt nicht voraus, dass es ein universell bevorzugtes Bezugssystem und damit eine eindeutige, universelle zeitliche Ordnung aller Ereignisse gibt. Was die spezielle Relativitätstheorie über die Relativität von Zeitdauern und Weglängen und insbesondere die Relativität der Gleichzeitigkeit sagt, wird in der allgemeinen Relativitätstheorie übernommen. Die Leistung der allgemeinen Relativitätstheorie besteht in erster Linie darin, eine geometrische Struktur zur Raum-Zeit der speziellen Relativitätstheorie hinzuzufügen.

b) Mögliche philosophische Konsequenzen der Vereinigung von Raum und Zeit

Gegen zeitliche Sicht von Existenz

Die spezielle und die allgemeine Relativitätstheorie sind einer zeitlichen Sicht der Existenz entgegengesetzt, gemäß der nur das existiert, was gegenwärtig ist, beziehungsweise nur das existiert, was gegenwärtig oder vergangen ist. Eine zeitliche Sicht der Existenz liegt vom Alltagsverständnis aus zunächst nahe: Was zukünftig ist, existiert noch nicht; was vergangen ist, existiert nicht mehr. Das Problem für diese Sicht von Existenz ist jedoch, dass es nach der speziellen und der allgemeinen Relativitätstheorie keine universelle Gegenwart gibt, weil es keine universelle Gleichzeitigkeit gibt. Was gegenwärtig ist, ist relativ zu einem Bezugssystem, und es gibt kein global ausgezeichnetes Bezugssystem. Was daher relativ zu einem Bezugssystem gegenwärtig ist, ist relativ zu einem anderen Bezugssystem bereits vergangen und relativ zu einem dritten Bezugssystem noch zukünftig. Im

Rahmen einer zeitlichen Sicht von Existenz ist somit nach der speziellen und der allgemeinen Relativitätstheorie nicht mehr eindeutig, was existiert – es sei denn, man möchte so weit gehen, „Existenz" als ein Prädikat anzusehen, das relativ zu einem Bezugssystem ist.

Wenn man dennoch daran festhalten möchte, dass Existenz relativ zu einer bestimmten Zeit ist, müsste man die Konsequenz ziehen, dass Existenz auch relativ zu einem bestimmten Ort ist; denn es gibt keine Gleichzeitigkeit über räumliche Distanzen hinweg, die unabhängig von einem Bezugssystem ist. Letztlich wäre dann Existenz ebenso relativ zu einem Raumpunkt wie sie relativ zu einem Zeitpunkt sein soll. Existieren würde also nur das jeweilige „Jetzt-hier". Dabei können alle Punkte der Raum-Zeit den gleichen Anspruch auf „Jetzt-hier" erheben. Es gibt kein objektiv ausgezeichnetes „Jetzt-hier" (siehe zu dieser Konsequenz zum Beispiel [4–10], insbesondere S. 15 und 18, [4–11], insbesondere S. 159, und [4–12], Kapitel 11 bis 13, insbesondere S. 186–187, 210). Angesichts einer solchen wenig plausiblen Konsequenz spricht die Physik der Relativität für eine zeitlose Sicht von Existenz. Existenz ist nicht relativ zu einer bestimmten Zeit, ebenso wenig wie sie relativ zu einem bestimmten Ort ist. Alles existiert in einem Punkt oder Gebiet der Raum-Zeit, und alles in der Raum-Zeit existiert schlechthin, obwohl es objektive Beziehungen des Vorher und Nachher gibt. Die zeitlose Sicht von Existenz ist als die Konzeption eines Blockuniversums bekannt. Die Relativität der Gleichzeitigkeit in der speziellen Relativitätstheorie reicht hin, um diese philosophische Konzeption zu stützen.

Probleme mit der zeitlosen Sicht von Existenz

Ist eine zeitlose Sicht von Existenz etwas, das wir guten Gewissens als eine vernünftige philosophische Schlussfolgerung aus der Relativitätsphysik akzeptieren können? Es wird manchmal eingewendet, dass eine zeitlose Sicht von Existenz zu einem Determinismus führt, der unter anderem mit freiem Willen unvereinbar ist ([4–13], [4–14]; siehe ferner [4–15], insbesondere S. 23–24, 35): Alles Zukünftige existiert schon. Insbesondere kann man folgende Überlegung anstellen (vergleiche [4–13]): Betrachten wir eine Person A an einem Punkt P_1 und eine Person B an einem Punkt P_2. P_1 und P_2 sind raumartig voneinander getrennt. Betrachten wir ferner einen Punkt P_3, der im Zukunfts-Lichtkegel von P_1 liegt und der von P_2 ebenfalls raumartig getrennt ist. Für Person A gibt es ein Bezugssystem, relativ zu dem P_1 und P_2 gleichzeitig sind. Da diese beiden Punkte raumartig voneinander getrennt sind, gibt es für Person B ein Bezugssystem, relativ zu dem P_1 in der Vergangenheit von Person B liegt und P_3 gleichzeitig mit P_2 ist. Für Person B scheint daher etwas, das in der Zukunft von Person A liegt, schon wirklich zu sein.

Zeigt diese Überlegung, dass die Zukunft von Person A schon determiniert ist, so dass Person A keine Verfügungsgewalt über ihre Zukunft hat? Dieser Schluss gilt nicht, weil es sich um raumartig getrennte Punkte handelt. Daraus, dass in einem Bezugssystem ein raumartig getrennter Punkt P_3 gleichzeitig mit einem gegenwärtigen Punkt P_2 ist, lässt sich nicht darauf schließen, dass für Person A an Punkt P_1 in irgendeiner Weise schon determiniert ist, was in ihrer Zukunft geschehen wird. Auch und gerade in dem Bezugssystem von Person B kann das, was in P_3 der Fall ist, von dem ab-

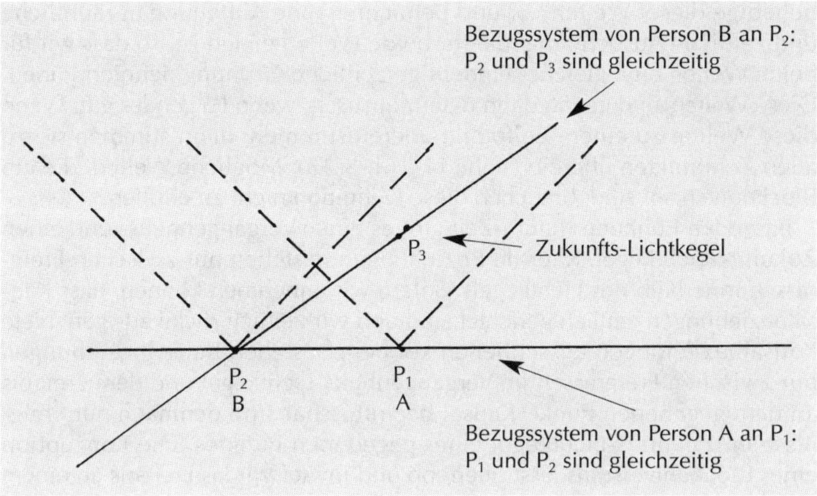

Abb. 2: Veranschaulichung der Überlegung im Text

hängen, was Person A in P_1 tut oder zu tun entscheidet. Im Falle von Ereignissen an raumartig getrennten Punkten geben uns die spezielle und die allgemeine Relativitätstheorie keinerlei Rechtfertigung dafür, aus Gleichzeitigkeit, Vergangenheit oder Zukunft zweier solcher Ereignisse relativ zu einem Bezugssystem auf irgendetwas zu schließen, das für diese Ereignisse selbst in irgendeiner Weise von Belang ist. Da Begriffe wie gleichzeitig, vergangen oder zukünftig in der speziellen und der allgemeinen Relativitätstheorie nur für Ereignisse mit zeitartigem Abstand eindeutig definiert sind, kann man aus den theoretisch möglichen, weitgehend beliebigen Anwendungen dieser Begriffe im Falle von Ereignissen mit raumartigem Abstand nichts philosophisch Gehaltvolles folgern. Um irgendetwas aus dem genannten Gedankenexperiment schließen zu können, müsste man den Begriff der Existenz als relativ zu einem Bezugssystem ansehen; das Gedankenexperiment würde dann nur bestätigen, dass ein solcher Begriff von Existenz unangemessen ist.

Definition von „Determinismus"

Gemäß der Konzeption eines Blockuniversums existiert alles schlechthin. Das heißt aber lediglich, dass irgendetwas an jedem Punkt der Raum-Zeit der Fall ist. Insofern ist die Welt bestimmt. Unter der Voraussetzung einer realistischen Sicht von Wahrheit, gemäß der es von der Welt abhängt, welche Aussagen wahr sind und welche falsch sind, lässt sich daraus höchstens ableiten, dass alle Aussagen zeitlos (und raumlos) wahr oder falsch sind: Jede Aussage ist entweder wahr oder falsch aufgrund dessen, was an dem Punkt der Raum-Zeit der Fall ist, auf den die Aussage Bezug nimmt. Darüber, inwieweit wir in der Lage sind, solche Wahrheit oder Falschheit festzustellen, ist damit jedoch nichts gesagt. Daraus, dass alles, was existiert, schlechthin existiert, folgt nicht, dass alles, was existiert, in seiner Existenz durch anderes determiniert ist (siehe insbesondere [4–12], Kapitel 6 bis 8). Die heute weithin akzeptierte Definition von „Determinismus" ist diese: Wir beziehen uns auf alle diejenigen möglichen Welten, in denen die gleichen Naturgesetze wie in unserer Welt gelten. Wir stellen uns zwei beliebige dieser Welten vor und betrachten eine Aufteilung in räumliche und zeitliche Ausdehnung, die für beide Welten gleich ist, so dass wir für beide Welten eine gleiche, eindeutige zeitliche Ordnung definiert haben. Diese Welten sind genau dann deterministisch, wenn Folgendes gilt: Wenn diese Welten zu einem Zeitpunkt übereinstimmen, dann stimmen sie zu allen Zeitpunkten überein (siehe [4–16], S. 13). Mögliche Welten, die ein Blockuniversum sind, brauchen diese Definition nicht zu erfüllen.

Blockuniversum impliziert nicht Determinismus

Für jeden Punkt der Raum-Zeit gibt es einen Vergangenheits- und einen Zukunfts-Lichtkegel. Kausale Beziehungen bestehen nur zwischen Ereignissen innerhalb des Lichtkegels. Sofern wir annehmen können, dass Kausalbeziehungen zeitlich gerichtet sind und wir zeitlich rückwärts gerichtete Kausalbeziehungen ausschließen können, bestehen Kausalbeziehungen nur zwischen Ereignissen im Vergangenheits-Lichtkegel und dem Ereignis an dem gegebenen Punkt. Kausal beeinflussbar sind demnach nur Ereignisse im Zukunfts-Lichtkegel eines gegebenen Punktes. Die Konzeption eines Blockuniversums lässt offen, ob und inwiefern das Ereignis an einem gegebenen Punkt der Raum-Zeit durch Ereignisse im Vergangenheits-Lichtkegel dieses Punktes determiniert ist. Ebenso bleibt offen, ob und inwiefern Ereignisse im Zukunfts-Lichtkegel dieses Punktes durch das Ereignis an dem betrachteten Punkt determiniert sind. Die zeitlose Sicht der Existenz impliziert als solche keinen Determinismus (siehe zur Diskussion um die Einwände von [4–13], [4–14] und [4–15] insbesondere [4–10] und [4–11] sowie [4–12] und [4–17], die in der Zurückweisung des Determinismus als Konsequenz der zeitlosen Sicht von Existenz übereinstimmen trotz ihrer ansonsten unterschiedlichen Positionen).

Auf die Frage des freien Willens angewendet heißt das: Der Willensentschluss einer Person an einem Punkt braucht durch nichts determiniert zu sein, was im Vergangenheits-Lichtkegel der Fall ist, kann aber etwas von dem determinieren, was im Zukunfts-Lichtkegel der Fall ist. Mit anderen Worten: Was im Zukunfts-Lichtkegel stattfindet, kann davon abhängen, was für ein Willensentschluss an dem betrachteten Punkt der Raum-Zeit erfolgt. Die zeitlose Sicht von Existenz ist also mit Willensfreiheit vereinbar. Vonseiten weiterreichender philosophischer Themen gibt es keine stichhaltigen Bedenken dagegen, auf der Grundlage der Relativitätsphysik eine zeitlose Sicht von Existenz zu akzeptieren. Alle Bewegungen und Veränderungen werden in der Relativitätsphysik allerdings, wie in der klassischen Physik insgesamt, als deterministisch beschrieben, obwohl die Raum-Zeit-struktur der Relativitätstheorie als solche keinen Determinismus impliziert. Die Frage, ob ein Determinismus in der Physik mit freiem Willen vereinbar ist, ist ein generelles philosophisches Problem. Es ist kein Problem, das sich erst als Folge der Relativitätsphysik und der Ontologie eines Blockuniversums stellt.

Dinge und Ereignisse

Wenn man auf der Grundlage dessen, was die spezielle Relativitätstheorie über die Zeit sagt, die Konzeption eines Blockuniversums akzeptiert, so lässt die spezielle – und auch die allgemeine – Relativitätstheorie jedoch offen, mit welchen ontologischen Kategorien wir den Inhalt des Blockuniversums erfassen sollen (siehe zum Beispiel [4–2], S. 128–132). Die Lehrbücher der speziellen und der allgemeinen Relativitätstheorie sprechen nicht nur von Ereignissen als dem, was an einem Punkt der Raum-Zeit der Fall ist, sondern auch von Dingen in der Raum-Zeit. Nur ein Ding (wie ein Teilchen), aber nicht ein Ereignis kann in Ruhe oder in Bewegung sein, und nur ein Ding kann beschleunigt werden. Es wird manchmal behauptet, dass das Blockuniversum keine Zeit und keine Veränderung enthält. Diese Behauptung ist nicht korrekt: Das Blockuniversum entwickelt sich nicht in der Zeit; aber es umfasst die Zeit. Es kann ferner Dinge enthalten, die sich verändern. Was dem Blockuniversum fehlt, das ist *eine* eindeutige zeitliche Ordnung für *alle* Ereignisse.

Philosophisch kann man die Unterscheidung zwischen Dingen und Ereignissen als die Unterscheidung zwischen *continuants* und *occurrents* erfassen ([4–18], S. 141–166, insbesondere S. 141–148). Ein Ding (*continuant*) hat räumliche Teile, aber keine zeitlichen Teile, weil es als Ganzes für eine bestimmte Zeit existiert. Ein Ereignis (*occurrent*) im philosophischen Sinne hingegen hat sowohl räumliche als auch zeitliche Teile. Ein Ereignis in diesem philosophischen Sinne ist aus Ereignissen im Sinne dessen, was an Punkten der Raum-Zeit der Fall ist, aufgebaut. Wir können von einem Prozess sprechen. Ein Prozess ist eine kontinuierliche Folge von Ereignissen im Sinne dessen, was an einem Punkt der Raum-Zeit der Fall ist. In unserer Alltagsontologie erkennen wir Dinge ebenso wie Ereignisse an. Der Ausbruch eines Vulkans zum Beispiel ist ein Ereignis (ein Prozess), das (der) sowohl zeitliche als auch räumliche Teile hat. Ein Ausbruch kann zunächst schwach und dann heftig sein. Er erstreckt sich über eine gewisse Zeit, ohne als Ganzer in einem Teil dieser Zeit zu existieren. Der Vulkan hingegen hat nur räumliche, aber keine zeitlichen Teile. Er existiert als Ganzer für eine bestimmte Zeit.

Nichtsdestoweniger werden die spezielle und die allgemeine Relativitätstheorie von vielen Philosophen als Stütze für eine Ontologie angesehen, gemäß der es nur Ereignisse und damit Prozesse (*occurrents*), aber keine Dinge (*continuants*) gibt. Die prominentesten dieser Philosophen sind der Engländer Bertrand Russell (1872–1970) und der Amerikaner Willard Van Orman Quine (1908–2000) ([4–19], Kapitel 14; [4–20], § 36). Auch David Lewis (1941–2001), einer der einflussreichsten amerikanischen Philosophen der letzten Dekaden, vertritt eine Ontologie, gemäß der es nur Sachen mit zeitlichen Teilen gibt, ohne allerdings die spezielle Relativitätstheorie als Stütze heranzuziehen ([4–21], S. 202–204). Das Argument ist eines der ontologischen Sparsamkeit: Ereignisse müssen wir auf jeden Fall anerkennen. Es ist nicht möglich, Ereignisse auf Dinge zurückzuführen; denn man kann nicht alle Ereignisse als Wechsel von Eigenschaften beharrender Dinge verstehen. Ein Standardbeispiel für ein Ereignis, das man nicht als Wechsel von Eigenschaften beharrender Dinge verstehen kann, ist der Blitzschlag. Umgekehrt ist es aber möglich, Dinge auf Ereignisse zurückzuführen. Man kann ein Ding als eine raum-zeitliche Folge voneinander ähnlicher, sogenannter genidentischer Ereignisse rekonstruieren (eine Ausarbeitung dieser Position ist zum Beispiel [4–22]). Die spezielle Relativitätstheorie wird hier insofern relevant, als mit der Vereinigung von Raum und Zeit in der Physik der Relativität das naturphilosophische Argument dafür entfällt, dass es Dinge als das Beharrende im Raum

(Substanzen) geben muss. Mit dem Blockuniversum der Relativitätstheorie haben wir stattdessen ein Modell dessen, wie eine Ontologie von Ereignissen als dem, was es in der vierdimensionalen Raum-Zeit gibt, aussehen kann. Allerdings legen uns die Relativitätstheorie und die Konzeption eines Blockuniversums nicht auf eine Ontologie von Ereignissen im Unterschied zu einer Ontologie beharrender Dinge fest (siehe gegen eine solche Ontologie von Ereignissen zum Beispiel [4–2], S. 127–132; [4–23], Kapitel 10.2).

Bewegung

Wenn man eine Ontologie von Ereignissen vertritt, dann kann man eine Rekonstruktion von Bewegung und Veränderung geben, die an die Rekonstruktion anknüpft, welche in Kapitel III.3 angesprochen wurde. Wir betrachten eine kontinuierliche Reihe von Punkten oder Gebieten der Raum-Zeit, deren Inhalt ähnlich ist, das heißt, an denen Ähnliches der Fall ist. Wir können diese Reihe als eine Weltlinie oder als ein größeres Gebiet innerhalb der Raum-Zeit ansehen. Was wir im Alltag für die Bewegung eines Körpers durch den Raum halten, das ist tatsächlich eine kontinuierliche Reihe von Punkten oder Gebieten der Raum-Zeit, die einen ähnlichen physikalischen Inhalt haben und die – beziehungsweise deren Inhalt – aus diesem Grunde als ein Individuum aufgefasst werden können. Eine kontinuierliche Folge von Ereignissen kann als ein Individuum konzipiert werden. Es gibt mithin weder Veränderung noch Bewegung, da es gemäß dieser Ontologie von Ereignissen keine Dinge gibt, die sich bewegen oder sich verändern könnten. Aber es ist in einer Ontologie von Ereignissen möglich, ein Individuum als das Subjekt dessen zu konzipieren, was wir im Alltag für die Bewegung eines Körpers durch den Raum in der Zeit halten.

2. Raum, Zeit und Materie nach der Relativitätsphysik

a) Substantielle Raum-Zeit

Verhältnis von Raum, Zeit und Materie offen

Wie stellt sich gemäß der Physik der Relativität das Verhältnis von Raum-Zeit und Materie dar? Wir müssen dazu die allgemeine Relativitätstheorie betrachten; denn nur diese behandelt Raum und Zeit in Verbindung mit Materie, insofern Materie der Gravitation unterworfen ist. Wir können die drei grundlegenden Konzeptionen des Verhältnisses von Raum, Zeit und Materie, die im vorigen Kapitel vorgestellt wurden, auf die Philosophie der allgemeinen Relativitätstheorie beziehen. Die allgemeine Relativitätstheorie legt uns nicht auf eine bestimmte Konzeption des Verhältnisses von Raum-Zeit und Materie fest (für eine Diskussion der heute offenstehenden Positionen siehe [4–24]). Methodisch zeigt sich hieran: Die Konzeptionen des Verhältnisses von Raum, Zeit und Materie, die in der Geschichte der neuzeitlichen Philosophie entwickelt wurden, können in der heutigen Naturphilosophie angewendet werden. Ihre Anwendung zeigt, dass die heute maßgebliche physikalische Theorie für das Verhältnis von Raum, Zeit und Materie – die allgemeine Relativitätstheorie – die philosophische Frage nach dem Verhältnis von raum-zeitlicher Ausdehnung und Materie offen lässt.

Raum-Zeit als Substanz

Der raum-zeitliche Abstand zwischen zwei Punkten ist nicht relativ zu einem Bezugssystem. Man kann deshalb die Raum-Zeit insgesamt als ein absolutes Seiendes ansehen. Statt zweier absoluter Seiender, dem absoluten Raum und der absoluten Zeit, gibt es nur ein solches Seiendes, die absolute Raum-Zeit. Und anstatt, wie in der Physik Newtons, auf die Gravitation als Fernwirkung zwischen Materiellem festgelegt zu sein, gibt es einen lokalen, kausalen Einfluss von Materiellem auf die Raum-Zeit: Die Raum-Zeit wird durch die Anwesenheit von Materie gekrümmt. Die Krümmung der Raum-Zeit beeinflusst wiederum die Bahn von Materiellem in der Raum-Zeit.

In der heutigen Naturphilosophie wird die Konzeption einer absoluten Raum-Zeit als Substantialismus in Bezug auf die Raum-Zeit diskutiert (für einen Überblick siehe [4–25]). Denn wenn es eine absolute Raum-Zeit gibt, ist diese eine Substanz. Insbesondere wird heute diskutiert, ob es Punkte der Raum-Zeit gibt im Sinne dessen, dass die Punkte der Raum-Zeit selbst Substanzen sind, deren Identität unabhängig davon ist, welche physikalischen Größen an ihnen auftreten. Die Konzeption einer absoluten Raum-Zeit ist jedoch nicht darauf festgelegt, dass es Punkte der Raum-Zeit als etwas Substantielles gibt. Punkte der Raum-Zeit können auch als bloße Grenzen von Gebieten der Raum-Zeit betrachtet werden (vergleiche [4–26], S. 100–113, 188–193). Ein wichtiges Argument für einen Substantialismus in Bezug auf die Punkte der Raum-Zeit ist, dass die Eigenschaften von Feldern an Punkten auftreten. Es muss deshalb, so das Argument, Punkte der Raum-Zeit als Substanzen geben, an denen die Feldeigenschaften auftreten ([4–27], Kapitel 4, insbesondere S. 35). Wie in den nächsten beiden Unterkapiteln deutlich werden wird, ist es jedoch möglich, physikalische Feldtheorien auch im Sinne der beiden anderen Konzeptionen des Verhältnisses von Raum-Zeit und Materie zu verstehen. Es gilt auch in der heutigen Naturphilosophie die Unabhängigkeit, die schon im letzten Kapitel festgestellt wurde: Keine der physikalischen Theorien, über die wir verfügen, legt uns auf eine bestimmte Konzeption des Verhältnisses von Raum-Zeit und Materie fest. Wenn man die Raum-Zeit für ein Seiendes im Unterschied zur Materie hält, dann ist man mit dieser Konzeption nicht auf eine bestimmte Sicht dessen festgelegt, was es in der Raum-Zeit gibt. Das können Teilchen (Dinge) sein, oder Felder, die aus Ereignissen aufgebaut sind im Sinne dessen, was an Punkten der Raum-Zeit der Fall ist, oder beides.

Die philosophischen Einwände gegen eine solche Konzeption des Verhältnisses von Raum, Zeit und Materie bleiben auch im Rahmen der heutigen Physik bestehen. Es ist insbesondere unklar, was für ein Seiendes die Raum-Zeit oder Punkte der Raum-Zeit zusätzlich zur Materie sein könnten. Durch diese Unklarheit wird der Einwand bestärkt, dass es ausreicht, wenn wir eines von beiden in unserer Ontologie anerkennen: entweder Materielles, aus dessen Relationen sich die Raum-Zeit ergibt, oder eine Raum-Zeit, die mit der Materie identisch ist. Aspekt frage!

b) Relationale Raum-Zeit

Loch-Argument

Die Position, dass die Raum-Zeit relational ist, also nur in Relationen zwischen Materiellem besteht, wird in der heutigen Naturphilosophie ebenfalls vertreten. Das hauptsächliche Argument ist ein ähnliches wie das von Leibniz: Eine absolute Raum-Zeit würde zu Unterscheidungen führen, die in keiner Weise als ein Unterschied hervortreten. Leibniz hatte argumentiert, dass selbst dann, wenn der absolute Raum voll wäre, Gott die Materie um 180 Grad gedreht im absoluten Raum anordnen könnte, und alle Relationen zwischen Materiellem würden gleich bleiben (siehe Kapitel III.2). Das heutige Analogon zu diesem Argument im Rahmen der allgemeinen Relativitätstheorie ist das sogenannte Loch-Argument: Wiederum geht es um eine Symmetrie-Transformation, welche die physikalischen Relationen unverändert lässt, aber gemäß der Theorie einer absoluten Raum-Zeit einen Unterschied darstellt. Betrachtet werden Feldgrößen einschließlich des metrischen Feldes auf einer Menge von Punkten der Raum-Zeit. Relativ zu einem gewählten Ausgangszeitpunkt ist es möglich, die Transformation so durchzuführen, dass sich kein Unterschied für die Punkte ergibt, die im Vergangenheits-Lichtkegel des gewählten Punktes liegen. Wenn die Punkte der Raum-Zeit jedoch eine eigenständige Existenz unabhängig von den Feldgrößen haben, dann gibt es verschiedene Möglichkeiten, welche Punkte der Raum-Zeit die Träger der Feldgrößen im Zukunfts-Lichtkegel des gewählten Punktes sind. Das Loch-Argument verschärft die Pointe des Argumentes von Leibniz: Nicht nur muss der Vertreter einer absoluten Raum-Zeit einen Unterschied anerkennen, der nicht als ein physikalischer Unterschied hervortritt. Er muss darüber hinaus einen Indeterminismus im Sinne dessen in Kauf nehmen, dass verschiedene Punkte der Raum-Zeit als Träger für dieselben Feldgrößen in Frage kommen, obwohl die allgemeine Relativitätstheorie deterministisch ist. In dieser verschärften Form trifft dieses Argument allerdings nur diejenige Variante der Theorie einer absoluten Raum-Zeit, gemäß welcher die Punkte der Raum-Zeit selbst Substanzen sind, deren Identität unabhängig von den physikalischen Größen einschließlich der metrischen Größen ist, die an ihnen auftreten (siehe zur Diskussion um das Loch-Argument insbesondere [4–28]; [4–24], Kapitel 9; [4–29]; [4–30], Kapitel 9; [4–31]).

Eine relationale Theorie der Raum-Zeit ist ebenfalls neutral in Bezug auf das, was als das Materielle angesehen wird. Man kann das Materielle als punktförmige Teilchen verstehen. Es wird jedoch auch die Auffassung vertreten, dass es möglich ist, eine relationale Theorie der Raum-Zeit auf der Basis einer Ontologie von Feldern aufzubauen ([4–32], S. 430–431; [4–33], S. 382).

Kausale Theorie der Raum-Zeit

Wenn eine relationale Theorie der Raum-Zeit nicht einfach raum-zeitliche Ausdehnung als die Ausdehnung oder den Abstand desjenigen, das als das Materielle angesehen wird, anerkennen will, hat sie die Aufgabe, die raum-zeitlichen Beziehungen zwischen Materiellem von intrinsischen Eigenschaften von Materiellem oder von Beziehungen zwischen Materiellem aus zu rekonstruieren, die keine raum-zeitliche Ausdehnung voraussetzen. Es ist keine Strategie dafür ersichtlich, wie man von intrinsischen

Eigenschaften von Materiellem aus zu raum-zeitlichen Beziehungen gelangen könnte, ohne raum-zeitliche Ausdehnung vorauszusetzen. Leibniz' diesbezüglicher Versuch läuft letztlich darauf hinaus, statt einer physikalischen Realität von Materiellem nur Vorstellungen in ausdehnungslosen Monaden anerkennen zu können (Kapitel III.2). Wenn man die raum-zeitlichen Beziehungen zwischen Materiellem nicht als grundlegend ansieht, dann sind kausale Beziehungen die Alternative für grundlegende Beziehungen zwischen Materiellem im Rahmen der klassischen Physik. Es gibt Versuche, eine relationale Theorie der Raum-Zeit so aufzubauen, dass raum-zeitliche Beziehungen von kausalen Beziehungen aus rekonstruiert werden. Der bekannteste dieser Versuche stammt von Hans Reichenbach (1891–1953) ([4–34], insbesondere §§ 21–22, 27; [4–35], insbesondere S. 331; siehe ferner [4–6], Kapitel 5, und [4–36]). Diese Versuche stützen sich darauf, dass kausale Beziehungen nur zwischen Ereignissen mit einem zeitartigen Abstand bestehen und vom Vergangenheits-Lichtkegel eines Ereignisses zu dessen Zukunfts-Lichtkegel verlaufen. Zwischen Ereignissen mit raumartigem Abstand gibt es keine Kausalbeziehungen. Hieraus folgt jedoch nicht, dass raum-zeitliche Beziehungen auf kausale Beziehungen zurückgeführt werden können. Entsprechende Ansätze haben zu keinem Erfolg geführt (siehe [4–37] für eine Einschätzung und zur Kritik ferner [4–38] sowie [4–30], Kapitel 3).

Wenn man das Programm einer kausalen Theorie der Raum-Zeit ausführen will, steht man vor dem folgenden Dilemma: Auf der einen Seite kann man Kausalität rein als eine kontrafaktische Beziehung zwischen Ereignissen verstehen (siehe [4–39], Kapitel 21). Kurz gefasst, das Ereignis *A* ist genau dann eine Ursache des Ereignisses *B*, wenn Folgendes gilt: Wenn *A* nicht eingetreten wäre, dann wäre auch *B* nicht eingetreten oder zumindest deutlich weniger wahrscheinlich gewesen. In diesem Falle fließen keinerlei raum-zeitliche Begriffe in die Analyse dessen ein, was Kausalität ist. Es ist dann aber auch nicht ersichtlich, wie man von einem solchen Verständnis von Kausalität aus raum-zeitliche Beziehungen rekonstruieren könnte. Auf die Zeit bezogen lässt eine solche Konzeption von Kausalität zum Beispiel im Prinzip auch zeitgleiche und sogar zeitlich rückwärts gerichtete Kausalbeziehungen zu (siehe dagegen allerdings [4–40], Kapitel 10 bis 12). Auf der anderen Seite kann man eine Theorie der Kausalität vertreten, die näher an der Physik ist. Beispielsweise kann man Kausalität als den Transfer einer physikalischen Erhaltungsgröße (insbesondere Energie) zwischen Ereignissen verstehen ([4–41], Kapitel 16, [4–42], [4–43]). Dann sind jedoch in der Konzeption von Kausalität schon einige raum-zeitliche Begriffe enthalten, wie zum Beispiel der Begriff der verschiedenen raum-zeitlichen Lokalisation der betreffenden Ereignisse. Es ist dann nicht mehr möglich, raum-zeitliche Relationen generell von der Theorie der Kausalität aus zu rekonstruieren. Eine relationale Theorie der Raum-Zeit hat also heute mit demselben Problem wie zu Leibniz' Zeit zu kämpfen: Es gibt über die Raum-Zeit hinaus noch andere Kandidaten für etwas Grundlegendes. Es ist aber nicht ersichtlich, was das Grundlegendere sein könnte, von dem aus raum-zeitliche Beziehungen verstanden werden können.

c) Materielle Raum-Zeit

Wheelers Geometrodynamik

Mit der allgemeinen Relativitätstheorie hat der Ansatz, Materielles mit der Raum-Zeit zu identifizieren, Auftrieb bekommen. Es gibt ein konkretes physikalisches Programm, wie dieser Ansatz durchgeführt werden kann. Vor rund fünfzig Jahren hat der Physiker John A. Wheeler das Programm der *Geometrodynamik* eingeführt. Wheelers Geometrodynamik setzt sich die Aufgabe, die Physik in einer solchen Weise aufzubauen, dass keine ontologische Festlegung auf physikalische Systeme zusätzlich zur Raum-Zeit erforderlich ist. Der Ausgangspunkt ist, dass die allgemeine Relativitätstheorie die Theorie der Gravitation als eine geometrische Beschreibung der Raum-Zeit konzipiert, nämlich als eine Beschreibung von deren Krümmung. Wheelers Geometrodynamik visiert die folgende Weiterentwicklung der allgemeinen Relativitätstheorie an: Auch der Elektromagnetismus und die Teilchenphysik sollen allein auf der Grundlage einer geometrischen Beschreibung der leeren, gekrümmten Raum-Zeit aufgebaut werden. Leere Raum-Zeit meint hier eine Raum-Zeit ohne zusätzliche physikalische Systeme. Wheeler schreibt:

> „Ist die Raum–Zeit nur eine Arena, innerhalb derer sich Felder und Teilchen als ‚physikalische' und ‚fremde' Wesenheiten bewegen? Oder ist das vierdimensionale Kontinuum alles, was es gibt? Ist die gekrümmte, leere Geometrie eine Art magisches Baumaterial, aus dem alles in der physikalischen Welt geformt ist: (1) eine schwache Krümmung in einem Gebiet des Raumes beschreibt ein Gravitationsfeld; (2) eine gewellte Geometrie mit einer anderen Art der Krümmung irgendwo anders beschreibt ein elektromagnetisches Feld; (3) ein verknotetes Gebiet hoher Krümmung beschreibt eine Ansammlung von Ladung und Masse-Energie, die sich wie ein Teilchen bewegt? Sind Felder und Teilchen fremde Wesenheiten, die in die Geometrie eingebettet werden, oder sind sie nichts als Geometrie" ([4–44], S. 361; ausführlicher [4–45], insbesondere S. XI–XII, 8–87, 129–130, 225–236; siehe ferner [4–46], Kapitel 4 und 5, insbesondere S. 236, 312–318, und [4–47], Kapitel 10)?

Die Theorie der Raum-Zeit, die physikalische Eigenschaften behandelt, besteht mithin in einer Beschreibung der geometrischen Eigenschaften der Raum-Zeit wie deren Krümmung. Die ontologische Behauptung von Wheelers Geometrodynamik ist, dass der physikalische Bereich identisch mit dem vierdimensionalen Raum-Zeit-Kontinuum mit seinen geometrischen – das heißt, physikalischen – Eigenschaften ist. Die Geometrodynamik ist damit an eine Feldtheorie der Materie gebunden. Ihre Pointe ist, dass Felder nicht etwas Zusätzliches zu Raum und Zeit sind, das in der Raum-Zeit existiert, sondern dass es sich bei Feldern um die Raum-Zeit selbst mit physikalischen Eigenschaften handelt. Wheelers Geometrodynamik wird deshalb oft mit Descartes' und insbesondere Spinozas Theorie des physikalischen Bereichs in Verbindung gebracht ([4–46], S. 79–101; [4–48], S. 100–104). Sie kann als der Versuch gelten, die Identifikation der Materie mit dem Raum, die auf Descartes und Spinoza zurückgeführt werden kann, in der Physik des 20. Jahrhunderts zu etablieren.

Scheitern der Geometrodynamik

Dieses geometrodynamische Programm ist jedoch physikalisch gescheitert. Die Probleme, die nicht bewältigt werden konnten, sind im wesentlichen die folgenden drei:

- *Elektrodynamik*: Durch Gegenbeispiele wurde gezeigt, dass die geometrische Beschreibung der Geometrodynamik nicht zwischen einigen physikalisch verschiedenen Anfangsbedingungen in der Elektrodynamik unterscheiden kann ([4–49], S. 12–14).
- *Singularitäten*: Die Geometrodynamik wollte Singularitäten vermeiden ([4–45], insbesondere S. 25–31, 45–66). Dieser Versuch misslang jedoch. Wenn Singularitäten nicht eliminiert werden können, hat das zur Folge, dass physikalische Systeme wie Teilchen zusätzlich zur Raum-Zeit anerkannt werden müssen. Denn die Gleichungen des betreffenden Feldes können nicht auf die Punkte angewendet werden, an denen Singularitäten auftreten ([4–50], S. 33–39; [4–47], Kapitel 12).
- *Fermionen*: Fermionen – das sind Teilchen von Spin 1/2 wie zum Beispiel Elektronen – konnten von der Geometrodynamik nicht behandelt werden ([4–50], S. 45–46).

Die ersten beiden Probleme betreffen schon die klassische Geometrodynamik, also den Versuch, die Theorie der Gravitation und die Theorie des Elektromagnetismus auf der Basis einer Ontologie der Raum-Zeit ohne zusätzliche physikalische Systeme zu vereinigen. Das dritte Problem betrifft die Quanten-Geometrodynamik, also den Versuch, die Theorie der Elementarsysteme der Quantenphysik in die Geometrodynamik aufzunehmen. Insbesondere infolge des dritten Problems hat Wheeler 1973 die Geometrodynamik im Sinne des Programms, die Physik allein auf der Raum-Zeit ohne zusätzliche physikalische Systeme aufzubauen, zurückgezogen ([4–51], § 44.3–4, insbesondere S. 1205).

Situation nach dem Scheitern der Geometrodynamik

Auf der einen Seite ist eine philosophische Theorie oder eine Metaphysik, welche die Materie als mit Raum und Zeit identisch ansieht, nicht an ein spezifisches Programm in der Physik gebunden. Insbesondere ist diese philosophische Theorie nicht darauf festgelegt, die physikalischen Eigenschaften des Raumes oder der Raum-Zeit als geometrische Eigenschaften wie die Krümmung zu verstehen. Wenn aber auf der anderen Seite eine solche Metaphysik eine plausible Philosophie der Physik sein soll, dann muss sie zeigen können, wie eine Identifikation aller physikalischen Eigenschaften mit Eigenschaften von Punkten oder Gebieten des Raumes oder der Raum-Zeit durchführbar sein soll. Sie muss darlegen können, wie eine Rekonstruktion unserer physikalischen Theorien möglich ist, ohne auf physikalische Systeme wie Teilchen oder Felder zusätzlich zur Raum-Zeit festgelegt zu sein. Der einzige konkrete Vorschlag, wie dieses geleistet werden könnte, ist Wheelers ursprüngliches Programm der Geometrodynamik, und dieses Programm ist gescheitert. Damit bleibt es zumindest bei dem Einwand, der am Ende von Kapitel III.3 ausgeführt wurde, nämlich dass unklar ist, welches die physikalischen Eigenschaften der Raum-Zeit sein könnten, die eine solche Rekonstruktion ermöglichen.

3. Zusammenfassung, Lektürehinweise, Fragen und Übungen

Zusammenfassung
Wenn wir uns die drei grundlegenden philosophischen Konzeptionen des Verhältnisses von Raum, Zeit und Materie vor Augen halten, die im letzten Kapitel vorgestellt wurden, dann ergibt sich aus der heutigen Physik von Raum und Zeit kein durchschlagendes Argument für eine dieser Konzeptionen. Die allgemeine Relativitätstheorie kann zwar so aufgenommen werden, dass sie einen Schritt in Richtung einer Identifikation von Materie mit der Raum-Zeit geht, indem sie die Gravitation auf die Krümmung der Raum-Zeit zurückführt. Aber der Versuch, den Elektromagnetismus und die Teilchenphysik nach dem gleichen Muster zu verstehen, hat zu keinem Erfolg geführt. Es bleibt damit bei den philosophischen Problemen für jede der drei Konzeptionen:

- Wenn man die Raum-Zeit auf der einen und die Materie auf der anderen Seite für verschiedenes Seiendes hält, dann ist unklar, was der ontologische Status der Raum-Zeit als einem Seienden zusätzlich zum Materiellen sein könnte.
- Wenn man die Raum-Zeit relational versteht und sie so ansieht, dass sie auf Relationen zwischen Materiellem zurückführbar ist, dann ist unklar, wie von intrinsischen Eigenschaften oder von Relationen zwischen Materiellem aus die raumzeitlichen Relationen rekonstruiert werden könnten, ohne raum-zeitliche Ausdehnung vorauszusetzen.
- Wenn man die Materie mit der Raum-Zeit identifiziert, dann ist unklar, welches die physikalischen Eigenschaften von Punkten oder Gebieten der Raum-Zeit sein könnten, von denen aus man die bekannten physikalischen Eigenschaften rekonstruieren kann.

Die rein philosophische Betrachtung dieser Konzeptionen führt zu keinem durchschlagenden Argument für eine von ihnen. Die heutige Physik der Raum-Zeit wirft ebenfalls kein definitives Argument für eine dieser Konzeptionen in die Waagschale. Obwohl die spezielle und die allgemeine Relativitätstheorie zu einer weitreichenden Revision unserer herkömmlichen Vorstellungen von Raum und Zeit führen, bleiben die grundlegenden Konzeptionen für das Verhältnis von Raum, Zeit und Materie, die aus dem 17. Jahrhundert bekannt sind, bestehen. Das nächste Kapitel geht auf die Struktur der Materie ein und betrachtet die philosophischen Herausforderungen, die sich aus der Quantenphysik ergeben. Von der Quantenphysik aus werde ich noch einmal kurz auf die Frage nach dem Verhältnis von Raum, Zeit und Materie zurückkommen (Kapitel V.2.c).

Lektürehinweise

- zur Einführung generell: [4–1], [4–3], [4–4], Kapitel 1 und 2, [4–5], Kapitel 2, sowie [4–6] und die Arbeiten in [4–7] sowie ferner [4–8], Kapitel 1 und 2, und [4–9]
- zum Blockuniversum: [4–12]
- zu einer Ontologie von Ereignissen: [4–22]
- zu absoluten und relationalen Theorien der Raum-Zeit in der heutigen Philosophie der Physik: [4–24]
- zum Substantialismus in Bezug auf die Raum-Zeit: [4–25]
- zu einer kausalen Theorie der Raum-Zeit: [4–37]
- zur Geometrodynamik: [4–46]

Fragen und Übungen

- Erörtern Sie die beiden Grundprinzipien der speziellen Relativitätstheorie!
- Was genau ist nach der speziellen Relativitätstheorie relativ und was ist nicht relativ?

- Worin unterscheiden sich räumlicher und zeitlicher Abstand?
- Was fügt die allgemeine Relativitätstheorie zur speziellen Relativitätstheorie hinzu?
- Was sind die Argumente für eine zeitlose Sicht von Existenz, die sich aus der speziellen Relativitätstheorie ergeben?
- Diskutieren Sie die philosophischen Probleme einer zeitlosen Sicht von Existenz!
- Was ist Determinismus?
- Was ist der Unterschied zwischen einer Ontologie von Dingen und einer Ontologie von Ereignissen?
- Erörtern Sie die Aufgaben, welche die Ausarbeitung einer Ontologie von Ereignissen erfüllen müsste!
- Erläutern Sie, wie das Konzept einer absoluten Raum-Zeit in der Philosophie der allgemeinen Relativitätstheorie angewendet werden kann!
- Worin besteht der Unterschied dazwischen, nur die Raum-Zeit insgesamt als eine Substanz zu betrachten oder auch die Punkte der Raum-Zeit für Substanzen zu halten?
- Vergleichen Sie das sogenannte Loch-Argument mit dem Argument von Leibniz gegen einen absoluten Raum und eine absolute Zeit!
- Was sind die Schwierigkeiten, mit denen das Programm einer kausalen Theorie von Raum und Zeit konfrontiert ist?
- Wieso gilt Wheelers Programm der Geometrodynamik als der Versuch einer konkreten Ausführung der Idee, die Materie auf Raum und Zeit zurückzuführen?
- Was sind die Gründe für das Scheitern von Wheelers Geometrodynamik?
- Welche Konsequenzen hat das Scheitern von Wheelers Geometrodynamik für das Programm, die Materie auf Raum und Zeit zurückzuführen?
- Bewerten Sie die Argumente für und die jeweiligen Probleme der drei grundlegenden Konzeptionen von Raum, Zeit und Materie im Anschluss an die spezielle und die allgemeine Relativitätstheorie!

V. Die Herausforderung der Quantenphysik

Die Herausforderung der Quantenphysik besteht in Folgendem: Quantensysteme sind in der Regel nicht lokalisiert. Viele ihrer charakteristischen Eigenschaften sind keine intrinsischen Eigenschaften. Es ist vielmehr von Zustandsverschränkungen zwischen Quantensystemen auszugehen. Zustandsverschränkungen beinhalten Korrelationen zwischen Quantensystemen, die unabhängig von deren räumlichem oder raum-zeitlichem Abstand sind. Ferner sind Quantensysteme keine voneinander unterscheidbaren Individuen. In der Quantenfeldtheorie entfallen sogar einzelne Quantensysteme als Träger von Eigenschaften. Die Möglichkeit von Alternativen zur Quantentheorie und das Messproblem werden angesprochen.

1. Vier Prinzipien der klassischen Physik und Naturphilosophie

Entwicklung der Quantentheorie

Die Quantentheorie ist die am meisten umstrittene, aber auch die erfolgreichste Theorie der Physik des 20. Jahrhunderts. Die Quantentheorie wurde in den 1920er Jahren insbesondere von Niels Bohr (1885–1962) und Werner Heisenberg (1901–1976) in Form der Quantenmechanik entwickelt. Die heutige Quantentheorie umfasst neben der Quantenmechanik auch die Quantenfeldtheorie. Die folgende Darstellung orientiert sich an der Quantenmechanik. Auf die philosophisch relevanten Besonderheiten der Quantenfeldtheorie gehe ich in Kapitel V.2.c kurz ein.

Einsteins Prinzipien

Wir können verstehen, weshalb die Quantenmechanik naturphilosophisch so bedeutsam ist, indem wir Einsteins Bedenken betrachten. Albert Einstein ist der prominenteste Kritiker der Quantentheorie. Er akzeptiert den physikalischen Erfolg und damit die Voraussagen der Quantentheorie für experimentelle Ergebnisse. Aber er lehnt die naturphilosophischen Prinzipien ab, die in der Quantentheorie zum Ausdruck kommen. Die Prinzipien seiner eigenen, an der klassischen Physik orientierten Naturphilosophie bringt er am deutlichsten in dem Aufsatz *Quanten-Mechanik und Wirklichkeit* von 1948 zum Ausdruck. Dort heißt es:

> „Fragt man, was unabhängig von der Quanten-Theorie für die physikalische Ideenwelt charakteristisch ist, so fällt zunächst folgendes auf: die Begriffe der Physik beziehen sich auf eine reale Außenwelt, d. h. es sind Ideen von Dingen gesetzt, die eine von den wahrnehmenden Subjekten unabhängige ‚reale Existenz' beanspruchen (Körper, Felder, etc.), welche Ideen andererseits zu Sinneseindrücken in möglichst sichere Beziehung gebracht sind. Charakteristisch für diese physikalischen Dinge ist ferner, daß sie in ein raum-zeitliches Kontinuum eingeordnet gedacht sind. Wesentlich für diese Einordnung der in der Physik eingeführten Dinge erscheint ferner, dass zu einer bestimmten Zeit diese Dinge eine voneinander unabhängige Existenz beanspruchen, soweit diese Dinge ‚in verschiedenen Teilen des Raumes liegen'. Ohne die Annahme einer solchen

Unabhängigkeit der Existenz (des ‚So-seins') der räumlich distanten Dinge voneinander, die zunächst dem Alltagsdenken entstammt, wäre physikalisches Denken in dem uns geläufigen Sinne nicht möglich. Man sieht ohne solche saubere Sonderung auch nicht, wie physikalische Gesetze formuliert und geprüft werden könnten. Die Feldtheorie hat dieses Prinzip zum Extrem durchgeführt, indem sie die ihr zugrundegelegten, voneinander unabhängig existierenden elementaren Dinge sowie die für sie postulierten Elementargesetze in den unendlich-kleinen Raumelementen (vierdimensional) lokalisiert.

Für die relative Unabhängigkeit räumlich distanter Dinge (*A* und *B*) ist die Idee charakteristisch: Äußere Beeinflussung von *A* hat keinen *unmittelbaren* Einfluss auf *B*; dies ist als ‚Prinzip der Nahewirkung' bekannt, das nur in der Feldtheorie konsequent angewendet ist. Völlige Aufhebung dieses Grundsatzes würde die Idee von der Existenz (quasi-) abgeschlossener Systeme und damit die Aufstellung empirisch prüfbarer Gesetze in dem uns geläufigen Sinne unmöglich machen" ([5–1], S. 321–322).

Gehen wir dieses lange Zitat Schritt für Schritt durch, um dann verstehen zu können, was neu und philosophisch bedeutsam an der Quantentheorie ist. Aus diesem Zitat sind vier Prinzipien ersichtlich, die für die gesamte klassische Physik und die an ihr orientierte Naturphilosophie gelten. Klassisch sind alle physikalischen Theorien außer der Quantentheorie. Damit eine physikalische Theorie klassisch ist, braucht sie nicht zeitlich vor der Quantentheorie entwickelt worden zu sein. Klassisch ist eine physikalische Theorie allein deshalb, weil die vier Prinzipien, die in diesem Zitat zum Ausdruck kommen, in ihr gelten. Die Quantentheorie ist nicht klassisch, weil einige dieser Prinzipien in ihr nicht gelten. Diese Prinzipien sind unabhängig davon, ob wir eine klassische Teilchentheorie oder eine klassische Feldtheorie betrachten.

Lokalisiertheit

Abgesehen von der erkenntnistheoretischen Einleitung ist das erste Prinzip, das Einstein in dem Zitat anspricht, die „Lokalisiertheit". Ich spreche nicht von Lokalität, da der Begriff „Lokalität" auch im Sinne dessen gebraucht wird, was unten als das Prinzip der Nahewirkung besprochen werden wird. Mit Lokalisiertheit ist gemeint, dass die physikalischen Systeme auf der grundlegenden Ebene an Punkten oder punktförmigen Gebieten der Raum-Zeit lokalisiert sind. Mit anderen Worten: Physikalische Systeme haben immer einen wohldefinierten Ort im Raum und in der Zeit. Es ist wichtig, von „Lokalisiertheit" und nicht bloß von „Lokalisierbarkeit" zu sprechen; denn lokalisierbar zu sein, impliziert nicht, immer lokalisiert zu sein. Lokalisierbar ist ein System auch dann, wenn es beispielsweise durch eine Messung in einen Zustand gebracht werden kann, in dem es lokalisiert ist; daraus folgt aber nicht, dass dieses System lokalisiert ist in dem Sinne, dass es immer – also auch unabhängig von Messungen – einen wohldefinierten Ort im Raum und der Zeit hat. Auch die spezielle und die allgemeine Relativitätstheorie sind lokale Theorien im Sinne des Prinzips der Lokalisiertheit (zur Definition einer lokalen Raum-Zeit-Theorie siehe [4–28], S. 517–518). Alle Eigenschaften, die in der Relativitätsphysik betrachtet werden, sind an Punkten der Raum-Zeit lokalisiert.

Separabilität

Wichtiger noch als Lokalisiertheit ist das Prinzip, das Einstein in dem Zitat so beschreibt, dass die physikalischen Systeme eine voneinander unabhängige Existenz beanspruchen, sofern sie räumlich oder raum-zeitlich voneinander getrennt sind. In einem Brief an Erwin Schrödinger (1887–1961) vom 19. Juni 1935 gebraucht Einstein die Ausdrücke „Trennungsprinzip" und „Trennungshypothese" (zitiert in [5–2], S. 179–180). Heute spricht man vom Prinzip der „Separabilität". Dieses Prinzip setzt voraus, dass es eine Vielzahl physikalischer Systeme gibt. Das müssen nicht Teilchen sein. Es kann sich auch um Punkte der Raum-Zeit handeln, an denen Feldgrößen auftreten. Nennen wir alles dieses einschließlich von Punkten, an denen physikalische Eigenschaften auftreten, „physikalische Systeme". Damit etwas ein physikalisches System ist, ist es notwendig und hinreichend, dass der betreffenden Sache irgendwelche physikalischen Eigenschaften zukommen. Es wird am Ende von Kapitel V.2.b deutlich werden, dass es sinnvoll ist, nicht mehr als dieses minimale Kriterium zu fordern, damit etwas ein physikalisches System ist.

Damit, dass die physikalischen Systeme unabhängig voneinander sind, ist Folgendes gemeint: *Jedes der Systeme hat seine grundlegenden, charakteristischen Eigenschaften unabhängig von allen anderen Systemen.* Das heißt, es hat diese Eigenschaften unabhängig davon, ob es in der Tat andere physikalische Systeme gibt oder ob es solche nicht gibt. Es handelt sich also um innere Eigenschaften eines Systems. Wie schon in Kapitel II.1 erwähnt wurde, werden solche Eigenschaften in der philosophischen Fachterminologie „intrinsische Eigenschaften" genannt. Intrinsische Eigenschaften können durch Kausalbeziehungen erworben werden. Es kommt allein darauf an, dass es möglich ist, solche Eigenschaften unabhängig davon zu haben, ob es andere Systeme gibt (siehe [5–3]). Betrachten wir die Eigenschaft, ein Sandkorn zu sein. Für jedes einzelne Sandkorn in der Welt mag es eine Kette von Ursachen geben, die zu diesem Sandkorn führen und die eine unbestimmte Anzahl weiterer Dinge umfassen. Aber das hindert nicht, dass dann, wenn es nur ein einziges Ding in der Welt gäbe, dieses Ding ein Sandkorn sein könnte. Deshalb ist die Eigenschaft, ein Sandkorn zu sein, eine intrinsische Eigenschaft.

Darüber hinaus, dass die charakteristischen Eigenschaften der physikalischen Systeme intrinsische Eigenschaften sind, besagt das Prinzip der Separabilität Folgendes: *Die Beziehungen (Relationen), die zwischen physikalischen Systemen bestehen, sind durch die intrinsischen Eigenschaften der betreffenden Systeme festgelegt.* Nehmen wir an, dass die Masse eine intrinsische Eigenschaft ist. Paul hat eine Masse von 80 kg, und Peter hat eine Masse von 70 kg. In diesem Fall ist die Beziehung, dass Paul schwerer ist als Peter, durch die Massen festgelegt, die Paul und Peter unabhängig voneinander haben. Es genügt, wenn man die Massen von Paul und Peter angibt; man braucht nicht hinzuzufügen, dass Paul schwerer als Peter ist. Analog kann man annehmen, dass der räumliche Abstand zwischen zwei Systemen durch den Ort von jedem der beiden Systeme festgelegt ist; der Ort ist in der klassischen Physik in dem Sinne eine intrinsische Eigenschaft, dass der Ort jedes Systems unabhängig von dem aller anderen Systeme ist.

Physikalisch können wir das, was Separabilität besagt, so zusammenfassen: *Jedes System hat für sich genommen einen Zustand, der die Werte der zeitabhängigen Eigenschaften dieses Systems vollständig angibt. Wenn wir ein Gesamtsystem betrachten, das aus mehreren Teilsystemen besteht, dann ist der Zustand des Gesamtsystems durch die Zustände der Teilsysteme festgelegt.* Zeitabhängig sind alle und nur diejenigen Eigenschaften, deren Wert sich während der Existenz des Systems ändern kann – wie zum Beispiel Ort und Geschwindigkeit, aber nicht Masse und Ladung. Diese Eigenschaften können wir auch „zustandsabhängige Eigenschaften" nennen. Der Zustand eines Systems zu einer Zeit ist die Weise, in der dieses System zu dieser Zeit zeitabhängige Eigenschaften hat.

Nicht nur die klassische Mechanik, deren Gegenstand Teilchen sind, sondern auch die Feldtheorie des Elektromagnetismus entspricht dem Prinzip der Separabilität. Man kann ein klassisches Feld so ansehen, dass es aus lokalen Feldquellen aufgebaut ist, die unabhängig voneinander sind. Wenn wir den Zustand mehrerer Punkte oder eines größeren Gebietes in einem Feld betrachten, dann gilt, dass dieser Zustand durch die Zustände der einzelnen Punkte oder der Teilgebiete festgelegt ist. Einstein spricht in dem Zitat oben davon, dass die klassischen Feldtheorien einschließlich der speziellen und der allgemeinen Relativitätstheorie dieses Prinzip der Separabilität zum Extrem durchgeführt haben.

Nahewirkung

Im Anschluss an die Separabilität hat ein weiteres Prinzip in dem Zitat oben großes Gewicht: das Prinzip der „Nahewirkung". Dieses Prinzip betrifft die Veränderung der Zustände physikalischer Systeme. Kausale Wirkungen (Interaktionen, Kräfte) breiten sich von einem Punkt zum benachbarten Punkt mit einer begrenzten Geschwindigkeit aus. Gemäß der speziellen Relativitätstheorie ist die Lichtgeschwindigkeit die Obergrenze für die Ausbreitung von Wirkungen. Das Prinzip der Nahewirkung ist nur dann anwendbar, wenn das Prinzip der Separabilität gilt: Das Prinzip der Nahewirkung betrifft Veränderungen in Systemen, die je für sich genommen einen Zustand im angegebenen Sinne haben. Alle bekannten Interaktionen (Kräfte) genügen dem Prinzip der Nahewirkung. Einstein sagt in dem Zitat oben, dass dieses Prinzip nur in einer physikalischen Feldtheorie konsequent angewendet wird. Newtons Physik ist auf die Gravitation als Fernwirkung festgelegt; allerdings hält Newton selbst die Annahme, dass es eine Fernwirkung gibt, für absurd ([3–4], S. 254; siehe Kapitel III.1).

Individualität

Aus den drei Prinzipien der Lokalisiertheit, der Separabilität und der Nahewirkung ergibt sich ein weiteres Prinzip, das Einstein in dem Zitat oben allerdings nicht explizit anspricht: das Prinzip der „Individualität". Alle physikalischen Systeme sind in folgendem Sinne Individuen: Für jedes System gilt, dass es Eigenschaften beziehungsweise Werte von Eigenschaften gibt, durch die sich dieses System von allen anderen Systemen unterscheidet. Aufgrund des Prinzips der Lokalisiertheit sind zwei beliebige physikalische Systeme zumindest durch den Wert des Ortes voneinander unterschieden. Es ist theoretisch möglich, jedes physikalische System, das eine Zeit lang existiert, in seiner Bewegung durch Raum und Zeit (Veränderung des Ortes) zu verfolgen, so dass man das betreffende individuelle System jederzeit wiedererkennen kann.

Zusammenhang der vier Prinzipien

Diese vier Prinzipien bauen aufeinander auf. Wenn wir davon ausgehen, dass physikalische Systeme im Raum und in der Zeit sind, dann ist deren raum-zeitliche Lokalisiertheit eine notwendige Bedingung dafür, dass jedem dieser Systeme für sich genommen ein Zustand zukommt und dass der Zustand eines Gesamtsystems durch die Zustände der Teilsysteme festgelegt ist. Wie schon erwähnt wurde, setzt die Anwendbarkeit des Prinzips der Nahewirkung das Prinzip der Separabilität voraus, ohne dass allerdings das Prinzip der Separabilität das Prinzip der Nahewirkung impliziert. Mit anderen Worten: Separabilität ist eine notwendige Bedingung für die Anwendbarkeit des Prinzips der Nahewirkung. Separabilität ist ferner eine hinreichende Bedingung für Individualität im genannten Sinne: Wenn Systeme separate Zustände haben, dann gibt es Eigenschaften, durch welche sich diese Systeme voneinander unterscheiden. An diesem Überblick wird deutlich, dass zusammen mit der Lokalisiertheit die Separabilität das wichtigste Prinzip der klassischen Physik und der an dieser orientierten Naturphilosophie ist.

Bedeutung des Prinzips der Separabilität

Einstein sagt in dem Zitat oben, dass das, was heute als das Prinzip der Separabilität bekannt ist, dem Alltagsdenken entstammt. Philosophisch können wir dieses Prinzip bis zu Aristoteles zurückverfolgen. Wie in Kapitel II.1 dargestellt wurde, ist es eine zentrale Aussage in Aristoteles' *Metaphysik*, dass die Welt aus einer Vielzahl von einzelnen Dingen (Substanzen) besteht, von denen jedes durch intrinsische Eigenschaften gekennzeichnet ist. Eine solche Naturphilosophie gehört keineswegs der Vergangenheit an. Eine plastische zeitgenössische Formulierung finden wir bei dem schon erwähnten amerikanischen Philosophen David Lewis:

> „Wir haben eine Geometrie: ein System von externen Relationen raumzeitlichen Abstands zwischen Punkten. Vielleicht sind es Punkte der Raum-Zeit selbst, vielleicht punktkleine Stücke der Materie oder des Äthers oder von Feldern, vielleicht beides. Und an diesen Punkten haben wir lokale Qualitäten: völlig natürliche intrinsische Eigenschaften, die nicht mehr als einen Punkt benötigen, um auftreten zu können. Kurz gesagt: Wir haben ein Arrangement von Qualitäten. Und das ist alles. … Alles andere superveniert darauf" ([4–39], S. IX–X, eigene Übersetzung).

Lewis kennzeichnet diese Position als „Hume'sche Supervenienz". Mit Supervenienz ist hier gemeint, dass alles, was es in unserer Welt gibt, durch die Verteilung von intrinsischen Eigenschaften an Punkten der Raum-Zeit (beziehungsweise materiellen Systemen, die an Punkten der Raum-Zeit lokalisiert sind) festgelegt ist. Ob damit wirklich alles festgelegt ist, brauchen wir hier nicht zu erörtern (siehe dazu unten Kapitel VIII.1). Hier kommt es nur auf den folgenden Aspekt dieser Position an: Die grundlegende physikalische Ebene ist durch Systeme mit intrinsischen Eigenschaften gekennzeichnet. Abgesehen von raum-zeitlichen Relationen sind alle Beziehungen zwischen den physikalischen Systemen durch deren intrinsische Eigenschaften festgelegt. Es zeigt sich an dieser Stelle wiederum, dass es für diese Naturphilosophie nicht entscheidend ist, ob die physikalischen Systeme Teilchen oder punktförmige Teile von Feldern sind oder ob die physikalischen Systeme mit Punkten der Raum-Zeit identifiziert werden. Entscheidend ist allein der durch die Prinzipien der Lokalisiertheit und der Separabilität bestimmte Aufbau der Materie.

2. Zustandsverschränkungen: das Kennzeichen der Quantentheorie

a) Inkompatible Eigenschaften

Funktional unabhängige, grundlegende Eigenschaften

Die Quantentheorie ist eine Herausforderung an die philosophische Tradition, in der Einstein steht und die von Aristoteles bis heute reicht und die durch die vier genannten Prinzipien gekennzeichnet ist. Betrachten wir zunächst ein einzelnes Quantensystem und dessen Eigenschaften. Quantensysteme sind zum Beispiel Elektronen und Photonen, Protonen und Neutronen einschließlich ihrer Bestandteile (Quarks) ebenso wie ganze Atome. Die Eigenschaften von Quantensystemen werden „Observablen" genannt. Man kann grundlegende, charakteristische Eigenschaften von Quantensystemen definieren. Zu den grundlegenden, zeitabhängigen Eigenschaften von Quantensystemen gehören der Ort und der Impuls ebenso wie der Spin in jeder Raumrichtung. Der Impuls ist das Produkt von Masse und Geschwindigkeit. Der Spin ist eine Art Eigendrehimpuls. Diese Eigenschaft wird nur in der Quantenphysik behandelt.

Die grundlegenden Eigenschaften eines physikalischen Systems sind voneinander funktional unabhängig. Zwei Eigenschaften sind genau dann funktional unabhängig, wenn sie nicht als Funktionen einer dritten Eigenschaft dargestellt werden können. Die Eigenschaften *A, B* sind genau dann funktional abhängig, wenn es eine Eigenschaft *C* gibt, auf die *A, B* durch zwei Funktionen α, β bezogen werden können, so dass $A = \alpha(C)$ und $B = \beta(C)$. Zwei funktional abhängige Eigenschaften können auf diese Weise auf eine Eigenschaft reduziert werden. In der klassischen Physik gilt, dass alle funktional unabhängigen Eigenschaften eines physikalischen Systems auch in folgendem Sinne voneinander unabhängig sind: Der Wert, den eine solche Eigenschaft zu einem Zeitpunkt hat, legt den Werten, welche die anderen Eigenschaften zu diesem Zeitpunkt haben können, keinerlei Einschränkung auf. Der Ort und der Impuls sind das bekannteste Beispiel für zwei funktional unabhängige, grundlegende Eigenschaften eines physikalischen Systems. In der klassischen Physik ist jeder Wert des Ortes mit jedem Wert des Impulses vereinbar.

Heisenberg'sche Unschärferelation

In der Quantenphysik hingegen gilt, dass auch grundlegende, funktional unabhängige Eigenschaften in der Weise voneinander abhängig sind, dass nicht beliebige Werte dieser Eigenschaften miteinander vereinbar sind. Man spricht deshalb von „inkompatiblen Eigenschaften". Das bekannteste Beispiel sind der Ort und der Impuls. Es ist kein Zustand eines Quantensystems möglich, in dem sowohl der Ort als auch der Impuls einen definiten nummerischen Wert haben (oder einen nahezu definiten nummerischen Wert; ich übergehe die mathematischen Schwierigkeiten, die damit verbunden sind, dass Ort und Impuls nie exakt einen definiten nummerischen Wert haben können). Ein definiter nummerischer Wert ist genau eine Zahl, wie zum Beispiel 1, 3/2 oder 0,576. Ort und Impuls sind in folgender Weise voneinander abhängig: Je mehr sich der Wert des Ortes einem definiten nummerischen Wert annähert, desto größer ist die Unschärfe des Wertes des Impulses und umgekehrt. Es gibt keinen Zustand, in dem das System sowohl in einem beliebig kleinen Gebiet des Raumes lokalisiert ist als auch einen beliebig scharfen Wert des Impulses hat. Das ist der Inhalt der berühmten „Heisenberg'schen Unschärferelation", die man mathematisch so darstellen kann:

(1) $$\Delta P \Delta Q \geq 1/2\, \hbar$$

In dieser Formel steht P für den Impuls, Q für den Ort, Δ steht für die Unschärfe und $\hbar$ steht für das Planck'sche Wirkungsquantum (h) dividiert durch 2π. Diese Formel besagt: Es gibt keinen Zustand eines Quantensystems, in dem das Produkt der Unschärfe des Impulses und des Ortes unter einen bestimmten Wert fällt. Unschärfe meint dabei die Abweichung von einem definiten nummerischen Wert. Statt mit genau einem nummerischen Wert haben wir es mit einer Werteverteilung zu tun. Diese Beziehung wird häufig „Unbestimmtheitsrelation" genannt. Gemeint ist jedoch keine Unbestimmtheit im Sinne von Impräzision. Die genannte Beziehung zeigt einen genauen untersten Wert für das Produkt der Unschärfe von Ort und Impuls an. Der Ausdruck „Unschärferelation" kann allerdings ebenfalls irreführend sein: Diese Beziehung betrifft keine Unsicherheit von Beobachtern in Bezug auf den Ort oder den Impuls des Systems. Unschärfe ist etwas, das für diese Eigenschaften als solche selbst gilt und das sich präzise bestimmen lässt. In der Regel ist ein Quantensystem in einem Zustand, in dem es weder einen definiten nummerischen Wert des Ortes noch einen definiten nummerischen Wert des Impulses gibt. Die wichtigste Konsequenz dieser wechselseitigen Abhängigkeit von Ort und Impuls innerhalb eines Quantensystems ist deshalb, dass *Quantensysteme in der Regel nicht lokalisiert sind.* Ihre Eigenschaften – auch ihre zustandsunabhängigen Eigenschaften wie Masse und Ladung – bestehen nicht an Punkten oder beliebig kleinen Gebieten im Raum. Die Quantentheorie verletzt somit das Prinzip der Lokalisiertheit.

Weitere inkompatible Eigenschaften

Ort und Impuls sind nicht das einzige Beispiel für inkompatible Eigenschaften. Vom Formalismus der Quantentheorie her ist zu erwarten, dass es für jede Eigenschaft eines Quantensystems andere, von dieser Eigenschaft funktional unabhängige Eigenschaften desselben Systems gibt, mit denen diese Eigenschaft inkompatibel ist. Eine gegebene Eigenschaft ist nicht mit allen anderen Eigenschaften desselben Systems inkompatibel; aber dennoch gibt es für jede zustandsabhängige Eigenschaft eines Quantensystems mindestens eine andere zustandsabhängige Eigenschaft desselben Systems, mit der diese Eigenschaft inkompatibel ist. Ein bekanntes Beispiel für inkompatible Eigenschaften neben Ort und Impuls ist der Spin in allen drei orthogonalen Raumrichtungen – der Spin in Richtung der *x*-Achse (Spin *x*), der Spin in Richtung der *y*-Achse (Spin *y*) und der Spin in Richtung der *z*-Achse (Spin *z*). Wenn im Folgenden vom Spin ohne weitere Erläuterung die Rede ist, dann sind immer diese Spinkomponenten gemeint. Es ist kein Zustand eines Quantensystems möglich, in dem das System einen definiten nummerischen Wert von mehr als einer dieser Eigenschaften hat. In der Regel ist das System in einem Zustand, in dem es von keiner dieser Eigenschaften einen definiten nummerischen Wert hat. Wie im Falle der Heisenberg'schen Unschärferelation für Ort und Impuls kann eine genaue Abhängigkeits-Beziehung zwischen diesen Eigenschaften formuliert werden. Die drei Spinkomponenten sind nur wechselseitig inkompatibel. Jede von ihnen ist mit Ort und Impuls kompatibel.

Messungen inkompatibler Eigenschaften

Die Inkompatibilität von Eigenschaften innerhalb eines Quantensystems hat weiterreichende Konsequenzen. Wenn wir eine zustandsabhängige Eigenschaft eines Quantensystems messen, dann registriert das Messgerät nicht den Wert einer Eigenschaft, den das Quantensystem unabhängig von seiner Interaktion mit dem Messgerät hat. Vielmehr erwirbt das Quantensystem einen definiten nummerischen Wert der betreffenden Eigenschaft nur relativ dazu, dass das Messgerät die Eigenschaft erwirbt, einen solchen definiten nummerischen Wert anzuzeigen. Dieser Sachverhalt kann nicht auf eine Störung mikroskopischer Systeme durch makroskopische Messgeräte zurückgeführt werden (siehe [5–4]). Es handelt sich hierbei um eine Konsequenz inkompatibler Eigenschaften, angewendet auf den Fall einer Messung solcher Eigenschaften. Wenn in der Interpretation der Quantentheorie von Messungen die Rede ist, dann sind immer ideale Messungen gemeint. Das sind Messungen, bei denen von allen Störeinflüssen, die bei faktischen Messungen auftreten, abgesehen wird; eine unmittelbare Wiederholung einer idealen Messung liefert per definitionem das gleiche Ergebnis.

Keine intrinsischen Eigenschaften gemessen

Bei dem, was gemessen wird, handelt es sich somit nicht um intrinsische Eigenschaften. Was gemessen wird, sind relationale Eigenschaften, die in einer Korrelation zwischen einem Quantensystem und einer Messapparatur bestehen. Gemäß der Quantentheorie erwirbt ein Quantensystem zum Beispiel den Wert Spin plus in Richtung der *x*-Achse nur relativ dazu, dass das Messgerät diesen Wert anzeigt. Ebenso gilt, dass ein Quantensystem einen definiten nummerischen Wert des Ortes nur relativ dazu erwirbt, dass das Messgerät die Eigenschaft erwirbt, einen solchen definiten Wert anzuzeigen. Quantensysteme sind lokalisierbar. Man kann im Prinzip immer eine Messung des Ortes eines Quantensystems durchführen, und das Ergebnis ist ein definiter Wert des Ortes. Dieser Wert des Ortes besteht aber nur relativ zu der Messung. Unabhängig von einer Messung ist das Quantensystem in einem Zustand, in dem es weder einen definiten nummerischen Wert des Ortes noch einen definiten nummerischen Wert des Impulses hat.

Nur Wahrscheinlichkeiten für Messergebnisse voraussagbar

Es ist nicht voraussagbar, welchen definiten nummerischen Wert ein Quantensystem in einem gegebenen Zustand im Falle einer Messung einer zustandsabhängigen Eigenschaft annehmen wird. Es können nur Wahrscheinlichkeiten für bestimmte Messergebnisse berechnet werden. Betrachten wir ein einfaches Beispiel, den Spin in zwei orthogonale Richtungen. Gegeben sei ein System mit Spin 1/2 wie zum Beispiel ein Elektron. Bei einem solchen System gibt es nur zwei definite nummerische Werte des Spin in jeder Richtung: Spin plus und Spin minus. Wenn wir den Spin in Richtung der *z*-Achse messen (Spin *z*) und als Ergebnis, sagen wir, Spin plus bekommen, dann können wir über das Ergebnis einer nachfolgenden Messung des Spin in Richtung der *x*-Achse (Spin *x*) nur dieses sagen: Das Ergebnis Spin plus und das Ergebnis Spin minus haben beide die Wahrscheinlichkeit 0,5. Nehmen wir an, dass wir nun Spin *x* messen und als Ergebnis Spin minus bekommen. Wir können in diesem Fall nicht sagen, dass das System den Spin-Wert Spin minus in *x*-Richtung und den Spin-Wert Spin plus in *z*-Richtung hat. Denn das System hat nach der Messung von Spin *x* keinen definiten nummerischen Wert von Spin *z* mehr. Das einzige, was wir auf der Ebene von Messungen sagen können, ist, dass für eine erneute Messung von Spin *z* die Ergebnisse Spin plus und Spin minus nun beide die Wahrscheinlichkeit 0,5 haben. Weil nur Wahrscheinlichkeiten für die Ergebnisse der Messungen zustandsabhängiger Eigenschaften von Quantensystemen vorausgesagt werden können, ist die Quantentheorie die erste grundlegende physikalische Theorie, die einen Indeterminismus und einen objektiven Zufall zuzulassen scheint: Welches im jeweiligen Fall das konkrete Messergebnis ist, scheint zufällig zu sein. Die Frage, wie Messergebnisse und die Wahrscheinlichkeiten für Messergebnisse in der Quantentheorie interpretiert werden sollen, enthält jedoch ein großes Problem, das sogenannte Messproblem. Dieses Problem wird in Kapitel V.4 behandelt.

b) Verschränkte Zustände

EPR-Bohm

Wie im letzten Unterkapitel ausgeführt wurde, verletzt die Quantentheorie das Prinzip der Lokalisiertheit physikalischer Systeme. Die Inkompatibilität von Eigenschaften von Quantensystemen hat zur Folge, dass die Quantentheorie ebenfalls das Prinzip der Separabilität verletzt. Betrachten wir nun nicht mehr ein einzelnes Quantensystem für sich genommen, sondern zwei oder mehr Quantensysteme zusammen, von denen jedes mindestens zwei Eigenschaften hat, die inkompatibel sind. Es ist dann vom Formalismus der Quantentheorie her zulässig, dass die *Zustände* dieser Systeme *miteinander verschränkt* sind. In einer allerersten Näherung können wir Verschränkung so charakterisieren: Nicht nur zustandsabhängige Eigenschaften sind innerhalb eines Systems in dem Sinne voneinander abhängig, der im vorigen Unterkapitel ausgeführt wurde; eine Abhängigkeit erstreckt sich vielmehr auch auf Eigenschaften desselben Typs von mehreren Systemen. Hier allerdings besteht die Abhängigkeit in Korrelationen zwischen den möglichen definiten nummerischen Werten der betreffenden Eigenschaften. Infolge dieser Weise, wie diese Eigenschaften mehrerer Systeme aufeinander bezogen sind, ist es gar nicht möglich, jedem dieser Systeme für sich genommen einen Zustand zuzuordnen, der alles beinhaltet, was über dessen zustandsabhängige Eigenschaften gesagt werden kann (zu einführenden Darstellungen dessen, was mit Zustandsverschränkungen gemeint ist, siehe zum Beispiel die Arbeiten in [5–5] und [5–6] sowie allgemein für empfehlenswerte Gesamtdarstellungen [5–7] und [5–8]).

Der einfachste Fall von Verschränkung ist dieser: Stellen wir uns zwei Systeme von Spin 1/2 vor – wie zum Beispiel zwei Elektronen –, die zusammen von einer Quelle emittiert werden und die sich dann in voneinander entgegengesetzte Richtungen entfernen. Infolgedessen besteht keine nennenswerte Interaktion mehr zwischen diesen beiden Systemen. Nichtsdestoweniger hat keines der beiden Systeme für sich genommen einen Spin-Zustand. Der Gesamtzustand von beiden Systemen zusammen ist eine Superposition (Überlagerung) aller möglichen Spin-Werte der beiden Systeme, nämlich eine Superposition aus „erstes System Spin plus und zweites System Spin minus" mit „erstes System Spin minus und zweites System Spin plus" in allen drei orthogonalen Raumrichtungen. Diesen Zustand kann man physikalisch so aufschreiben:

(2) $$\Psi = 1/\sqrt{2}\,(\Psi_1^+ \otimes \Psi_2^- - \Psi_1^- \otimes \Psi_2^+)$$

In dieser Formel steht **Y** für den Spinzustand des Ganzen, das heißt, die beiden Systeme zusammengenommen; Ψ_1 und Ψ_2 beziehen sich auf die beiden Teile; + bedeutet Spin plus, – bedeutet Spin minus. Dieser Zustand ist als Singulett-Zustand bekannt.

Nehmen wir nun an, dass wir an diesen beiden Systemen den Spin in einer gegebenen Richtung messen, sagen wir, in Richtung der *z*-Achse (Spin *z*). In einer Messung wird eine der beiden Komponenten des Singulett-Zustands (Gleichung 2) manifest. Das abgelesene Ergebnis ist entweder „erstes System Spin plus relativ zu zweites System Spin minus (relativ zu entsprechenden Anzeigen der Messgeräte)" oder „erstes System Spin minus relativ zu zweites System Spin plus (relativ zu entsprechenden Anzeigen der Messgeräte)". Es besteht also eine Korrelation zwischen den Messergebnissen: Wenn an dem einen System Spin plus abgelesen wird, dann wird an dem anderen System Spin minus abgelesen. Diese Korrelation besteht unabhängig davon, in welchem raum-zeitlichen Abstand die beiden Messungen erfolgen. Diese beiden Messungen können durch einen raumartigen Abstand voneinander getrennt sein (so dass keine Signale zwischen den beiden Systemen ausgetauscht werden können). Nichtsdestoweniger gilt: Wenn das Ergebnis der Messung der einen Spin-Eigenschaft an dem einen System gegeben ist, dann – und nur dann – kann das Ergebnis der Messung der gleichen Spin-Eigenschaft an dem anderen System mit Sicherheit vorausgesagt werden. Das Messergebnis an dem anderen System ist somit davon abhängig, was für ein Ergebnis eine Messung an dem einen System hat, obwohl beide Systeme beliebig weit voneinander entfernt sein können. Wenn an beiden Systemen nicht die gleichen Spin-Eigenschaften gemessen werden, dann ist, wenn das Ergebnis der Messung an dem einen System gegeben ist, immerhin noch die Wahrscheinlichkeit für das Ergebnis der Messung an dem anderen System verändert: Die Ergebnisse Spin plus und Spin minus sind nicht mehr gleich wahrscheinlich, sondern das eine Ergebnis ist wahrscheinlicher als das andere (es sei denn, es werden Spinkomponenten gemessen, die orthogonal zueinander stehen). Die entsprechenden Experimente werden in der Regel mit Photonen durchgeführt, die sich wie Systeme von Spin 1/2 verhalten.

Das Beispiel mit zwei Systemen von Spin 1/2 im Singulett-Zustand geht auf den Physiker David Bohm (1917–1992) zurück ([5–9], S. 611–622). Konzeptuell ähnliche Beispiele können mit den Eigenschaften des Ortes oder des Impulses zweier Systeme aufgebaut werden [5–10]. Nur haben wir es dann statt mit zwei mit unendlich vielen Werten zu tun, die in die Verschränkung der Zustände eingehen. Die messbaren Korrelationen zwischen zwei oder mehr Quantensystemen, die auf der Verschränkung der Zustände dieser Systeme beruhen, sind als „Einstein-Podolsky-Rosen-Korrelationen" bekannt; denn Einstein und diese beiden Physiker haben in einer Arbeit von 1935 diese Korrelationen herausgestellt [5–10]. Diese Korrelationen sind unabhängig von der räumlichen oder der raum-zeitlichen Entfernung der betreffenden Systeme. Deshalb verletzen diese Korrelationen das Prinzip der Separabilität.

Umkehr des Prinzips der Separabilität

Mehr noch, Zustandsverschränkungen bedeuten eine Umkehr des Prinzips der Separabilität: Statt dass den einzelnen Systemen je für sich genommen zustandsabhängige Eigenschaften und damit ein wohldefinierter Zustand zukommen, von dem aus der Zustand des Ganzen festgelegt ist, befindet sich nur das Ganze der betreffenden Systeme zusammengenommen in einem wohldefinierten Zustand: Nur das Gesamtsystem ist in einem reinen Zustand. Vom Zustand des Gesamtsystems aus – und nur von diesem aus – ist festgelegt, was von den Teilsystemen gilt, nämlich dass nur Relationen zwischen den Teilsystemen im Sinne der Einstein-Podolsky-Rosen-Korrelationen bestehen.

Zwei Arten von Relationen

Wir müssen zwischen zwei Arten von Relationen unterscheiden: 1. Korrelationen zwischen einem Quantensystem und einem Messgerät in dem Sinne, dass das Quantensystem einen definiten nummerischen Wert einer bestimmten Eigenschaft relativ dazu hat, dass das Messgerät einen solchen Wert anzeigt. In diesem Falle hat jedes der beiden Systeme einen Zustand, in dem es wohldefinierte zustandsabhängige Eigenschaften hat (ein reiner Zustand). Was für einen Zustand das Quantensystem hat, ist relativ dazu, was für einen Zustand das Messgerät hat. 2. Relationen der Zustandsverschränkung zwischen zwei oder mehr Quantensystemen im Sinne der Einstein-Podolsky-Rosen-Korrelationen. In diesem Falle ist nur das Ganze dieser Systeme zusammengenommen in einem reinen Zustand. Von dem Zustand des Ganzen her sind sich überlagernde Korrelationen zwischen den betroffenen Systemen festgelegt. Im Falle des Singulett-Zustands sind das folgende Korrelationen: Wenn das erste System Spin plus in einer gegebenen Richtung hat, dann hat das zweite System Spin minus in derselben Richtung, überlagert damit, dass wenn das erste System Spin minus hat, dann hat das zweite System Spin plus. Gemäß herkömmlicher Auffassung werden die Relationen von Typ (2) in einer Messung auf Relationen von Typ (1) reduziert. Diese Auffassung ist jedoch umstritten. Man kann stattdessen die Position vertreten, dass die Relationen von Typ (1) in Wirklichkeit auch Relationen von Typ (2) sind. Ich werde darauf bei der Diskussion des Messproblems in Kapitel V.4 zurückkommen.

Gemischter Zustand statt Mischung von Zuständen

Obwohl im Falle von Zustandsverschränkungen den beteiligten Systemen nicht je für sich genommen zustandsabhängige Eigenschaften zukommen, ist es möglich, von jedem der beteiligten Systeme für sich genommen eine Beschreibung zu geben, die man als eine Art Zustandsbeschreibung ansehen kann. Man spricht dann von einem „gemischten Zustand" statt einem reinen Zustand. Wir müssen begrifflich zwischen einer Mischung von Zuständen („Gemenge") und einem gemischten Zustand („Gemisch") unterscheiden. In der englischen Fachliteratur hat der Physiker Bernard d'Espagnat die Ausdrücke „proper mixture" und „improper mixture" eingeführt ([5–11], Kapitel 6.3; vergleiche schon [5–12]). Eine Mischung von Zuständen („proper mixture", „Gemenge") ist ein Ensemble von Systemen, bei denen dem Beobachter der reine Zustand unbekannt ist, in welchem jedes einzelne dieser Systeme ist. Verschränkung ist jedoch keine Mischung von Zuständen. In dem betrachteten Beispiel des Singulett-Zustands gilt nicht, dass dem Beobachter unbekannt ist, ob das erste System Spin plus und das zweite System Spin minus hat oder umgekehrt. Keines der beiden Systeme ist vielmehr in einem Zustand, in dem es entweder Spin plus oder Spin minus in irgendeiner Richtung hat.

Der Ausdruck „gemischter Zustand" („improper mixture", „Gemisch") wird verwendet, um eine solche Situation zu beschreiben. Ein gemischter Zustand ist keine Mischung von irgendetwas. Es handelt sich um eine Beschreibung, die im Falle der Verschränkung der Zustände von zwei oder mehr Systemen alle diejenigen Informationen enthält, die über jedes dieser Systeme unabhängig von den anderen Systemen verfügbar sind. In dem Beispiel des Singulett-Zustands enthält diese Beschreibung für jede Spinkomponente von jedem der beiden Systeme eine Wahrscheinlichkeitsverteilung für ein Messergebnis. Aber diese Beschreibung ignoriert die Korrelationen zwischen den möglichen Werten der Spinkomponenten beider Systeme. Folglich sagt die Beschreibung in Form eines gemischten Zustands nicht alles, was von den Spinkomponenten von jedem der beteiligten Systeme gilt. Denn diese Beschreibung enthält nicht die Information, dass dann, wenn an dem einen System eine Spin-Eigenschaft gemessen wird und wenn dieses Messergebnis gegeben ist, in Abhängigkeit von diesem Messergebnis die Wahrscheinlichkeiten für Messungen von Spin-Eigenschaften an dem anderen System verändert sind. Der gemischte Zustand ist für die beiden Systeme identisch. Bei dem, was „gemischter Zustand" genannt wird, handelt es sich somit um eine unvollständige Beschreibung des betreffenden Systems und nicht um eine Beschreibung, die dem betreffenden System für sich genommen zustandsabhängige Eigenschaften zuspricht.

Zustandsverschränkungen keine Sonderfälle

Ausgehend von Korrelationen zwischen Quantensystemen und Messgeräten über Einstein-Podolsky-Rosen-Korrelationen zwischen Quantensystemen untereinander können wir die Betrachtung letzterer Korrelationen so weit ausdehnen, dass wir schließlich zu einem ganzen Netz von solchen Korrelationen gelangen. Zustandsverschränkungen wie die erwähnten Beispiele sind vom Formalismus der Quantentheorie aus betrachtet keine Sonderfälle. Es ist vom Formalismus her vielmehr zu erwarten, dass, wann immer wir ein Ganzes betrachten, das mehrere Quantensysteme als Teile hat, die Zustände dieser Systeme miteinander verschränkt sind. Das gilt auch für das Ganze der Natur auf der Ebene von Quantensystemen. Letztlich sind demnach die Korrelationen zwischen den Quantensystemen nur vom Gesamtzustand aller Quantensysteme zusammengenommen her vollständig bestimmt. Letztlich kann nur dieser Gesamtzustand als ein reiner Zustand angesehen werden. Deshalb spricht man von Holismus in Bezug auf die Quantentheorie: Die Quantensysteme sind durch Beziehungen aneinander gekettet, die sich in keiner Weise auf etwas zurückführen lassen, das den einzelnen Quantensystemen unabhängig voneinander zukommt (für begriffliche Analysen dessen, was dieser Holismus besagt, siehe [5–13], [5–14], [5–15] und [5–16], Kapitel 7 bis 9). Wenn man von der klassischen Physik und vom Prinzip der Separabilität ausgeht, dann kann man in der Quantenmechanik zwar an einzelnen physikalischen Systemen festhalten. Man kann auch Experimente an einzelnen Quantensystemen vornehmen. Man muss aber das, was in der klassischen Physik für intrinsische Eigenschaften gehalten wird, als Korrelationen zwischen diesen Systemen konzipieren.

Zustandsunabhängige Eigenschaften

Gegen das bisher Gesagte kann man folgendes Bedenken erheben: Die Zustandsverschränkungen betreffen nur die zustands- oder zeitabhängigen Eigenschaften – wie zum Beispiel Ort und Impuls und den Spin in jeder Raumrichtung. Quantensystemen kommen aber auch zustandsunabhängige Eigenschaften zu, wie zum Beispiel Masse und Ladung. Diese Eigenschaften gehören ebenfalls zu den grundlegenden Eigenschaften von Quantensystemen. Es ist jedoch Folgendes zu beachten: Eigenschaften wie Masse und Ladung sind keine Basis, auf deren Grundlage die Zustandsverschränkungen zwischen den Quantensystemen festgelegt sein könnten. Wenn nur die Masse und die Ladung von Quantensystemen gegeben ist, wissen wir nichts über Zustandsverschränkungen. Ferner wäre es wünschenswert, Eigenschaften wie Masse und Ladung innerhalb des Formalismus der Quantentheorie herleiten zu können; denn die Quantentheorie ist unsere grundlegende physikalische Theorie. Es gibt durchaus Strategien, die dieses leisten könnten, insbesondere so genannte Superauswahlregeln. Die Idee dabei ist, zu zustandsunabhängigen Eigenschaften wie Masse und Ladung auf der Basis der Eigenschaften zu gelangen, die relational sind in dem beschriebenen Sinne, dass sie von den Zustandsverschränkungen betroffen sind. Was es also auch immer mit Masse und Ladung auf sich haben mag, für die Umkehrung des Prinzips der Separabilität in der Quantentheorie spielt es keine Rolle.

Vereinbarkeit mit Nahewirkung

Während die Quantentheorie die Prinzipien der Lokalisiertheit und der Separabilität verletzt, ist sie mit dem Prinzip der Nahewirkung vereinbar. Einstein-Podolsky-Rosen-Korrelationen sind unabhängig von der räumlichen oder der raum-zeitlichen Entfernung zwischen den beteiligten Systemen. Diese Korrelationen sind keine Wechselwirkungen (Interaktionen, Kräfte). Eine kausale Beziehung zwischen zwei oder mehr Systemen setzt voraus, dass jedes dieser Systeme einen Zustand hat, der dessen zustandsabhängige Eigenschaften vollständig bestimmt. Andernfalls könnte keine kausale Abhängigkeit zwischen Veränderungen von zustandsabhängigen Eigenschaften dieser Systeme formuliert werden. Im Falle von Verschränkungen gibt es hingegen keine solche Separabilität. Alle Arten von Wechselwirkungen (Interaktionen, Kräfte), die in der Quantentheorie behandelt werden, entsprechen dem Prinzip der Nahewirkung.

Keine unterscheidbaren Individuen

Dass Quantensysteme nicht dem Prinzip der Separabilität genügen, hat eine weitere Konsequenz, wenn wir hinzuziehen, dass Quantensysteme derselben Art sich auch nicht durch zustandsunabhängige Eigenschaften wie Masse oder Ladung unterscheiden: *Quantensysteme sind keine unterscheidbaren Individuen.* Allerdings kann man das Fehlen von Individualität im Falle derjenigen Quantensysteme, die Bosonen sind, unabhängig von den Zustandsverschränkungen begründen. Die Zustandsverschränkungen zeigen aber, dass Quantensysteme aller Art – ungeachtet der Unterscheidung zwischen Bosonen und Fermionen und des für letztere geltenden Pauli-Prinzips – keine unterscheidbaren Individuen sind. Wenn wir in der Quantenmechanik mehrere Quantensysteme derselben Art betrachten, deren Zustände miteinander verschränkt sind, dann sind diese Systeme ununterscheidbar. Es gibt keinerlei Eigenschaften – auch nicht einmal bedingte Wahrscheinlichkeitsverteilungen von Eigenschaften irgendwelcher Art –, durch die sich ein System von anderen solchen Systemen unterscheidet (siehe [5–17]). Daraus folgt: Quantensysteme haben keine Identität in der Zeit, die auf Eigenschaften beruht. Wir können nicht ein Quantensystem kennzeichnen und es dann wiedererkennen.

Die Systeme der Quantenmechanik (Elektronen, Protonen, Neutronen usw.) sind aber einzelne Systeme: Ein Gesamtsystem enthält stets eine definite Anzahl solcher Systeme. In der Quantenmechanik bestehen die Korrelationen der Zustandsverschränkung immer zwischen einer definiten Anzahl einzelner Systeme. In den genannten Beispielen haben wir es stets mit zwei Systemen zu tun. Ferner ist jedes dieser Systeme ein Subjekt der Prädikation von Eigenschaften – und seien es Eigenschaften wie „ist verschränkt mit anderen Systemen", „hat Spin plus relativ zu dem Fall, dass das andere System Spin minus hat" und so fort. An dieser Stelle zeigt es sich, dass es sinnvoll ist, in folgender Weise zwischen physikalischen Systemen und Individuen zu unterscheiden: Nicht alles, was ein einzelnes physikalisches System ist, ist damit auch schon ein Individuum. Um ein einzelnes physikalisches System zu sein, reicht es hin, dass der betreffenden Sache physikalische Eigenschaften zugesprochen werden können. Diese Eigenschaften müssen nicht intrinsisch sein. Es kann sich auch um relationale Eigenschaften (Relationen) handeln. Um ein Individuum zu sein, ist es notwendig, dass der betreffenden Sache Eigenschaften – beziehungsweise zu jedem Zeitpunkt Werte oder Werteverteilungen von Eigenschaften – zugesprochen werden können, durch die sich das betreffende System von allen anderen Systemen unterscheidet.

Es ist allerdings philosophisch möglich, die Systeme der Quantenmechanik trotz des Ausgeführten als Individuen anzusehen, wenn man bereit ist, eine sogenannte primitive Diesheit anzuerkennen (siehe dazu [5–18]): Wenn man jedem einzelnen Quantensystem die Eigenschaft zuspricht, dieses System zu sein, dann hat man per definitionem eine Eigenschaft, die nur dem betreffenden System zukommt und die für dieses System eine physikalisch nicht nachweisbare Identität stiftet (vergleiche zu dieser Möglichkeit [5–17]). Die Frage ist jedoch, ob der Rückzug auf eine solche Position philosophisch sinnvoll ist.

Herausforderung der Quantentheorie

Wenn wir das bisher Gesagte vor dem Hintergrund der Ausführungen in Kapitel V.1 zusammenfassen, dann sehen wir, dass die Quantentheorie in dreierlei Hinsicht eine Herausforderung für die Naturphilosophie ist:
- *keine Lokalisiertheit*: Quantensysteme und deren Eigenschaften sind in der Regel nicht an Punkten oder beliebig kleinen Gebieten des Raumes oder der Raum-Zeit lokalisiert.
- *keine Separabilität*: Die grundlegenden, zeitabhängigen Eigenschaften von Quantensystemen – wie Ort, Impuls und Spin im Sinne der Spin-

komponenten – sind keine intrinsischen Eigenschaften, die jedem Quantensystem für sich genommen zukommen. Was diese Eigenschaften betrifft, kommen Quantensystemen statt intrinsischer Eigenschaften in erster Linie Relationen im Sinne der genannten Korrelationen zu. Diese Relationen der Zustandsverschränkung sind letztlich nur vom Gesamtzustand aller Quantensysteme zusammengenommen her vollständig festgelegt.

- *keine Individualität*: Quantensysteme sind keine Individuen in dem Sinn, dass Quantensysteme derselben Art, deren Zustände miteinander verschränkt sind, ununterscheidbar sind.

Die größte Herausforderung ist das Fehlen von Separabilität. Das Fehlen von Individualität ist eine Konsequenz der Nicht-Separabilität.

c) Von der Quantenmechanik zur Quantenfeldtheorie

Quantenfeldtheorie

Der augenfälligste Unterschied zwischen der Quantenmechanik und der Quantenfeldtheorie ist, dass die Quantenfeldtheorie in dem zuletzt genannten Merkmal, dem Fehlen von Individualität, noch weiter geht. Die Quantenmechanik sieht die Anzahl der Quantensysteme so an, dass diese konstant sind. Quantensysteme können jedoch erzeugt und vernichtet werden. Die Quantenfeldtheorie behandelt die Erzeugung und Vernichtung von Quantensystemen. Sie ist daher grundlegender als die Quantenmechanik. Die Philosophie der Quantenfeldtheorie steht jedoch noch am Anfang (neuere Bücher sind [5–19], [5–20], [5–21] und die Arbeiten in [5–22] und [5–23]; siehe auch [5–24] und schon [5–25] und [5–26]). Die Quantenfeldtheorie setzt für jede Art von Elementarsystemen wie Elektronen und dergleichen ein Feld an, das sich über die gesamte Raum-Zeit erstreckt. Was gemäß der Quantenmechanik einzelne physikalische Systeme sind, das sind gemäß der Quantenfeldtheorie Eigenschaften von Quantenfeldern. Elektronen und dergleichen sind Feldquanten, die mathematisch durch einen Teilchenzahloperator repräsentiert werden. Die Anzahl der Feldquanten zeigt an, wie viele Male ein Feldzustand besetzt ist. Feldquanten sind Anregungen von Quantenfeldern. Für Feldquanten gilt das, was für zustandsabhängige Eigenschaften in der Quantentheorie generell gilt. Ein Feld braucht nicht in einem Zustand zu sein, in dem es eine definite Anzahl von Feldquanten hat. Ein Feld kann zum Beispiel in einem Zustand sein, der eine Superposition von fünf und sieben Elektronen ist. Die aus der Quantenmechanik bekannten Einstein-Podolsky-Rosen-Korrelationen treten in der Quantenfeldtheorie als Korrelationen zwischen den bedingten Wahrscheinlichkeitsverteilungen von Feldoperatoren an Punkten der Raum-Zeit auf. Die Quantenfeldtheorie bestätigt die Bedeutung dieser Korrelationen: Diese Korrelationen gibt es sogar im Vakuum-Zustand, wie durch das Reeh-Schlieder-Theorem herausgestellt wird (siehe [5–27] und dazu [5–28] und [5–29]). Die Quantenfeldtheorie beseitigt also die einzelnen Quantensysteme als Träger von Eigenschaften, hält aber an den Korrelationen fest, die nun unter Bezugnahme auf Punkte der Raum-Zeit formuliert werden.

Raum, Zeit und Materie im Lichte der Quantentheorie

Kommen wir nun noch einmal auf die Frage nach dem Verhältnis von Raum, Zeit und Materie zurück. Mit Wheelers ursprünglichem Programm der Geometrodynamik ist der Versuch gescheitert, im Anschluss an die allgemeine Relativitätstheorie physikalisch die Materie als identisch mit der Raum-Zeit zu erweisen (Kapitel IV.2.c). Die Quantenmechanik könnte so verstanden werden, dass sie einer relationalen Theorie der Raum-Zeit Auftrieb gibt. Die Relationen der Zustandsverschränkung sind unabhängig von dem räumlichen oder dem raum-zeitlichen Abstand der betroffenen Systeme, und diese Relationen sind keine Kausalbeziehungen. Man könnte daher die Position vertreten, dass die Relationen der Zustandsverschränkung grundlegendere Relationen als die raum-zeitlichen Beziehungen sind. Dementsprechend könnte man den Ansatz verfolgen, raum-zeitliche Beziehungen von den quantenmechanischen Beziehungen der Zustandsverschränkung aus zu verstehen (vergleiche dazu den Überblick in [5–30]). Gegen einen solchen Ansatz kann man andererseits sagen, dass die Relationen der Zustandsverschränkung vielleicht nur im Formalismus der Quantenmechanik als von Raum und Zeit losgelöst betrachtet werden können, in Wirklichkeit aber in Raum und Zeit implementiert sind. Folglich könnte eine relationale Theorie der Raum-Zeit nicht von diesen Relationen aus aufgebaut werden.

Das Hauptproblem für einen solchen Ansatz ist jedoch die Quantenfeldtheorie. Relationen bestehen zwischen etwas. In der Quantenmechanik sind die Relationsglieder einzelne physikalische Systeme. In der Quantenfeldtheorie entfallen diese einzelnen physikalischen Systeme; wir haben es mit Eigenschaften von Quantenfeldern im Sinne von Feldquanten zu tun. Die Relationen der Zustandsverschränkung sind, wie Quantenfelder insgesamt, über der Raum-Zeit beziehungsweise über Punkten und Gebieten der Raum-Zeit definiert. Weil die Raum-Zeit beziehungsweise die Punkte der Raum-Zeit in der Quantenfeldtheorie eine Funktion der einzelnen physikalischen Systeme der Quantenmechanik übernehmen – nämlich dasjenige zu sein, an dem die betreffenden Relationen verankert sind –, steht die Quantenfeldtheorie dem Ansatz entgegen, eine relationale Theorie der Raum-Zeit auf den Beziehungen der Zustandsverschränkung aufzubauen. Die Voraussetzung dafür, diesen Ansatz durchführen zu können, wäre, dass man ohne Bezugnahme auf die Raum-Zeit erläutern könnte, was ein Quantenfeld ist (vergleiche zum Problem in diesem Zusammenhang auch [5–31], besonders S. 16).

Somit ist weder in Sicht, wie es möglich sein könnte, von der Quantentheorie als der Theorie der Materie aus eine relationale Theorie der Raum-Zeit aufzubauen, noch, wie es möglich sein könnte, von der allgemeinen Relativitätstheorie aus eine Physik aufzubauen, welche die Materie als mit einer dann absoluten Raum-Zeit identisch erweist. Andererseits weist in der heutigen Physik alles auf eine sehr enge Verbindung von Raum-Zeit und Materie hin. Deshalb ist es auch von dort her nicht plausibel, Raum-Zeit und Materie einfach als verschiedenes Seiendes zu konzipieren. Es ist sicher in irgendeiner Weise ein Ansatz erforderlich, der die Theorie der Raum-Zeit und die Theorie der Materie so vereinheitlicht, dass dabei der traditionelle Gegensatz von einer absoluten versus einer relationalen Theorie der Raum-Zeit verschwindet (vergleiche dazu auch [5–32] sowie die Konklusion in [4–24], S. 208). Wie ein solcher Ansatz aussehen könnte, dazu lässt sich aber offenbar noch nichts physikalisch so Gefestigtes sagen, dass eine philosophische Analyse in einer Einführung in die Naturphilosophie sinnvoll wäre.

3. Alternativen zur Quantentheorie?

Bells Theorem

Wie am Anfang dieses Kapitels ausgeführt wurde, lehnt Einstein die naturphilosophischen Prinzipien ab, die in der Quantentheorie zum Tragen kommen, weil sie nicht den Prinzipien der Lokalisiertheit, der Separabilität und der Individualität genügen. Einsteins Position löste eine Debatte aus, in deren Mittelpunkt die folgende Frage steht: Ist es möglich, die Prognosen der Quantentheorie für experimentelle Ergebnisse zu übernehmen, ohne ihre theoretischen Prinzipien anzuerkennen? Wichtig für die Antwort auf diese Frage ist das Theorem von John Bell von 1964 [5–33]. Bell geht von Einsteins Prinzipien der Separabilität und der Nahewirkung aus. Er zeigt, dass es auf der Grundlage dieser Prinzipien eine Obergrenze für Korrelationen der Art gibt, von denen die Quantentheorie handelt. Das heißt: Wenn den Beziehungen der Zustandsverschränkung intrinsische Eigenschaften der Quantensysteme zugrunde liegen, die den Prinzipien der Separabilität und der Nahewirkung genügen, dann dürfen die betreffenden, messbaren Korrelationen zwischen Quantensystemen eine bestimmte Grenze nicht überschreiten. Für alle Fälle von Zustandsverschränkungen sagt die Quantentheorie jedoch höhere Korrelationen zwischen den bedingten Wahrscheinlichkeitsverteilungen einiger zustandsabhängiger Eigenschaften von Quantensystemen voraus, als Bells Theorem zulässt. Damit ist Einsteins Position in der von ihm vertretenen Form nicht haltbar: Man kann nicht die Prognosen der Quantentheorie akzeptieren, Hintergrundannahmen wie das Prinzip der Nahewirkung unverändert lassen und zugleich der Auffassung sein, dass den Zustandsverschränkungen, von denen die Quantentheorie handelt, intrinsische Eigenschaften der betroffenen Quantensysteme zugrunde liegen – in dem Sinne, dass die Zustandsverschränkungen durch intrinsische Eigenschaften der betroffenen Systeme festgelegt sind.

Faktorisierbarkeit

Die wesentliche Annahme, die in den Beweis von Bells Theorem eingeht, ist „Faktorisierbarkeit“. Diese Annahme kann formal so dargestellt werden (vergleiche [5–34], S. 147):

(3) $$p_\lambda^{12}\,(x_a, x_b \mid a, b) = p_\lambda^1\,(x_a \mid a)\,.\,.\,p_\lambda^2\,(x_b \mid b)$$

In dieser Formel ist p die Wahrscheinlichkeit und λ steht für den Zustand des Gesamtsystems, also den Singulett-Zustand in dem oben betrachteten Beispiel; 1 und 2 beziehen sich auf die beiden Teile, also die beiden Systeme von Spin 1/2; x_a und x_b stehen für die Ergebnisse der Messungen von Teil 1 und Teil 2 ($x_a = \pm 1$, $x_b = \pm 1$); a bezieht sich auf den Parameter, der an Teil 1 gemessen wird, und b bezieht sich auf den Parameter, der an Teil 2 gemessen wird. Faktorisierbarkeit bedeutet: Gegeben der Zustand des Ganzen, hängt die Wahrscheinlichkeit für das Ergebnis einer Messung an Teil 1 nur von dem Parameter ab, der an Teil 1 gemessen wird; und die Wahrscheinlichkeit für das Ergebnis einer Messung an Teil 2 hängt nur von dem Parameter ab, der an Teil 2 gemessen wird. Die Wahrscheinlichkeit für beide Ergebnisse, gegeben beide Parameter, ist das Produkt dieser Wahrscheinlichkeiten. Faktorisierbarkeit ist so die präzise mathematische Formulierung der Annahme, die Bell in der Einleitung zu seiner Arbeit angibt, nämlich dass „das Ergebnis der Messung an einem System nicht durch Eingriffe an einem entfernten System beeinflusst wird, mit dem das System in der Vergangenheit interagiert hat" ([5–33], S. 195, eigene Übersetzung).

Jon Jarrett zeigte 1984, dass Faktorisierbarkeit in zwei Bedingungen zerlegt werden kann [5–35]: Sie ist die Konjunktion dessen, was heute allgemein als „Parameter-Unabhängigkeit" und als „Ergebnis-Unabhängigkeit" bezeichnet wird (siehe [5–34], S. 146–147). „Parameter-Unabhängigkeit" kann so formuliert werden:

(4) $$p_\lambda^1 (x_a \mid a, b) = p_\lambda^1 (x_a \mid a)$$

(5) $$p_\lambda^2 (x_b \mid a, b) = p_\lambda^2 (x_b \mid b)$$

Diese Formeln besagen: Im Zustand des Gesamtsystems ist die Wahrscheinlichkeit für das Ergebnis einer Messung an Teil 1 unabhängig von dem Parameter, der an Teil 2 gemessen wird (und umgekehrt). „Ergebnis-Unabhängigkeit" hat den folgenden Inhalt:

(6) $$p_\lambda^1 (x_a \mid a, b) = p_\lambda^1 (x_a \mid a, b, x_b)$$

(7) $$p_\lambda^2 (x_b \mid a, b) = p_\lambda^2 (x_b \mid a, b, x_a)$$

Diese Formeln besagen: Im Zustand λ des Gesamtsystems und gegeben die Parameter, die an beiden Teilen gemessen werden, ist das Ergebnis einer Messung von Teil 1 unabhängig von dem Ergebnis einer Messung von Teil 2. Wenn das Ergebnis einer Messung von Teil 2 gegeben ist, dann ist die Wahrscheinlichkeit für das Ergebnis einer Messung von Teil 1 nicht verändert (und umgekehrt).

Die Quantentheorie stimmt mit Parameter-Unabhängigkeit überein: Wenn der Parameter, der an dem einen System gemessen werden soll, gegeben ist, dann verändern sich die Wahrscheinlichkeiten für das Ergebnis einer Messung an dem anderen System nicht. Die Quantentheorie verletzt jedoch die Ergebnis-Unabhängigkeit: Wenn das Ergebnis der Messung an dem einen System und der gemessene Parameter gegeben sind, dann sind die Wahrscheinlichkeiten für das Ergebnis einer Messung an dem anderen System verändert. Im betrachteten Fall des Spin sind die Ergebnisse Spin plus und Spin minus nicht mehr gleich wahrscheinlich, sondern das eine Ergebnis ist wahrscheinlicher als das andere (es sei denn, der Spin wird an beiden Systemen in orthogonal entgegengesetzten Richtungen gemessen). Man kann daher davon sprechen, dass die Quantentheorie „Ergebnis-Abhängigkeit" impliziert.

Bells Theorem zeigt somit, dass die Quantentheorie Faktorisierbarkeit nicht erfüllt. Eine nähere Analyse stellt klar, dass die Quantentheorie mit der Annahme der Ergebnis-Unabhängigkeit nicht übereinkommt. Es gibt ein paar Stimmen, die behaupten, dass die Verletzung der Faktorisierbarkeit lediglich eine mathematische Angelegenheit ist, die als solche ohne philosophisches Interesse ist (siehe insbesondere [5–36] und [5–37]). Diese Sicht kann jedoch mit guten formalen Argumenten zurückgewiesen werden (siehe jüngst [5–38]). Die weitaus überwiegende Ansicht ist, dass Bells Theorem und dessen Verletzung in der Quantentheorie eine philosophische Bedeutung hat (siehe dazu [5–39] und die Arbeiten in [5–40]).

Bell-Experimente

Die Korrelationen, welche von der Quantentheorie vorausgesagt werden und welche die Obergrenze, die Bells Theorem setzt, überschreiten, sind experimentell nachgewiesen. Die meisten Experimente sind nach dem folgenden Muster aufgebaut: An der Quelle des Experiments wird der einfachste Fall einer Zustandsverschränkung, der Singulett-Zustand, präpariert. Zwei Systeme im Singulett-Zustand werden von der Quelle emittiert und entfernen sich dann in voneinander entgegengesetzte Richtungen. Es werden Spin-Parameter festgelegt, die an beiden Systemen gemessen werden. Die Messergebnisse werden zueinander in Bezug gesetzt; ihr Vergleich bestätigt die Voraussagen der Quantentheorie. Die Messergebnisse zeigen höhere Korrelationen, als Bells Theorem zulässt. Alle diese Experimente sind als Bell-Experimente bekannt. Besonders wichtig sind die Experimente vom Typ des Experiments, das Alain Aspect mit seinen Mitarbeitern Anfang der 1980er Jahre in Paris durchgeführt hat [5–41]. In diesem Experiment werden die Parameter, die an beiden Systemen gemessen werden, erst nach der Emission der Systeme von der Quelle festgelegt. Die beiden Messungen sind durch einen raumartigen Abstand voneinander getrennt. Es wird auf diese Weise ausgeschlossen, dass der Parameter, der an dem einen System gemessen wird, oder das Ergebnis dieser Messung dem anderen System durch ein Signal übermittelt werden könnten, das sich höchstens mit Lichtgeschwindigkeit ausbreitet. In den letzten Jahren wurden weitere Experimente durchgeführt, die Einstein-Podolsky-Rosen-Korrelationen zwischen den Ergebnissen von raumartig getrennten Messungen zeigen (siehe insbesondere [5–42]).

Kein Widerspruch zur Relativitätstheorie

Die Korrelationen zwischen raumartig getrennten Messergebnissen widersprechen nicht der speziellen oder der allgemeinen Relativitätstheorie, zumindest nicht auf der operationellen Ebene. Es ist nicht möglich, diese Korrelationen zu nutzen, um Signale mit Überlichtgeschwindigkeit zu senden. Denn man kann das Ergebnis einer Messung nicht beeinflussen: In dem betrachteten Beispiel sind die Ergebnisse Spin plus und Spin minus gleich wahrscheinlich. Mehr noch, für einen lokalen Beobachter – das ist ein Beobachter, der nicht weiß, welche Messungen woanders ausgeführt werden – sind diese beiden Ergebnisse immer gleich wahrscheinlich. Die Ergebnis-Abhängigkeit, welche die Quantentheorie impliziert, ist für einen lokalen Beobachter nicht feststellbar. Nur im nachhinein können die Korrelationen entdeckt werden, indem man die Ergebnisse einer Reihe von Messungen auf der einen Seite der experimentellen Anordnung mit den Ergebnissen einer Reihe von Messungen auf der anderen Seite vergleicht. Der Bostoner Wissenschaftsphilosoph Abner Shimony spricht deshalb von einer friedlichen Koexistenz zwischen der Quantenphysik und der speziellen Relativitätstheorie (in [5–34], S. 133).

Verborgene Parameter

Im Rahmen von Bells Theorem zeigt sich somit, dass es nicht möglich ist, die Voraussagen der Quantentheorie zu akzeptieren und sowohl an Einsteins Prinzip der Separabilität als auch an Einsteins Prinzip der Nahewirkung festzuhalten. Das heißt: Es ist nicht möglich, die Prognosen der Quantentheorie anzuerkennen und an einer Naturphilosophie festzuhalten, die an der klassischen Physik orientiert ist. Wie auch immer man die Quantentheorie interpretiert, man ist zu tiefgreifenden Änderungen im Vergleich zu einer Naturphilosophie, die an der klassischen Physik orientiert ist, gezwungen. Nichtsdestoweniger ist es auch nach Bells Theorem im Prinzip möglich, die Prognosen der Quantentheorie für experimentelle Ergebnisse zu übernehmen, ohne die in der Quantentheorie verankerte Nicht-Separabilität anzuerkennen. Die entsprechenden Ansätze sind unter dem Namen „verborgene Parameter" bekannt. Denn sie führen Größen ein, die im Formalismus der Quantentheorie nicht auftreten.

Bohms Theorie

Die bekannteste und als einzige detailliert ausgearbeitete Theorie verborgener Parameter stammt von dem schon erwähnten Physiker David Bohm (siehe zuletzt [5–43] und zur Diskussion die Arbeiten in [5–44]). Bohm nimmt an, dass ein Quantensystem wie ein Elektron ein Teilchen ist, das zu jeder Zeit einen definiten Wert des Ortes hat. Dieser Wert ist der verborgene Parameter. Jedes Quantensystem hat folglich eine definite Bahn; diese Bahn ist kausal determiniert. Das Verhalten eines Quantensystems in einer Messung ist ebenfalls kausal determiniert. Abgesehen vom Ort sind alle anderen zustandsabhängigen Eigenschaften kontextabhängig. Unabhängig von dem Kontext einer Messung hat ein Teilchen nur die Disposition, einen Wert dieser Eigenschaften anzunehmen. Im Kontext einer entsprechenden experimentellen Anordnung wird dann die eine oder die andere dieser Eigenschaften in dem Sinne aktualisiert, dass das System einen Wert der gemessenen Eigenschaft erwirbt. Bohm vertritt, dass es ein Quanten-Potential gibt. Dieses Potential determiniert die Bahn eines Quantensystems kausal. Im Unterschied zu einem klassischen Potential braucht das Quanten-Potential nicht mit dem räumlichen Abstand abzunehmen. Die Weise, in der ein Quantensystem durch das Quanten-Potential geführt wird, kann unmittelbar von Faktoren abhängen, die weit entfernt im Raum sind. Diese Faktoren können eine gesamte experimentelle Anordnung einschließen, die sich über einen beachtlichen Raum erstreckt, wie die Anordnung in einem Bell-Experiment. Bohms Theorie verletzt die Parameter-Unabhängigkeit, während die herkömmliche Quantentheorie die Ergebnis-Unabhängigkeit verletzt: Den Parameter zu fixieren, der auf einer Seite eines Bell-Experimentes gemessen wird, führt durch das Quanten-Potential unmittelbar zu einer Veränderung der Situation auf der anderen Seite. Das Quanten-Potential ist als eine neue Art Interaktion (Kraft) gedacht, die dem Bereich der Quantensysteme eigentümlich ist und die nicht Einsteins Prinzip der Nahewirkung genügt.

Kausale Erklärungen

Abgesehen von Bohms Theorie gibt es Versuche einer direkten kausalen Erklärung der Korrelationen zwischen Quantensystemen, welche Bells Theorem verletzen. Beispielsweise kann man vertreten, dass es ein Signal gibt, welches das Ergebnis der einen Messung instantan an die andere Messung übermittelt und somit eine Fernwirkung ist (siehe zum Beispiel [5–45]). Ferner kann man zeitlich rückwärts gerichtete Kausalität ansetzen und auf diese Weise einen kausalen Einfluss der zukünftigen Messung auf den Zustand, der an der Quelle eines Bell-Experimentes präpariert wird, veranschlagen (siehe zum Beispiel [5–46], Kapitel 8 und 9). Diese Erklärungen können allerdings als ad hoc kritisiert werden. Denn es gibt weder einen konkreten Kandidaten für eine Wechselwirkung mit Überlichtgeschwindigkeit noch irgendwelche empirischen Anhaltspunkte für zeitlich rückwärts gerichtete Kausalität.

Lokalität und Realität

Die Situation im Anschluss an Bells Theorem und die zugehörigen Experimente wird manchmal so beschrieben, dass wir entweder die Annahme der Lokalität oder die Annahme der Realität aufgeben müssen ([5–47], S. 38–39/deutsch S. 52–53). Die Annahme der Lokalität aufzugeben, bezieht sich auf die Möglichkeit, auf eine Alternative zur Quantentheorie zu setzen – insbesondere eine Alternative, die Wechselwirkungen mit Überlichtgeschwindigkeit zulässt. Wenn uns eine solche Alternative wenig attraktiv erscheint, dann, so wird uns gesagt, müssen wir die Annahme der Realität aufgeben. Aber was könnte das heißen? Die Unklarheit von Aussagen wie der, dass man die Annahme der Realität aufgeben muss, wenn man die Quantentheorie ernst nimmt, trägt wesentlich zu der Reserviertheit bei, mit der die Quantentheorie in weiten Kreisen außerhalb der Physik und der Wissenschaftsphilosophie bis heute aufgenommen wird. Wenn wir akzeptieren, dass uns Bells Theorem zusammen mit dem Formalismus der Quantentheorie und den Ergebnissen der Experimente zeigt, dass Quantensysteme nicht dem Prinzip der Separabilität genügen, dann müssen wir eine bestimmte Sicht der Realität aufgeben und diese durch eine andere Sicht der Realität ersetzen. Wir müssen die Sicht der Realität aufgeben, gemäß der physikalische Systeme durch intrinsische Eigenschaften gekennzeichnet sind und somit dem Prinzip der Separabilität genügen. Wir müssen diese Sicht durch eine Sicht der Realität ersetzen, die sich auf Relationen zwischen physikalischen Systemen bezieht, ohne dass diese Relationen durch intrinsische Eigenschaften festgelegt sind. Ich werde darauf in Kapitel VI.1 zurückkommen.

4. Das Messproblem

Zwei Dynamiken

Die Quantenmechanik, wie sie in den zwanziger Jahren des vergangenen Jahrhunderts entworfen wurde, ist in dem Buch des Mathematikers Johann von Neumann (1903–1957) zu den *Mathematischen Grundlagen der Quantenmechanik* von 1932 festgehalten [5–48]. Von Neumann nimmt zwei verschiedene Arten der Entwicklung der Zustände von Quantensystemen an: Da ist in erster Linie die Entwicklung gemäß der Schrödinger-Gleichung. Diese Entwicklung ist deterministisch. Wenn mehrere Systeme miteinander interagieren – und allgemeiner, wann immer wir ein Gesamtsystem betrachten, das aus mehreren Systemen besteht –, führt die Entwicklung gemäß der Schrödinger-Gleichung dazu, dass sich die Zustandsverschränkungen immer weiter fortsetzen. Innerhalb der Entwicklung gemäß der Schrödinger-Gleichung gibt es keine Möglichkeit, zu definiten nummerischen Werten als Messergebnisse zu gelangen. Von Neumann postuliert deshalb, dass im Falle einer Messung die Zustandsentwicklung gemäß der Schrödinger-Gleichung unterbrochen wird und eine Auflösung von Verschränkung und allgemein eine Reduktion des Zustands des gemessenen Systems auf genau einen definiten nummerischen Wert der gemessenen Eigenschaft eintritt. Die Zustandsreduktion ist ein indeterministischer Prozess: Dafür, auf welchen definiten nummerischen Wert der Zustand reduziert wird, können nur Wahrscheinlichkeiten angegeben werden. Wie eine solche Zustandsreduktion physikalisch ablaufen könnte, lässt von Neumann offen ([5–48], Kapitel VI.1).

Das Messproblem in der Quantenmechanik kann als die Frage formuliert werden, wie man zwei Behauptungen aneinander anpassen soll, so dass sie sich zusammenfügen: (a) Wenn wir den Formalismus der Quantentheorie einschließlich der Schrödinger-Dynamik auf eine Messung anwenden, gelangen wir zu einer Beschreibung, gemäß der die Zustände aller beteiligten Systeme miteinander verschränkt sind. (b) Eine Messung führt zu einem definiten Ergebnis; das gemessene Quantensystem ist unmittelbar nach der Messung in einem Zustand, in dem es einen definiten nummerischen Wert der gemessenen Eigenschaft hat (siehe zum Messproblem [5–49] und [5–50]).

Schrödingers Katze

Das Messproblem wird von Erwin Schrödinger in dem berühmten Gedankenexperiment mit einer Katze besonders drastisch dargestellt. Schrödinger stellt sich eine Katze vor, die in einen Stahlbehälter zusammen mit einer kleinen Menge einer radioaktiven Substanz und einem Behälter mit einem Gift eingesperrt wird, dessen Einatmen sofort tödlich ist. Wenn ein radioaktives Atom zerfällt, wird ein Mechanismus ausgelöst, der den Behälter mit Gift aufbricht, und die Katze wird getötet. Der Zerfall eines radioaktiven Atoms ist ein typischer quantenphysikalischer Prozess. Die Wahrscheinlichkeit, dass ein radioaktives Atom von der betreffenden kleinen Menge einer radioaktiven Substanz in einer Stunde zerfällt, ist 0,5. Gemäß der Schrödinger-Dynamik sind die Zustände aller dieser Systeme nach einer Stunde miteinander verschränkt. Mithin ist das Atom in einer Superposition von nicht zerfallen zu sein und zerfallen zu sein verbunden damit, dass die Katze in einer Superposition von lebendig und tot zu sein ist und so fort ([5–51], S. 812). Schrödingers Gedankenexperiment zeigt: Wenn wir vom Formalismus der Quantentheorie ausgehen, gelangen wir nicht zu makroskopischen Gegenständen einschließlich Messgeräten, wie sie von unserer Alltagsontologie oder einer verfeinerten Version von dieser im Rahmen der klassischen Physik beschrieben werden.

Dekohärenz

Der bedeutendste Fortschritt in Bezug auf das Messproblem seit der Zeit von Schrödinger und von Neumann sind Dekohärenz-Theorien (zur Übersicht [5–52] und [5–53]). Betrachten wir ein Quantensystem in einer Umgebung, zu der ein Messgerät gehört. Der Zustand des Quantensystems ist oder wird mit den Zuständen der Systeme in der Umgebung einschließlich des Zustands des Messgerätes verschränkt. Die Umgebung umfasst letztlich die gesamte Welt. Dekohärenz-Theorien zeigen das Folgende: Obwohl nur das Ganze aus Quantensystem, Umgebung und Messgerät in einem reinen Zustand ist, kann jeder Teil dieses Ganzen in Begriffen eines gemischten Zustands beschrieben werden (siehe dazu oben Kapitel V.2.b). Dieses

Ganze entwickelt sich sehr rasch in einer solchen Weise, dass es operationell nicht von einem Gemenge unterschieden werden kann. Das ist ein Ensemble von Systemen, von denen jedes in einem reinen Zustand ist, aber der Beobachter nicht den reinen Zustand von jedem System kennt. Das heißt: In Wirklichkeit bestehen die Verschränkungen weiterhin. Operationell sind sie aber nicht zugänglich. Vielmehr sieht es für uns als lokale Beobachter so aus, als ob wir es mit Systemen mit je separaten Zuständen und definiten nummerischen Werten der betrachteten Eigenschaften zu tun haben.

Zwei Typen von Positionen

Dekohärenz-Theorien lösen nicht das Messproblem. Sie verdeutlichen aber, dass es im Rahmen der Quantentheorie genau zwei prinzipielle Typen von Positionen gibt, die man in Bezug auf das Messproblem einnehmen kann:

- Man kann der Auffassung sein, dass die Schrödinger-Dynamik die einzige Dynamik von Quantensystemen ist (dazu [5–54] und zum Beispiel [5–55], Kapitel 12 und 13, und [5–56]). Dementsprechend sind Zustandsverschränkungen universell. Auch in einer Messung tritt keine Reduktion von Zustandsverschränkungen ein. Dekohärenz erklärt uns, wieso die Zustandsverschränkungen für einen lokalen Beobachter nicht zugänglich sind und wieso wir insbesondere definite nummerische Anzeigen von Messgeräten wahrzunehmen meinen.
- Man kann über das, was Dekohärenz-Theorien leisten, hinausgehen und annehmen, dass die Schrödinger-Dynamik nicht die einzige Dynamik von Quantensystemen ist. Es gibt eine Dynamik, die über Dekohärenz hinaus zu Zustandsreduktionen und damit zur Auflösung von Verschränkungen führt. Der paradigmatische Fall, in dem eine solche Dynamik zu Tage tritt, sind Messungen. Unter Voraussetzung einer Dynamik von Zustandsreduktionen können wir annehmen, dass es Fälle gibt, in denen Quantensysteme wirklich separate Zustände und definite nummerische Werte mancher zustandsabhängiger Eigenschaften haben.

Auch eine Dynamik von Zustandsreduktionen ändert nichts an Folgendem: Das, was gemäß der Quantentheorie zu erklären ist, sind nicht Zustandsverschränkungen, sondern Fälle der Abwesenheit von Zustandsverschränkungen. Wenn wir die Quantentheorie ernst nehmen, sind wir darauf festgelegt, Fälle der Abwesenheit von Zustandsverschränkungen, sofern es solche Fälle gibt, auf der Grundlage umfassender Zustandsverschränkungen unter Quantensystemen zu rekonstruieren.

Ideen für eine Dynamik der Zustandsreduktion

Es gibt zwei hauptsächliche Arten von Vorschlägen für eine Modifikation der Schrödinger-Dynamik, um Zustandsreduktionen zu integrieren. Die erste Art dieser Vorschläge bleibt im Rahmen der Reichweite der gegenwärtigen Quantentheorie. Der einzige konkret ausgearbeitete Vorschlag stammt von Giancarlo Ghiradi, Alberto Rimini und Tullio Weber [5–57]. Dieser Vorschlag trägt Zustandsreduktionen unabhängig von Messungen und Beobachtungen Rechnung. Es kann jedoch eingewendet werden, dass die Veränderung der Schrödinger-Dynamik, die dieser Vorschlag einführt, ad hoc ist. Die andere Art von Vorschlägen beabsichtigt, über die Reichweite der gegenwärtigen Quantentheorie hinauszugehen, um das Messproblem zu lösen. Der Ausgangspunkt ist der Gedanke, dass das Messproblem in der Quantentheorie und das Problem einer Vereinigung der Quantentheorie mit der allgemeinen Relativitätstheorie miteinander verwoben sein könnten. Die zentrale Idee ist, dass dann, wenn die Gravitation relevant wird, eine Zustandsreduktion aufgrund der Gravitation eintritt. Deshalb sind makroskopische Systeme nicht Verschränkungen unterworfen, und verschränkte Zustände von Quantensystemen werden reduziert, sobald die Gravitation relevant wird. Der Mathematiker Roger Penrose ist der bekannteste Vertreter von diesem Ansatz ([5–58], Kapitel 8; [5–59], Kapitel 6, §§ 10–12). Es ist jedoch fraglich, ob dieser Ansatz zu einem tragfähigen Forschungsprogramm führen kann.

Zusätzliche Probleme bei Messungen von verschränkten Quantensystemen

Das Messproblem stellt sich insbesondere im Falle von Messungen an Systemen, die so präpariert werden, dass ihre Zustände in einer genau abgegrenzten Weise miteinander verschränkt sind, um Zustandsverschränkungen experimentell nachzuweisen. Wenn man die Auffassung vertritt, dass es keine Zustandsreduktion gibt, hat man allerdings kein zusätzliches Problem. In diesem Fall nimmt man an, dass nur lokale Interaktionen zwischen Messgeräten und Quantensystemen stattfinden, welche zu weiteren Zustandsverschränkungen führen. Unter Bezugnahme auf Dekohärenz kann man erklären, wieso es einem lokalen Beobachter so erscheint, als ob eine Messung zu einem definiten Ergebnis führt. Wenn man hingegen der Meinung ist, dass es Zustandsreduktionen gibt, stellt sich ein zusätzliches Problem. Durch ein Messergebnis auf der einen Seite eines Bell-Experiments sind die Wahrscheinlichkeiten für das Messergebnis auf der anderen Seite verändert; diese Veränderung ist allerdings einem lokalen Beobachter auf der anderen Seite nicht zugänglich, wie oben ausgeführt wurde.

Die beiden Messungen in einem Bell-Experiment können durch einen raumartigen Abstand voneinander getrennt sein. Nichtsdestoweniger gilt: Wenn ein Messergebnis x_a auf der einen Seite eines Bell-Experiments gegeben ist, dann ist die Wahrscheinlichkeit für ein bestimmtes Ergebnis x_b auf der anderen Seite erhöht. Kontrafaktisch ausgedrückt, wenn es nicht das Ergebnis x_a auf der einen Seite gegeben hätte, dann wäre das Ergebnis x_b auf der anderen Seite weniger wahrscheinlich gewesen (siehe zum damit gegebenen Problem [5–60] und [5–61], Kapitel 5). Eine solche kontrafaktische Abhängigkeit legt uns nicht auf Kausalität im Sinne einer Interaktion mit Überlichtgeschwindigkeit auf der Ebene der Quantensysteme fest. Man kann annehmen, dass in den Bell-Experimenten eine Zustandsreduktion stattfindet, ohne Einsteins Prinzip der Nahewirkung aufgeben zu müssen. Die bekannteste Strategie in dieser Hinsicht ist diese: Da die beiden Quantensysteme nicht jeweils separat einen Spin-Zustand haben, verändert ein Messeingriff an dem einen System unmittelbar den Zustand des Ganzen. Qua Veränderung des Zustands des Ganzen ist diese lokale Interaktion zwischen dem einen System und einem Messgerät für die Wahrscheinlichkeiten der Messergebnisse an dem anderen System relevant. Aber diese Veränderung des Zustands des Ganzen ist keine lokale Veränderung in dem anderen System. Eine lokale Veränderung in dem anderen System – in dem Sinne, einen definiten nummerischen Wert einer bestimmten Eigenschaft zu erwerben – tritt erst in einer lokalen Interaktion von diesem System mit einem Messgerät ein (vergleiche zum Beispiel [5–62], S. 359–

373 und [5–34], S. 151–154). Ausgehend von der Nicht-Separabilität in der Quantentheorie und der Anerkennung von Zustandsreduktionen gibt es somit eine Strategie, die Korrelationen zwischen den Ergebnissen in den Bell-Experimenten zu erklären, ohne auf Interaktionen mit Überlichtgeschwindigkeit auf der Quantenebene festgelegt zu sein. Diese Strategie unterstützt die Sicht einer friedlichen Koexistenz zwischen der Quantentheorie und der speziellen Relativitätstheorie ([5–34], S. 133).

Determinismus und Indeterminismus

Die Zustandsentwicklung von Quantensystemen gemäß der Schrödinger-Gleichung ist deterministisch. Wenn die Dynamik gemäß der Schrödinger-Gleichung die einzige Dynamik von Quantensystemen ist, dann ist die Quantentheorie deterministisch. Wie in Kapitel IV.1.b erwähnt wurde, ist die heute weitgehend akzeptierte Definition von „Determinismus" kurz gefasst diese: Zwei mögliche Welten sind genau dann deterministisch, wenn Folgendes gilt: Wenn diese Welten zu einem Zeitpunkt übereinstimmen, dann stimmen sie zu allen Zeitpunkten überein (siehe [4–16], S. 13). Der Determinismus ist mithin eine ontologische These. Diese These ist logisch unabhängig davon, ob und in welchem Maße Voraussagen möglich sind. Das heißt: Damit, dass einzelne Messergebnisse prinzipiell nicht vorausgesagt werden können, ist noch nicht entschieden, ob die Quantentheorie indeterministisch ist. Ob die Quantentheorie deterministisch oder indeterministisch ist, hängt davon ab, wie man diese Theorie interpretiert. Wenn man die Dynamik, die durch die Schrödinger-Gleichung oder eine relativistische Erweiterung dieser Gleichung in der Quantenfeldtheorie beschrieben wird, für die vollständige Dynamik von Quantensystemen hält, dann sieht man die Quantentheorie so an, dass sie deterministisch ist.

Raum für einen Indeterminismus in der Quantenphysik besteht somit nur dann, wenn man die Schrödinger-Dynamik nicht für die einzige Dynamik von Quantensystemen hält, sondern eine Dynamik anerkennt, welche zu wirklichen Zustandsreduktionen führt. Wenn Zustandsreduktionen indeterministisch sind, dann gibt es zwei mögliche Welten, in denen die Gesetze der Quantenphysik gelten und die bis zu einem Zeitpunkt *t* übereinstimmen und danach divergieren: In der einen Welt ist Spin plus das Ergebnis der Messung des Spin an einem System von Spin 1/2 in einer gegebenen Richtung, in der anderen Welt ist Spin minus das Ergebnis der entsprechenden Messung. Solange die Dynamik von Zustandsreduktionen aber nicht geklärt ist, ist es selbst unter der Voraussetzung, dass es Zustandsreduktionen gibt, eine offene Frage, ob in der Natur wirklich indeterministische Vorgänge auf der Ebene von Quantensystemen stattfinden oder ob die Unvorhersagbarkeit des Ergebnisses einer Zustandsreduktion lediglich einen – vielleicht prinzipiellen – Wissensmangel unsererseits anzeigt. Falls sich zum Beispiel der Vorschlag einer Zustandsreduktion durch Gravitation doch bewähren sollte, könnte es sein, dass die Zustandsreduktion aufgrund der Gravitation ein deterministischer Prozess ist. Penrose erwägt die Möglichkeit, dass eine Zustandsreduktion durch Gravitation deterministisch, aber nicht berechenbar ist ([5–58], S. 431–432/deutsch S. 421–422). Das augenfälligste Merkmal der Quantentheorie, die Unvorhersagbarkeit von Messergebnissen, ist mithin kein grundlegendes Merkmal, was das Naturverständnis in der Quantentheorie betrifft.

5. Zusammenfassung, Lektürehinweise, Fragen und Übungen

Zusammenfassung

Ausgehend von Einsteins Prinzipien der Lokalisiertheit, der Separabilität, der Nahewirkung und der Individualität können wir nachvollziehen, was das philosophisch relevante Neue der Quantenphysik ist: Grundlegend sind die Merkmale der Inkompatibilität von Eigenschaften und der Zustandsverschränkungen. Quantensysteme sind infolge dieser Merkmale in der Regel nicht an Punkten oder beliebig kleinen Gebieten des Raumes und der Raum-Zeit lokalisiert. Ihre charakteristischen Eigenschaften sind keine intrinsischen Eigenschaften, die jedem Quantensystem für sich genommen zukommen. Stattdessen bestehen Relationen der Zustandsverschränkung zwischen Quantensystemen. Zustandsverschränkungen sind als Korrelationen zwischen den Messergebnissen zustandsabhängiger Eigenschaften von zwei oder mehreren Quantensystemen experimentell nachweisbar; diese Korrelationen sind unabhängig von dem raum-zeitlichen Abstand der betreffenden Messungen. Quantensysteme sind keine Individuen im Sinne von Systemen, die durch das Zuschreiben von Eigenschaften voneinander unterschieden werden können. Es gibt eine ganze Reihe verschiedener Möglichkeiten, die Quantentheorie zu interpretieren, denen jedoch durch Forschungsergebnisse wie Bells Theorem Beschränkungen auferlegt sind. Die wichtigste Frage in der Interpretation der Quantentheorie kristallisiert sich in dem sogenannten Messproblem: Sind die Zustandsverschränkungen auf mehr oder weniger den mikrophysikalischen Bereich beschränkt? Oder umfassen sie in Wirklichkeit alle physikalischen Systeme, sind uns aber aufgrund von Dekohärenz nur in besonders präparierten experimentellen Anordnungen zugänglich?

Lektürehinweise

- zur Einführung generell: die Arbeiten in [5–5] und [5–6] sowie [5–7] und [5–8]
- zu Nicht-Separabilität und Holismus: [5–16], Kapitel 7 bis 9
- zu Bells Theorem und den philosophischen Konsequenzen: [5–39] und die Arbeiten in [5–40]
- zum Messproblem: [5–50] und die Arbeiten in [5–52]

Fragen und Übungen

- Auf der Grundlage welcher naturphilosophischer Prinzipien lehnt Einstein die Prinzipien ab, die in der Quantentheorie verankert sind?
- Was besagt das Prinzip der Separabilität?
- Wieso ist das Prinzip der Nahewirkung wichtig?
- Was beinhaltet die Heisenberg'sche Unschärferelation und was beinhaltet sie nicht?
- Wieso spricht man von Holismus in Bezug auf die Quantentheorie?
- Sind alle physikalischen Systeme unterscheidbare Individuen?
- Was sind die wichtigsten Unterschiede zwischen der Quantenmechanik und der Quantenfeldtheorie?
- Bewerten Sie die Perspektive für eine Theorie des Verhältnisses von Raum, Zeit und Materie, die sich aus der Quantenmechanik und der Quantenfeldtheorie ergeben könnte!
- Was besagt Bells Theorem?
- Was ist wichtig an den sogenannten Bell-Experimenten?
- Diskutieren Sie die Möglichkeit, das Prinzip der Separabilität durch die Annahme verborgener Parameter zu retten!
- Was ist das Messproblem?

- Welche Möglichkeiten, sich zu dem Messproblem zu stellen, ergeben sich im Anschluss an die heutigen Dekohärenz-Theorien?
- Unter welchen Voraussetzungen in der Interpretation der Quantentheorie ist die Quantentheorie deterministisch, unter welchen Voraussetzungen ist sie indeterministisch?
- Angenommen, es gibt einen Indeterminismus in der Natur auf der Ebene von Quantensystemen: Erörtern Sie die Bedeutung von diesem Indeterminismus!

VI. Eine Naturphilosophie von Relationen

Dieses Kapitel konfrontiert die traditionelle Naturphilosophie voneinander unabhängiger Dinge, die durch intrinsische Eigenschaften gekennzeichnet sind, mit einer Naturphilosophie, die den Akzent auf Relationen zwischen physikalischen Systemen setzt. Es wird gezeigt, wie die Quantentheorie eine Naturphilosophie von Relationen stützt und wie sich aus einer solchen Naturphilosophie die Perspektive ergibt, die Erkenntnistheorie und die Ontologie miteinander in Einklang zu bringen.

1. Relationen versus intrinsische Eigenschaften

Ontologie voneinander unabhängiger Dinge

Nachdem die Relativitätstheorie und die Quantentheorie betrachtet wurden, soll dieses Kapitel eine philosophische Einschätzung in einem größeren Rahmen geben. Wie im einleitenden ersten Kapitel erwähnt wurde, ist die Naturphilosophie der Ontologie oder Metaphysik benachbart. Sie kann als die Ontologie eines bestimmten Bereichs, der Natur, angesehen werden. Die abendländische Ontologie oder Metaphysik ist von der Position dominiert, dass die Welt aus einer Vielzahl einzelner Dinge besteht, die voneinander unabhängig sind in dem Sinne, dass sie durch intrinsische Eigenschaften gekennzeichnet sind. Wie wir im zweiten Kapitel gesehen haben, kann eine solche Ontologie zumindest bis zu Aristoteles zurückverfolgt werden. Eine solche Ontologie ist aber keineswegs auf die klassische Philosophie beschränkt. Auch die Position zum Beispiel, die David Lewis, einer der bedeutendsten Philosophen am Ende des 20. Jahrhunderts, unter dem Namen „Hume'sche Supervenienz" vertritt, ist ein Beispiel für eine Ontologie dieses Typs (siehe das Zitat von Lewis in Kapitel V.1).

Relationen in der neuzeitlichen Naturwissenschaft

Gemäß einer verbreiteten Einschätzung steht die neuzeitliche Naturwissenschaft insgesamt in einem Spannungsverhältnis zu dieser Ontologie voneinander unabhängiger Dinge mit intrinsischen Eigenschaften. Dieses Spannungsverhältnis greift tiefer als die Polemik darum, ob es Zweckursachen in der Natur gibt (wie von Aristoteles angenommen wurde und von der neuzeitlichen Naturwissenschaft insgesamt zurückgewiesen wird). Eine Möglichkeit, dieses Spannungsverhältnis zu beschreiben, ist diese: Man kann den Übergang von derjenigen Ontologie oder Metaphysik, die von Aristoteles angelegt wurde, zur modernen Naturwissenschaft als einen Übergang von einer Beschreibung der intrinsischen, essentiellen Eigenschaften von einzelnen Dingen (Substanzen) zu einer Beschreibung von Funktionen oder Relationen zwischen einzelnen Dingen verstehen (zum Beispiel [6–1]). Statt intrinsische Eigenschaften von Substanzen zu betrachten, werden in der neuzeitlichen Naturwissenschaft Arten funktionaler Abhängigkeit zwischen physikalischen Systemen in mathematischer Form untersucht. Eine quantitative Beschreibung ist gemäß dieser Sicht eine relationale Beschreibung. Die mathematische Beschreibung des Wertes einer physikalischen Eigenschaft eines Systems, wie zum Beispiel dessen Länge, Breite und Tiefe oder dessen Masse, kann so angegeben werden, dass diese Beschreibung darin besteht, diesen Wert zu dem Wert der gleichen Eigenschaft von anderen Systemen in Beziehung zu setzen. Zu sagen, dass ein System zwei Zentimeter lang ist und eine Masse von sechs Gramm hat, kann so verstanden werden, dass damit Beziehungen zum Ausdruck gebracht werden, länger oder kürzer, leichter oder schwerer als andere Systeme zu sein. Dieses Argument kann bestärkt werden, wenn wir Beschreibungen von Kräften hinzuziehen. Beschreibungen von Kräften, wie zum Beispiel Beschreibungen von Ladungen (Elektromagnetismus), sagen uns, wie diese Kräfte wirken. Diese Beschreibungen geben also bestimmte Beziehungen an.

Nehmen wir an, dass die naturwissenschaftliche Beschreibung von Eigenschaften darin besteht, Relationen anzuzeigen. Allein daraus folgt allerdings nicht, dass die betreffenden Eigenschaften selbst relational sind. Dazu müsste gezeigt werden, dass ein System, welches das einzige Ding in einer möglichen Welt ist, diese Eigenschaften nicht haben kann. Denn Eigenschaften sind dann und nur dann intrinsisch, wenn sie unabhängig davon sind, ob das betreffende Ding, das diese Eigenschaften hat, alleine oder in Begleitung anderer Dinge auftritt [5–3]. Folglich sind Eigenschaften dann und nur dann relational, wenn sie davon abhängig sind, ob das betreffende Ding, das diese Eigenschaften hat, in Begleitung anderer Dinge auftritt. Aus dem oben genannten Argument über quantitative Beschreibungen folgt nicht, dass ein System, welches das einzige Ding in einer möglichen Welt ist, nicht Eigenschaften wie eine bestimmte geometrische Figur (zum Beispiel eckig oder rund zu sein) und eine bestimmte Masse haben kann. Was Kräfte betrifft, so folgt daraus, dass Kräfte durch ihre Wirkungen und mithin relational erfasst werden, nicht, dass Kräfte selbst relationale Eigenschaften sind. Die Kraft als solche kann eine intrinsische Eigenschaft sein. Auch wenn es richtig sein sollte, dass die Physik Eigenschaften unter einer relationalen Beschreibung erfasst, ist damit nicht gesagt, dass diese Eigenschaften selbst relational sind.

Naturwissenschaft legt die intrinische Natur der Dinge nicht offen

Das Spannungsverhältnis zwischen einer Ontologie, die von einer Vielzahl einzelner Dinge mit intrinsischen Eigenschaften ausgeht, und einer Naturphilosophie, die sich eng an die neuzeitliche Naturwissenschaft anlehnt, ist somit dieses: Die Naturwissenschaft beschreibt die Eigenschaften der Dinge nicht als intrinsische. Mit anderen Worten: Die Naturwissenschaft legt uns die intrinsische Natur der Dinge nicht offen. Eine prägnante Beschreibung des damit verbundenen Problems finden wir bei dem australischen Philosophen Frank Jackson. Er sagt in seinen Oxforder John Locke Vorlesungen von 1996:

> „Wenn die Physiker uns etwas über die Eigenschaften berichten, die sie für grundlegend halten, dann sagen sie uns, was diese Eigenschaften *tun*. Das ist kein Zufall. Wir erlangen Wissen darüber, wie die Dinge beschaffen sind, im wesentlichen durch die Weise, wie die Dinge auf uns und unsere Messinstrumente einwirken. Hieraus folgt nicht, dass die grundlegenden Eigenschaften der gegenwärtigen Physik, oder einer ‚vollständigen' Physik, kausal-relationale Eigenschaften sind. Es kann sein, dass unsere Begriffe die grundlegenden Eigenschaften mittels der kausalen

Beziehungen, in denen diese Eigenschaften stehen, herausgreifen, aber dass zumindest einige der so herausgegriffenen Eigenschaften intrinsisch sind. Sie haben, wie wir sagen können, relationale Namen, aber ein intrinsisches Wesen. Nichtsdestoweniger legt der oben genannte Sachverhalt ... den unbehaglichen Eindruck nahe, dass wir womöglich nahezu nichts über die intrinsische Natur der Welt wissen. Wir kennen nur ihre kausal-relationale Natur. Ich denke, wir sollten etwas, das wir Kant'schen Physikalismus nennen können, als eine mögliche, interessante Position anerkennen. Diese Position besagt, dass ein großer Teil (möglicherweise sogar die gesamte) intrinsische Natur unserer Welt für uns unerreichbar ist, aber dass die gesamte Natur, die wir kennen, auf der (nahezu oder vollständig) kausal-relationalen Natur superveniert, von der uns die Naturwissenschaften berichten" ([6–2], S. 23–24, eigene Übersetzung; siehe auch [6–3], Kapitel 4 mit Anhang).

Das Thema der Supervenienz, das Jackson anspricht, ist hier wiederum nicht relevant (siehe dazu unten Kapitel VII.1.c und VIII.1). Jackson behandelt zunächst den Punkt, der in den vorigen Absätzen ausgeführt wurde: Wir können nur über Beziehungen, in welche die Dinge untereinander und zu uns oder zu unseren Messgeräten treten, Erkenntnisse über die Dinge gewinnen. Daraus allein folgt nicht, dass wir nicht mit relationalen Beschreibungen auch auf intrinsische Eigenschaften von Dingen Bezug nehmen können. Das Problem ist jedoch nichtsdestoweniger, dass wir die Eigenschaften physikalischer Dinge nicht als intrinsische erkennen können. Es ist angesichts dessen zumindest fraglich, ob wir überhaupt einen Zugang zu intrinsischen Eigenschaften der Dinge haben können.

Es mag scheinen, dass Jackson eine anthropomorphe Sicht von Kausalität als Erzeugung von etwas vertritt: Wir erkennen nur, was erzeugt wird, aber nicht, was die Kraft, die etwas erzeugt, an sich selbst ist. Man kann einwenden, dass Kausalität in diesem Sinne in den Naturwissenschaften nicht auftritt. Die Naturgesetze setzen die Zustände von physikalischen Systemen untereinander in Beziehung. Sie enthalten aber nicht Begriffe wie den der Erzeugung. Die These von Jackson hängt jedoch nicht von einer bestimmten Sicht der Kausalität ab. Diese These bezieht sich darüber hinaus auf alle Beziehungen, unabhängig davon, ob es sich um Kausalbeziehungen handelt. Die These ist, dass die Naturwissenschaften uns nur Auskunft darüber geben, in welchen Beziehungen die Dinge untereinander stehen. Ferner sind die Beziehungen zu uns oder unseren Messgeräten nur ein besonderer Fall der Beziehungen, über welche die Naturwissenschaften allgemeine Gesetze formulieren. Der Punkt ist allein, dass diese Gesetze nur Beziehungen betreffen, wenn auch Beziehungen der Dinge untereinander. Damit liegt der Einwand nahe, dass wir keine Erkenntnis von den intrinsischen Eigenschaften der Dinge gewinnen können. Es ist durchaus angebracht, in diesem Zusammenhang auf Kant zu verweisen, wie Jackson es tut: Was die Dinge an sich selbst sind, erkennen wir demnach nicht (siehe dazu [6–4]).

Relationen ohne intrinische Eigenschaften

Es gibt im Prinzip zwei Möglichkeiten, das Spannungsverhältnis zwischen einer Ontologie, die von Dingen mit intrinsischen Eigenschaften ausgeht, und einer Naturwissenschaft, welche die Eigenschaften der Dinge nicht als intrinsische beschreibt, zu überwinden. Die eine Möglichkeit ist, nach einem Weg zur Erkenntnis der Dinge in der Natur zu suchen, der jenseits der Naturwissenschaften liegt. Das ist jedoch keine reale Möglichkeit: Es ist nicht ersichtlich, wie ein argumentativ ausweisbarer Weg aussehen könnte, der an der Naturwissenschaft vorbei zu Erkenntnissen über die intrinsischen Eigenschaften der Dinge in der Natur führt. Die andere Möglichkeit ist, die Ontologie voneinander unabhängiger Dinge mit intrinsischen Eigenschaften aufzugeben und stattdessen eine Ontologie von Relationen zwischen den Dingen zu entwickeln. Das heißt, man behauptet, dass es keine intrinsischen Eigenschaften der Dinge darüber hinaus gibt, wie die Naturwissenschaften die Beziehungen zwischen den Dingen beschreiben.

Eine solche Position mag auf den ersten Blick unverständlich erscheinen. Denn die folgenden beiden Annahmen scheinen keines weiteren Argumentes zu bedürfen: (1) Damit es Beziehungen gibt, muss es Beziehungsglieder geben – das heißt, Dinge, zwischen denen die Beziehungen bestehen. (2) Diese Dinge müssen etwas an sich selbst sein, das heißt, sie müssen über die Beziehungen hinaus, in denen sie stehen, intrinsische Eigenschaften haben. Eine Ontologie von Relationen wäre jedoch höchstens dann unverständlich, wenn sie diese Annahmen insgesamt verwerfen würde. Eine solche Ontologie braucht aber lediglich die zweite Annahme zurückzuweisen: Man kann vertreten, dass Beziehungen Dinge erfordern, zwischen denen die Beziehungen bestehen, dass diese Dinge aber nicht mehr sind als dasjenige, was in Beziehung steht. Das heißt, diese Dinge haben keine intrinsischen Eigenschaften über die Eigenschaften hinaus, in denen die Beziehungen bestehen.

Um diese Position zu veranschaulichen, können wir noch einmal auf räumliche und zeitliche Relationen zurückkommen. Diese Relationen bestehen zwischen Punkten. Nehmen wir an, dass es Punkte der Raum-Zeit gibt. Wenn es Punkte der Raum-Zeit gibt, dann kann man die Position vertreten, dass alle qualitativen Eigenschaften eines Punktes in Relationen zu anderen Punkten bestehen. Es scheint nicht erforderlich zu sein, dass ein Punkt intrinsische Eigenschaften haben muss, um in raum-zeitlichen Beziehungen zu anderen Punkten stehen zu können. Raum-zeitliche Beziehungen sind somit ein Problem für eine Ontologie von Dingen mit intrinsischen Eigenschaften: Diese Relationen erfordern offenbar keine intrinsischen Eigenschaften der Relationsglieder. Man kann allerdings eine relationale Theorie der Raum-Zeit vertreten. In diesem Fall verfolgt man das Programm, raum-zeitliche Relationen von Eigenschaften von Materiellem aus zu rekonstruieren. Es ist jedoch nicht ersichtlich, wie man raum-zeitliche Relationen von *intrinsischen* Eigenschaften von Materiellem aus rekonstruieren könnte (siehe oben Kapitel III.2 und IV.2.b).

Man kann das Problem, welches raum-zeitliche Relationen für eine Ontologie physikalischer Systeme mit intrinsischen Eigenschaften darstellen, umgehen, indem man raum-zeitliche Relationen als etwas anerkennt, das es zusätzlich zu physikalischen Systemen mit intrinsischen Eigenschaften gibt. Das ist allerdings keine elegante Lösung für dieses Problem. Vor dem Hintergrund dessen, dass es nicht möglich ist, raum-zeitliche Relationen auf der Grundlage von intrinsischen Eigenschaften physikalischer Systeme zu rekonstruieren, wird dieses Problem dann verschärft, wenn die Physik eine enge Verbindung von Raum, Zeit und Materie nahe legt. Denn in diesem Falle steht nicht mehr der Weg offen, räumliche und zeitliche Relationen als etwas anzusehen, das zu Materiellem, das als durch intrinsische Eigenschaften gekennzeichnet verstanden wird, einfach hinzukommt. Vielmehr betreffen räumliche und zeitliche Relationen dann den Kern des Materiellen selbst; das Materielle kann dann nicht mehr begrifflich getrennt von diesen Relationen aufgefasst werden. Sowohl die allgemeine Relativitätstheorie als auch die Quantentheorie legen nahe, dass es eine enge Verbindung von Raum, Zeit und Materie gibt; allerdings führen diese physikalischen Theorien nicht zu einer bestimmten philosophischen Theorie des Verhältnisses von Raum, Zeit und Materie (siehe oben Kapitel IV.2 und V.2.c).

Die Quantentheorie und Relationen ohne intrinsische Eigenschaften

Auch wenn man das Argument dafür akzeptiert, dass die neuzeitliche Physik generell die Eigenschaften physikalischer Systeme als relational erfasst, so folgt daraus wie gesagt nicht, dass diese Eigenschaften selbst relational sind. Eine solche Schlussfolgerung kann man nicht aus einer globalen Betrachtung dessen gewinnen, was für die neuzeitliche Naturwissenschaft im Allgemeinen charakteristisch ist. Die klassische Physik genügt dem Prinzip der Separabilität (siehe oben Kapitel V.1). Um für eine Naturphilosophie von Relationen ohne zugrundeliegende intrinsische Eigenschaften der Relationsglieder zu argumentieren, muss man sich auf die Quantentheorie stützen. Denn die Quantentheorie verletzt das Prinzip der Separabilität. Quantensysteme sind nicht-separabel, weil davon auszugehen ist, dass ihre Zustände miteinander verschränkt sind. Gemäß der Quantentheorie sind im Prinzip alle Quantensysteme von Zustandsverschränkungen betroffen. Wenn man Reduktionen von Zustandsverschränkungen im Übergang zu makroskopischen Systemen und paradigmatisch in Messprozessen anerkennt, so sind Fälle der Reduktion von Zustandsverschränkungen nichtsdestoweniger auf der Grundlage von Zustandsverschränkungen zu erklären (siehe oben Kapitel V.4).

Wenn wir die Quantentheorie als die grundlegende Theorie der Natur akzeptieren, dann zeigt das Theorem von John Bell, das in Kapitel V.3 besprochen wurde, Folgendes: *Wenn Quantensysteme eine intrinsische Natur haben, die den Zustandsverschränkungen zugrunde liegt* – wie im Prinzip der Separabilität gefordert wird –, *dann gibt es eine bestimmte Obergrenze für die Korrelationen zwischen Quantensystemen, die in den Experimenten manifest werden können.* Diese Aussage ist für sich genommen noch nicht so interessant. Sie ist interessant durch die Schlussfigur des modus tollens, die sie zulässt: *Wenn die Korrelationen, die in den Experimenten manifest werden, die Obergrenze überschreiten, welche Bells Theorem setzt, dann haben Quantensysteme keine intrinsische Natur, die den Zustandsverschränkungen zugrunde liegt* – wie im Prinzip der Separabilität ausgedrückt wird. Die Korrelationen, welche die Quantentheorie vorhersagt und welche Bells Theorem verletzen, sind experimentell bestätigt. Wenn wir die Quantentheorie akzeptieren, zeigen uns Bells Theorem und die daran anschließenden Experimente, dass die Relationen der Zustandsverschränkung keine intrinsischen Eigenschaften der Quantensysteme zulassen, von denen aus diese Relationen festgelegt sein können.

Zustandsunabhängige Eigenschaften als Einwand?

Unbekannte intrinsische Natur?

Quantensysteme haben mehr Eigenschaften als diejenigen, welche in die Zustandsverschränkungen eingehen. Sie haben auch zustandsunabhängige Eigenschaften wie Masse und Ladung. Es ist noch ungeklärt, wie sich solche Eigenschaften zu den Eigenschaften verhalten, die der Kern des Formalismus der Quantentheorie betrifft. Insbesondere ist ungeklärt, ob sich die Eigenschaften, welche nicht von den Zustandsverschränkungen betroffen sind, in irgendeiner Weise von den Eigenschaften herleiten lassen, welche von den Zustandsverschränkungen betroffen sind (siehe oben Kapitel V.2.b). Was die Masse betrifft, spielt an dieser Stelle auch das ungelöste Problem einer Vereinigung der Quantentheorie mit der allgemeinen Relativitätstheorie hinein. Was es auch immer mit Masse und Ladung auf sich haben mag, es ist allerdings sehr zweifelhaft, ob man ein Argument für eine intrinsische Natur von Quantensystemen allein auf Eigenschaften wie Masse und Ladung aufbauen könnte. Nichtsdestoweniger zeigt der Hinweis auf Masse und Ladung Folgendes: Das Argument für eine Ontologie von Relationen im Ausgang von der Quantentheorie muss voraussetzen, dass die Quantentheorie die grundlegende physikalische Theorie ist in dem Sinne, dass es keine andere naturwissenschaftliche Theorie gibt, welche beanspruchen könnte, den intrinsischen Kern der physikalischen Systeme auf der mikrophysikalischen Ebene zu beschreiben, falls diese Systeme einen intrinsichen Kern haben. Es ist allerdings ein Ausweg für den Freund intrinsischer Eigenschaften offen. Man kann sagen, dass es einen intrinsischen Kern von Quantensystemen gibt, aber dass dieser Kern unabhängig von den Eigenschaften ist, welche die Quantentheorie betrachtet und die im Sinne der Zustandsverschränkungen relational sind. Es gibt zwar uns unbekannte intrinsische Eigenschaften von Quantensystemen; aber durch diese Eigenschaften sind die Relationen, welche die Quantentheorie betrachtet, in keiner Weise festgelegt (vergleiche dazu allgemein die Position, die Kant in [6–4] zugeschrieben wird). Intrinsische Eigenschaften in diesem Sinne, die per definitionem von dem, was manifest werden kann, abgeschnitten sind, werden durch ein Argument wie das vorgestellte im Anschluss an die Quantentheorie und insbesondere Bells Theorem nicht getroffen. Wenn man diesen Ausweg geht, behält man jedoch überhaupt kein Argument dafür übrig, wieso man solche intrinsischen Eigenschaften anerkennen sollte. Denn das Argument, dass Relationen generell irgendwelche intrinsischen Eigenschaften der Relationsglieder voraussetzen, ist nicht stichhaltig, wie sich schon an raum-zeitlichen Relationen zeigt.

Quanten-Relationen statt unbekannte intrinsische Eigenschaften

Kommen wir auf das Zitat von Jackson zurück: Selbst wenn wir akzeptieren, dass kausale Kräfte und kausale Beziehungen nicht alles sein können, so können wir daraus doch nicht schließen, dass es intrinsische Eigenschaften geben muss, die den kausalen Beziehungen – und Relationen generell – zugrunde liegen. Es stehen uns vielmehr zwei Wege offen: Statt in intrinsischen Eigenschaften kann die fundamentale Ebene der physikalischen Welt in raum-zeitlichen Relationen oder in Quanten-Relationen der Zustandsverschränkung bestehen. Der Versuch, die fundamentale Ebene allein durch raum-zeitliche Relationen zu verstehen, ist mit

Wheelers ursprünglichem Programm der Geometrodynamik gescheitert (siehe oben Kapitel IV.2.c). Nach dem physikalischen Forschungsstand, der mit Bells Theorem und den anschließenden Experimenten erreicht ist, können wir auf die Quantentheorie aber eine Naturphilosophie stützen, die Relationen der Zustandsverschränkung als das Grundlegende in der Natur ansieht (siehe dazu [6–5] und ferner [6–6] und [6–7] sowie [6–8] und [6–9]).

Ontologie von Relationen in der abendländischen Philosophie

Damit sind wir bei den Chancen für die Philosophie, die sich aus der Quantentheorie ergeben. Wir sollten die Herausforderungen, welche die Quantentheorie für die Philosophie darstellt, nicht als etwas verstehen, gegen das man althergebrachte philosophische Prinzipien – wie die Lokalisiertheit, die Separabilität und die Individualität der Dinge – verteidigen muss, sondern als eine Chance für eine Weiterentwicklung der Philosophie im Dialog mit der Physik. Das betrifft in erster Linie eine Naturphilosophie von Relationen statt voneinander unabhängiger Einzeldinge. Eine Ontologie von Relationen ist in der abendländischen Philosophie durchaus bekannt. Der schon erwähnte Baruch de Spinoza zum Beispiel vertritt im ersten Buch der *Ethik* die Auffassung, dass es nur eine Substanz gibt und dass alles Modi dieser Substanz sind; die Modi kann man als Relationen innerhalb dieser Substanz verstehen [3–14]. Eine Naturphilosophie von Relationen kann mithin an dem Konzept einer Substanz in folgendem Sinne festhalten: Das System der Beziehungen als Ganzes kann eine Substanz sein. Der deutsche Philosoph Georg Wilhelm Friedrich Hegel (1770–1831) arbeitet mit seiner Dialektik ebenfalls eine Philosophie aus, gemäß der alles in Relationen statt intrinsischer Eigenschaften besteht (siehe dazu [6–10]). An Hegel anschließend vertritt der englische Philosoph Francis Herbert Bradley (1846–1924) eine Philosophie interner Relationen. Damit ist die Position gemeint, dass die grundlegenden, charakteristischen Eigenschaften der Dinge in Beziehungen untereinander bestehen, statt intrinsische Eigenschaften zu sein (siehe insbesondere [6–11], Kapitel 13, und dazu [6–12]). Mit diesem Hinweis soll nicht behauptet werden, dass die skizzierte Naturphilosophie im Anschluss an die Quantentheorie Bradley, Hegel oder Spinoza Recht gibt. Dieser Hinweis soll nur darauf aufmerksam machen, dass der Typ von philosophischer Position, der auf der Grundlage der Quantentheorie vertreten werden kann, in der Tradition der abendländischen Metaphysik bereits vorkommt.

„Experimentelle Metaphysik"

Heute geht es darum, dass die Frage, ob eine Ontologie voneinander unabhängiger Dinge mit intrinsischen Eigenschaften oder eine Ontologie von Relationen ohne zugrundeliegende intrinsische Eigenschaften der Relationsglieder plausibel ist, nicht mehr eine Frage rein philosophischer Überlegungen ist. Um diese Frage zu beantworten, sind Argumente aus der Physik relevant. Aus der Quantentheorie ergibt sich ein gewichtiges Argument für die klassische Minderheitsposition, eine Ontologie von Relationen. Der schon erwähnte Wissenschaftsphilosoph Abner Shimony spricht in Bezug auf die Philosophie der Quantentheorie von „experimenteller Metaphysik" ([6–13], S. 27; siehe auch [6–14]). Der Begriff „experimentelle Metaphysik" wurde nicht von Shimony erfunden. Er stammt meines Wissens von Michele Besso, einem Freund Einsteins seit dessen Zürcher Zeit, der diesen Begriff auf die Philosophie von Ferdinand Gonseth (1890–1975) anwendet [6–15]; Gonseth zufolge sind Mathematik, Philosophie und Naturwissenschaft eng miteinander verzahnt (siehe dazu [6–16]). Mit „experimenteller Metaphysik" ist somit nicht gemeint, dass die experimentellen Ergebnisse uns auf eine bestimmte Metaphysik festlegen. Wie in Kapitel V.3 erwähnt wurde, besteht auch nach Bells Theorem und den zugehörigen Experimenten die Möglichkeit, auf eine Alternative zur Quantentheorie zu setzen – beispielsweise eine Theorie von Wechselwirkungen mit Überlichtgeschwindigkeit. Der Punkt ist dieser: Für metaphysische Fragen wie die, ob die grundlegenden Eigenschaften der physikalischen Systeme intrinsisch sind, werden dank Bells Theorem experimentelle Ergebnisse relevant.

2. Der Kreis zwischen der Erkenntnistheorie und der Ontologie

Kluft zwischen Ontologie und Erkenntnistheorie

Verfolgen wir das Thema, das im letzten Unterkapitel besprochen wurde, noch einen Schritt weiter, und zwar in Hinblick auf das Verhältnis von Ontologie und Erkenntnistheorie. Gemäß der Begriffsbestimmung im ersten Kapitel ist es ein wesentlicher Unterschied zwischen der Naturphilosophie und der Wissenschaftstheorie, dass die erstere sich auf die Ontologie der Systeme in der Natur konzentriert, während der Ausgangspunkt von letzterer die logische Analyse wissenschaftlicher Theorien ist. Dennoch möchte ich in diesem Unterkapitel auf eine Frage des Zusammenspiels von Ontologie und Wissenschafts- oder Erkenntnistheorie eingehen, um die naturphilosophische Perspektive, welche die Quantentheorie nahe legt, weiter auszuführen.

Kommen wir noch einmal auf die Ontologie voneinander unabhängiger Dinge mit intrinsischen Eigenschaften zurück. Auf das erkenntnistheoretische Problem für diese Ontologie wurde schon im letzten Unterkapitel anhand des Zitats von Jackson hingewiesen: Die Naturwissenschaften legen keine intrinsischen Eigenschaften der Dinge offen. Es ist auch kein anderer argumentativ ausweisbarer Weg ersichtlich, wie wir Erkenntnis von intrinsischen Eigenschaften der Dinge gewinnen könnten. In einer Naturphilosophie voneinander unabhängiger Dinge mit intrinsischen Eigenschaften tritt somit eine Kluft zwischen der Ontologie und der Erkenntnistheorie auf: Von dem, wovon in der Ontologie ausgegangen wird – intrinsische Eigenschaften der Dinge –, stellt sich in erkenntnistheoretischer Reflexion heraus, dass wir es gar nicht erkennen könnten. Denn in erkenntnistheoretischer Reflexion müssen wir einräumen, dass wir nur Erkenntnisse über die Beziehungen haben, in denen die Dinge stehen.

Vor diesem Hintergrund hält es Abner Shimony für eine der wichtigsten Aufgaben der heutigen Naturphilosophie, dazu beizutragen, den Kreis zwischen der Erkenntnistheorie und der Ontologie oder Metaphysik zu schließen [6–13]. Damit ist die Forderung gemeint, die Erkenntnistheorie und die Ontologie miteinander kohärent zu machen. Kurz gesagt: Wenn wir von einem beliebigen Punkt in der Erkenntnistheorie oder der Ontologie starten, sollten wir am Ende zu diesem Punkt zurück gelangen können und dabei eine Erklärung gewonnen haben, die sowohl die erkenntnistheoretischen als auch die ontologischen Aspekte umfasst.

Ontologie von Relationen als Lösungsweg

Eine Ontologie von Relationen statt intrinsischer Eigenschaften wurde schon oft als Möglichkeit in Erwägung gezogen, um Ontologie und Erkenntnistheorie zusammenzubringen. Denn es stellt kein prinzipielles erkenntnistheoretisches Problem dar, wie wir einen Zugang zu den Beziehungen haben können, in denen die Dinge stehen. Ein Problem tritt erst dann auf, wenn die Ontologie es erfordert, dass wir einen erkenntnismäßigen Zugang zu intrinsischen Eigenschaften jenseits der Beziehungen haben müssten. Deshalb wurde schon oft behauptet, dass es keine intrinsischen Eigenschaften der Dinge jenseits der für uns manifesten Relationen gibt. Solche Behauptungen sind jedoch mit Einwänden dergestalt konfrontiert, dass Relationen intrinsische Eigenschaften als deren Grundlage erfordern. Weil solche Behauptungen in der Regel diese Einwände nicht entkräften können, enden sie häufig in einem Phänomenalismus oder einem Idealismus: Es werden dann nur noch Aussagen darüber zugelassen, wie die Dinge uns erscheinen. Denn es steht diesen Behauptungen in der Regel kein Argument dafür zur Verfügung, dass es zugrundeliegende intrinsische Eigenschaften nicht gibt. Ein solches Argument müsste ein ontologisches sein. Die erkenntnistheoretische Reflexion darauf, dass wir keinen erkenntnismäßigen Zugang zu den intrinsischen Eigenschaften der Dinge haben, kann von sich aus keinen Schluss dahingehend rechtfertigen, dass es keine intrinsischen Eigenschaften gibt, welche den Relationen zugrunde liegen.

Die Bedeutung der Quantentheorie und Bells Theorem

Die Bedeutung der Quantentheorie und von Bells Theorem insbesondere ist, dass sie uns ein Argument bereitstellen, welches den Schluss rechtfertigt, dass es keine intrinsischen Eigenschaften der Systeme auf der fundamentalen Ebene der Natur gibt, die den experimentell nachweisbaren Korrelationen zugrunde liegen. Wenn es solche zugrundeliegenden intrinsischen Eigenschaften gäbe, dann könnte es nicht die von der Quantentheorie vorausgesagten und experimentell bestätigten Korrelationen geben, welche die Obergrenze überschreiten, die Bells Theorem setzt. Der Weg von der Analyse der Prinzipien der Separabilität und der Nahewirkung auf der einen Seite und des Formalismus der Quantentheorie auf der anderen Seite zu dieser Schlussfolgerung wurde im vorigen Kapitel und im letzten Unterkapitel dargestellt. Wie bereits mehrfach angesprochen wurde, ist dieser Weg kein Königsweg des logisch zwingenden Arguments. Es ist ein Weg von Plausibilitäts-Abwägungen angesichts des philosophischen Preises, den man für jede denkbare Alternative auf dem heutigen Stand des Wissens zahlen müsste.

3. Zusammenfassung, Lektürehinweise, Fragen und Übungen

Zusammenfassung

Dieses Kapitel hat die Philosophie der Quantentheorie, die im vorigen Kapitel besprochen wurde, in einen größeren Rahmen gestellt: Die traditionelle Naturphilosophie voneinander unabhängiger Dinge ist mit dem Problem konfrontiert, wie wir die Dinge als voneinander unabhängige erkennen könnten, sprich, wie wir ihre Eigenschaften qua intrinsischer erkennen könnten. Wenn die Dinge in der Natur jedoch gar nicht voneinander unabhängig sind, sondern durch Relationen der Zustandsverschränkung so miteinander verbunden sind, dass ihnen prinzipiell gar nicht je für sich genommen bestimmte Eigenschaften zugeordnet werden können, stellt sich dieses Problem nicht. Die Perspektive für die heutige Naturphilosophie, die sich aus der Quantentheorie ergibt, besteht daher nicht nur darin, dass die Quantentheorie eine Ontologie von Relationen statt intrinsischer Eigenschaften stützt; diese Perspektive besteht vielmehr in einer Ontologie von Relationen in einer solchen Weise, dass eine Kluft zwischen der Erkenntnistheorie und der Ontologie vermieden wird.

Lektürehinweise

- zur naturwissenschaftlichen Beschreibung ausschließlich von Relationen: [6–3], Kapitel 4 mit Anhang
- zu einer Ontologie von Relationen im Anschluss an die Quantentheorie: [6–5] und ferner [6–6] und [6–7] sowie [6–8] und [6–9]
- zum Kreis zwischen der Erkenntnistheorie und der Ontologie: [6–13]

Fragen und Übungen

- Erörtern Sie die wichtigsten Merkmale der traditionellen Naturphilosophie voneinander unabhängiger Einzeldinge!
- Wenn Eigenschaften mathematisch beschrieben werden, heißt das, dass diese Eigenschaften relational sind?
- Was ist das erkenntnistheoretische Problem für eine Naturphilosophie unabhängiger Einzeldinge?
- Erfordern Relationen generell, dass die Systeme, zwischen denen die Relationen bestehen, intrinsische Eigenschaften haben?
- Diskutieren Sie, inwiefern – und unter welchen Voraussetzungen – die Quantentheorie eine Ontologie von Relationen stützt!
- Was ist mit der Rede von experimenteller Metaphysik gemeint und was ist damit nicht gemeint?
- Was ist mit dem Kreis zwischen der Erkenntnistheorie und der Ontologie gemeint?
- Erörtern Sie die Perspektive, die sich von der Quantentheorie aus in Bezug auf das Problem, Erkenntnistheorie und Ontologie miteinander kohärent zu machen, ergeben kann!

VII. Naturgesetze und Kausalität

Dieses Kapitel stellt die wichtigsten Positionen in Bezug auf Naturgesetze und Kausalität vor. Sind Naturgesetze und Kausalität etwas, das es als solches in der Welt gibt? Oder können Naturgesetze und Kausalität auf andere Züge – wie zum Beispiel die Verteilung von Eigenschaften in der Welt – zurückgeführt werden?

1. Was sind Naturgesetze?

a) Zwei Probleme für eine Theorie von Naturgesetzen

Zufällige und gesetzesartige Regelmäßigkeiten

Nachdem philosophische Aspekte der beiden grundlegenden physikalischen Theorien behandelt wurden, gehen dieses und das folgende Kapitel wieder auf eine generelle Ebene zurück. Dieses Kapitel fragt danach, wie wir die Regelmäßigkeiten verstehen sollen, die wir in der Natur auffinden, und was insbesondere kausale Regelmäßigkeiten sind.

Das erste Problem ist, zwischen zufälligen und gesetzesartigen Regelmäßigkeiten zu unterscheiden. Betrachten wir die folgenden beiden Aussagen:

1. Jede feste Kugel aus Gold hat weniger als einen Kilometer Durchmesser.
2. Jede feste Kugel aus dem Uranisotop 235 hat weniger als einen Kilometer Durchmesser.

Die Aussage (1) ist allem Anschein nach wahr. Aber sie ist keine Folge eines Naturgesetzes. Es gibt keine Naturgesetze, die es ausschließen, dass eine Kugel aus Gold einen Durchmesser von einem Kilometer oder mehr haben könnte. Man könnte eine solche Kugel herstellen, wenn genügend Gold zur Verfügung stände. Die Aussage (2) ist hingegen ein Kandidat für eine Regelmäßigkeit, die eine Folge eines Naturgesetzes ist. Die Gesetze der Atomphysik schließen es aus, dass es feste Kugeln aus dem Uranisotop 235 mit einem Durchmesser von einem Kilometer oder mehr geben könnte. Die Aussagen (1) und (2) haben beide die folgende Form:

3. $\forall x\,(Fx \rightarrow Gx)$

In Worten: Für alle *x* gilt, wenn *x* die Eigenschaft hat, *F* zu sein, dann hat *x* auch die Eigenschaft, *G* zu sein. Für alle *x* gilt, wenn *x* die Eigenschaft hat, eine Kugel aus Gold zu sein, dann hat *x* auch die Eigenschaft, weniger als einen Kilometer Durchmesser zu haben. (3) ist nicht hinreichend, um ein Naturgesetz auszudrücken. Dennoch impliziert jedes Naturgesetz allgemeine Aussagen der Form (3).

Naturgesetze als notwendige Verallgemeinerungen?

Man mag erwägen, das Problem, zwischen zufälligen und gesetzesartigen Regelmäßigkeiten zu unterscheiden, zu lösen, indem man Naturgesetze als notwendige Verallgemeinerungen betrachtet, also vor die Aussageform (3) den Modaloperator der Notwendigkeit setzt:

4. $\Box\forall x\,(Fx \rightarrow Gx)$
In Worten: Notwendigerweise gilt: Für alle *x*, wenn *x* die Eigenschaft hat, *F* zu sein, dann hat *x* auch die Eigenschaft, *G* zu sein. Damit ist das Problem jedoch nicht gelöst. Das Problem ist dorthin verlagert, wie wir den Modaloperator der Notwendigkeit in (4) interpretieren sollen. Um das zu sehen, brauchen wir uns nur vor Augen zu halten, dass Naturgesetze nicht denselben Status wie logische oder mathematische Gesetze haben. Dass es eine feste Kugel aus dem Uranisotop 235 mit einem Durchmesser von mindestens einem Kilometer gibt, ist nicht in der derselben Weise unmöglich wie der Fall, dass es einen Kreis mit Ecken gibt. Wir können uns eine mögliche Welt denken, in der die Gesetze unserer Atomphysik nicht gelten und in der es eine solche Uran-Kugel gibt, nicht aber eine mögliche Welt, in der es einen Kreis mit Ecken gibt. Die gängige Position ist, dass Naturgesetze nur alle physikalisch möglichen Welten betreffen, während logische und mathematische Gesetze für alle möglichen Welten überhaupt gelten. Physikalisch mögliche Welten sind dabei alle diejenigen möglichen Welten, in denen die gleichen Naturgesetze wie in unserer Welt gelten. Deshalb löst (4) nicht die Aufgabe, zu charakterisieren, was ein Naturgesetz ist. Eine Theorie von Naturgesetzen muss mithin ein Kriterium bereitstellen, das es einerseits erlaubt, Regelmäßigkeiten aufgrund von Naturgesetzen von zufälligen Regelmäßigkeiten zu unterscheiden, andererseits aber berücksichtigen, dass die Regelmäßigkeiten aufgrund von Naturgesetzen nicht den Status logischer oder mathematischer Gesetze haben.

Naturgesetze und ihre Anwendung

Ein weiteres Problem betrifft das Verhältnis zwischen Naturgesetzen und ihrer Anwendung. Ihre Anwendung ist stets durch *Ceteris-paribus*-Klauseln eingeschränkt. Einen wirklich freien Fall beispielsweise gibt es nicht, weil faktisch immer Reibung vorhanden ist. Betrachten wir die Aussageform (3): Wenn ein *x* nicht nur *F* ist, sondern auch *H* ist, dann kann es sein, dass es nicht *G* ist. Es kann sein, dass die Eigenschaft, *H* zu sein, das Auftreten der Eigenschaft, *G* zu sein, verhindert. Mehr noch, bei *H* braucht es sich nicht um eine wohlbestimmte Eigenschaft zu handeln. Der Platzhalter „*H*" kann für eine unbestimmt lange Disjunktion von Eigenschaften stehen. Die Regularität (3) gilt somit nur unter der Voraussetzung, dass keine interferierende Eigenschaft auftritt. Die Naturgesetze sind Idealisierungen in dem Sinne, dass jedes Naturgesetz von dem Kontext abstrahiert, in dem die Eigenschaften jeweils auftreten, auf die sich das betreffende Gesetz bezieht.

Die Position von Cartwright

Die amerikanische Wissenschaftsphilosophin Nancy Cartwright geht angesichts dessen so weit, zu behaupten, dass die fundamentalen Gesetze der Physik lügen: Nach ihrer Auffassung gelten die fundamentalen Gesetze nur für ideale Objekte in Modellen, nicht aber für die realen Phänomene in der Natur. Diese können nur durch deskriptive, phänomenologische Gesetze erfasst werden, die sich nicht auf wenige allgemeine Gesetze zurückführen lassen. Ein Beispiel, das Cartwright gibt, ist das Gravitationsgesetz der Newton'schen Physik. Dieses Gesetz berücksichtigt nur die gravitative, nicht aber die elektromagnetische Wechselwirkung. Wenn Gravitation und Elektromagnetismus zusammen auftreten, beschreibt das Gravitationsgesetz nicht die Kraft, die zwischen zwei Körpern wirkt. In diesem Sinne ist das Gravitationsgesetz der Newton'schen Physik nach Cartwright falsch. Sie schreibt:

> „Etwas sorgfältiger formuliert lautet das Gesetz der universellen Gravitation ungefähr so:
> *Wenn* keine anderen Kräfte außer der Gravitation vorhanden sind, *dann* üben zwei Körper eine Kraft aufeinander aus, die entgegengesetzt zum Quadrat des Abstandes zwischen ihnen variiert und die direkt mit dem Produkt ihrer Massen variiert.
> Ich lasse zu, dass dieses Gesetz ein wahres Gesetz ist, oder zumindest eines, das innerhalb einer gegebenen Theorie für wahr gehalten wird. Aber es ist kein besonders nützliches Gesetz. Eine der wesentlichen Aufgaben des Gravitationsgesetzes ist, dazu beizutragen, die Kräfte zu erklären, die auf Gegenstände in verschiedenen komplexen Umständen einwirken. *Dieses* Gesetz kann nur in sehr einfachen, oder idealen, Umständen etwas erklären. Es kann nur dann erklären, wieso die Kraft so ist, wie sie ist, wenn lediglich die Gravitation auftritt; aber es hilft nicht für die Fälle, in denen sowohl Gravitation als auch Elektrizität von Belang sind. Wenn einmal die *Ceteris-paribus*-Einschränkung hinzugefügt wird, ist das Gravitationsgesetz irrelevant für die komplexeren und interessanten Situationen" ([7–1], S. 57–58, eigene Übersetzung).

Die Gesetze der Physik sind also, wenn sie mit einer *Ceteris-paribus*-Klausel versehen werden, nicht falsch, sondern der Einwand von Cartwright ist, dass sie dann nutzlos sind. Das Problem, auf das Cartwright aufmerksam macht, ist dieses: In jeder realen Situation sind mehr Faktoren beteiligt als diejenigen, welche in einem einfachen Gesetz erfasst werden. Reale Situationen, welche von nur einem einfachen Gesetz beschrieben werden können, gibt es quasi nicht. Dieses Problem ist anerkannt. Die Konsequenz, die Cartwright daraus zieht, ist jedoch sehr umstritten (siehe zur Diskussion zum Beispiel [7–2], Kapitel II.2 und II.3). Dieser Konsequenz kann man beispielsweise entgegenhalten, dass es möglich sein könnte, eine reale Situation durch eine Kombination mehrerer einfacher Gesetze zu beschreiben (siehe dazu auch [7–3]). Diese Gesetze könnten so miteinander zusammenhängen, dass sie in einer grundlegenden Theorie der Natur miteinander verbunden werden können. Ich werde auf dieses Thema in Kapitel VIII.1 zurückkommen.

b) Der Gesetzes-Realismus

Universalien-Realismus

Man kann im Wesentlichen zwei Typen von Antworten auf die Frage, was Naturgesetze sind, unterscheiden: Der eine Typ von Antwort ist, dass es Naturgesetze als solche selbst gibt; der andere Typ von Antwort ist, dass Naturgesetze auf etwas zurückgeführt werden können, das als solches selbst kein Naturgesetz ist. (Für eine Übersicht über die heute vertretenen Positionen siehe die Texte in [7–4].) Die Position, dass Gesetze als solche selbst reale Züge der Welt sind, gilt als *Gesetzes-Realismus*. Der Begriff „Realismus" wird in diesem Zusammenhang in einem weitaus engeren Sinne gebraucht, als es beispielsweise in Kapitel I geschah, wo von einem realistischen Verständnis der Gegenstände der Naturwissenschaften die Rede war. Der letztere Sinn von „Realismus" bezieht sich auf die Frage, ob die von den Naturwissenschaften beschriebenen Gegenstände existieren und ob die Wahrheit oder Falschheit naturwissenschaftlicher Theorien von der Beschaffenheit von Gegenständen abhängt, die unabhängig von diesen Theorien existieren. Der Ausdruck „Gesetzes-Realismus" bezieht sich hingegen lediglich auf die Frage, ob es Gesetze als etwas an sich selbst Existierendes gibt.

Der Gesetzes-Realismus ist ein Universalien-Realismus. Wir kommen an diese Position am besten durch die Frage heran, was Eigenschaften sind. Eigenschaften sind im Unterschied zu Eigennamen etwas, das unbegrenzt viele Dinge gemeinsam haben können. „Fido" ist ein Eigenname für ein Ding (Ding im Sinne eines Subjekts der Prädikation von Eigenschaften); aber die Eigenschaft, ein Hund zu sein, ist etwas, welches das betreffende Ding mit vielen anderen Dingen gemeinsam hat. Was heißt es, diese Eigenschaft mit vielen anderen Dingen gemeinsam zu haben? Ein Universalien-Realist sagt, dass es die eine Eigenschaft, ein Hund zu sein, gibt und dass diese eine Eigenschaft von Fido und allen und nur seinen Artgenossen instantiiert wird. Sie ist das, was Fido mit allen und nur seinen Artgenossen gemeinsam hat und durch das diese alle Hunde sind.

Man kann diese Position so konzipieren, dass es Universalien als eigenständige Entitäten jenseits der Dinge in Raum und Zeit gibt. In diesem Fall gibt es eine Universalie „Hund", an der alle Hunde partizipieren. Dadurch, dass diese Wesen in einer Beziehung der Teilhabe zu der Universalie „Hund" stehen, sind sie Hunde. Das ist die Variante des Universalien-Realismus, die auf Platon zurückgeht. Ihr Hauptproblem ist, die Beziehung der Teilhabe verständlich zu machen (siehe dazu schon [7–5], 130e-133a).

Die andere Möglichkeit, einen Universalien-Realismus zu vertreten, ist zu sagen, dass die Universalien den Dingen selbst innewohnen. Fido und Bella sind beides Hunde, weil die Universalie „Hund" jedem von beiden innewohnt. Gemäß dieser Position gibt es Universalien nur, insofern es einzelne Dinge gibt, denen die betreffenden Universalien innewohnen. Die Eigenschaft „Hund" als Universalie ist also daran gebunden, dass es Hunde gibt. Diese Form des Universalien-Realismus wird auf Aristoteles zurückgeführt (siehe insbesondere [1–1], Buch 7; für eine heute vertretene Variante dieser Position siehe [7–6]). Das Hauptproblem dieser Position ist, verständlich zu machen, wie es in Partikulärem, den einzelnen Dingen, etwas geben kann, das nicht etwas Partikuläres ist, sondern eine Universalie sein soll.

Armstrong, Dretske, Tooley

Wenn man annimmt, dass es Eigenschaften als Universalien gibt, dann kann man die Ansicht vertreten, dass Naturgesetze Beziehungen zwischen Universalien sind. Prominente Exponenten dieser Position sind der Australier David Armstrong, der Amerikaner Fred Dretske und der Australier Michael Tooley ([7–7]; [7–8]; [7–9], Teil 2). Man muss in dieser Position scharf zwischen Gesetzen und Gesetzesaussagen unterscheiden. Gesetzesaussagen haben das Ziel, die Beziehungen, die zwischen Eigenschaften als Universalien bestehen, zum Ausdruck zu bringen. Gesetze sind dasjenige, was Gesetzesaussagen wahr macht. Unsere Gesetzesaussagen verfehlen dieses

Ziel aber häufig, weil es oft kein Gesetz gibt, das der betreffenden Gesetzesaussage entspricht. Umgekehrt gibt es viele Gesetze, die wir nie in Gesetzesaussagen erfassen werden.

Beziehung des Notwendig-Machens zwischen Universalien

Kommen wir auf die Aussage (3) zurück, gemäß der immer, wenn etwas *F* ist, es *G* ist. Wenn (3) ein Naturgesetz zugrunde liegt, dann besteht eine Beziehung zwischen den Eigenschaften *F* und *G* als Universalien. Das ist eine Beziehung dergestalt, dass *F* *G* notwendig macht. Wir können diese Beziehung so ausdrücken:

5. N (*F*, *G*)

Diese Beziehung des Notwendig-Machens (necessitation) zwischen *F* und *G* ist ebenfalls eine Universalie. Es handelt sich dabei um eine Universalie zweiter Ordnung (oder um eine Tatsache über Universalien statt einer Tatsache über Partikuläres). Diese Position ist mit einer Reihe von eng miteinander zusammenhängenden Problemen konfrontiert:

- Was soll eine Beziehung des Notwendig-Machens zwischen *F* und *G* als Universalien sein? Was ist diese Beziehung, wenn sie nicht auf die All-Aussage „Immer wenn etwas *F* ist, ist es *G*" reduzierbar sein soll?
- Wie kann es sich bei dieser Beziehung einerseits um eine Beziehung des Notwendig-Machens handeln, die aber andererseits kontingent ist? Um Naturgesetze von logischen und mathematischen Gesetzen abgrenzen zu können, muss diese Beziehung so gedacht werden, dass sie zwischen denselben Universalien nur in einigen, aber nicht in allen möglichen Welten besteht.
- Wie kann diese Position Wahrscheinlichkeitsgesetze berücksichtigen? Um Wahrscheinlichkeitsgesetzen Rechnung zu tragen, müssen Notwendigkeitsbeziehungen zwischen Universalien angenommen werden, welche die Eigenschaft *F* als Universalie nur mit einer quantifizierbaren Wahrscheinlichkeit mit der Eigenschaft *G* als Universalie verbinden (vergleiche [7–7], Kapitel 9, und [7–9], Kapitel 4).
- Wie kann das Problem der *Ceteris-paribus*-Klauseln gelöst werden? Eine mögliche Antwort ist, dass man sich auf ein ganzes Netz von Universalien bezieht. Die Beziehung des Notwendig-Machens besteht nur von *F* zu *G*, aber nicht von *F* in Verbindung mit *H* zu *G*.
- Was ist das Verhältnis von (5) und (3)? Wie kann man aus Aussagen über Beziehungen zwischen Universalien Aussagen deduzieren, die über Partikuläres quantifizieren?
- Wie können wir einen erkenntnismäßigen Zugang zu Naturgesetzen als Beziehungen zwischen Universalien haben?

Ob eine Theorie von Naturgesetzen als Beziehungen zwischen Universalien eine Regularität wie (3) erklärt, statt sie einfach festzustellen und damit nicht zwischen zufälligen und gesetzesartigen Regularitäten unterscheiden zu können, hängt davon ab, ob und wie man eine Beziehung des Notwendig-Machens zwischen Universalien plausibel machen kann.

c) Der Gesetzes-Reduktionismus

Gesetze als Gesetzesaussagen

Die Gegenposition zum Gesetzes-Realismus im genannten Sinne, die zugleich der am weitesten verbreitete Typ von Antworten auf die Frage danach ist, was Naturgesetze sind, ist ein „Gesetzes-Reduktionismus". (Ich übernehme den Gebrauch der Begriffe „Realismus" und „Reduktionismus" in diesem Zusammenhang aus [7–10], Einleitung). Mit „Reduktionismus" ist hier gemeint, dass es keine Gesetze als solche selbst in der Natur gibt. Gesetze sind auf andere Züge der Natur, die als solche selbst keine Gesetze sind, zurückzuführen. Gesetze sind nichts weiter als wahre Gesetzesaussagen. Wenn es ein Naturgesetz ist, dass alle *F* auch *G* sind, dann heißt das nicht mehr und nicht weniger, als dass die Aussage „Alle *F* sind *G*" wahr ist. Ein Gesetzes-Reduktionist kann die Position vertreten, dass solche Aussagen durch die Weise, wie die Eigenschaften in der Welt verteilt sind, wahr gemacht werden. Wenn die Eigenschaften in der Welt so verteilt sind, dass *F*-Eigenschaften immer zusammen mit *G*-Eigenschaften auftreten, dann ist die Aussage „Alle *F* sind *G*" aufgrund dieser Eigenschaftsverteilung wahr. Auch ein Gesetzes-Reduktionist kann somit der Auffassung sein, dass es von der Welt abhängt, ob etwas ein Naturgesetz ist: *Gesetze sind supervenient bezüglich der Eigenschaftsverteilungen in der Welt.* Eigenschaftsverteilungen in der Welt können mithin so sein, dass sie gesetzesartig sind.

Supervenienz

„Supervenienz" ist ein in der heutigen Philosophie vielfach angewendetes Konzept. Betrachten wir das folgende Beispiel: Zwei Männer aus gleichem sozialen Milieu brechen jeder in eine Bäckerei ein und rauben die Tageseinnahmen; die Umstände der beiden Einbrüche und die Beute sind gleich. Beide Einbrecher werden gefasst und werden vor Gericht gestellt. Unser Gerechtigkeitssinn sagt uns, dass beide Männer die gleiche Strafe verdienen. In diesem Fall behaupten wir, dass moralische Merkmale – hier die moralische Beurteilung der beiden Einbrüche – auf deskriptiven Merkmalen – hier die Beschreibung der beiden Einbrüche und deren Umstände – supervenieren. Falls die beiden Fälle moralisch verschieden beurteilt werden sollten, muss es auch einen deskriptiven Unterschied zwischen ihnen geben. Andererseits können aber verschiedene deskriptive Merkmale durchaus zu der gleichen moralischen Beurteilung führen. Jemand, der in eine Bäckerei einbricht, und jemand, der eine Nötigung verübt, mögen moralisch die gleiche Strafe verdient haben.

Allgemein und kurz gefasst kann man Supervenienz in folgender Weise verstehen (siehe für Überblicksdarstellungen [7–11] und [7–12]): Wir betrachten zwei Bereiche von Eigenschaften *A* und *B*. Die Eigenschaften des Bereichs *B* sind genau dann supervenient bezüglich der Eigenschaften des Bereichs *A*, wenn Folgendes gilt: Für irgend zwei Fälle, wenn in zwei Fällen die *A*-Eigenschaften gleich sind, dann sind auch die *B*-Eigenschaften gleich. Das Umgekehrte gilt nicht. Daraus folgt: Für irgend zwei Fälle, wenn in zwei Fällen die *B*-Eigenschaften unterschiedlich sind, dann gibt es auch einen Unterschied in den *A*-Eigenschaften. Von *globaler Supervenienz* spricht man, wenn man die *A*-Eigenschaften und die *B*-Eigenschaften insgesamt genommen betrachtet, das heißt ihre Verteilung in jeweils ganzen möglichen Welten. Wenn in zwei möglichen Welten die Verteilung der *A*-Eigenschaften gleich ist, dann ist auch die Verteilung der *B*-Eigenschaften gleich. Auf etwas anderem zu supervenieren, bedeutet nicht, eine Existenz zweiter Klasse zu haben. Das, was auf etwas anderem superveniert, ist genauso wirklich wie dasjenige, auf dem es superveniert. Damit überhaupt eine Supervenienz-Beziehung formuliert werden kann, müssen sowohl die *A*-Eigenschaften als auch die *B*-Eigenschaften existieren. Es gibt keine Grade von Existenz.

Symmetrien

Kommen wir auf die Frage nach Gesetzen zurück: Auch ein Gesetzes-Reduktionist kann der Meinung sein, dass die Eigenschaft, gesetzesartig zu sein, auf Eigenschaften superveniert, die es objektiv in der Welt gibt. Die hier relevante Supervenienz-Beziehung ist globale Supervenienz. Das heißt, wir müssen die Weise betrachten, wie physikalische Eigenschaften über die ganze Welt verteilt sind. Wichtig sind in diesem Zusammenhang Symmetrien. Symmetrien sind die Grundlage für Erhaltungsgesetze. Man kann sagen, dass Erhaltungsgesetze auf Symmetrien supervenieren. Beispielsweise ist die Homogenität der Zeit die Grundlage für das Gesetz der Erhaltung der Energie, die Homogenität des Raumes die Grundlage für das Gesetz der Erhaltung des Impulses und die Isotropie des Raumes die Grundlage für das Gesetz der Erhaltung des Drehimpulses. Symmetrien allgemein wiederum kann man so verstehen, dass diese in der Weise, wie bestimmte Eigenschaften in der Welt insgesamt angeordnet sind, bestehen (siehe zu Symmetrien in der Natur generell [7–13]).

Gesetzes-Reduktionismus ohne Eigenschaften als Universalien

Wenn auch in dieser Charakterisierung des Gesetzes-Reduktionismus auf Eigenschaften Bezug genommen wird, so braucht ein Gesetzes-Reduktionist doch nicht Eigenschaften als Universalien zu akzeptieren. Eine gängige Ersatz-Theorie für Eigenschaften als Universalien ist die Theorie der Tropen. Tropen sind abstraktes Partikuläres. Diese Instantiation einer *F*-Eigenschaft hier (die Röte von diesem Kissen hier) und jene Instantiation einer *F*-Eigenschaft dort (die Röte von jenem Kissen dort) sind zwei *F*-Tropen, die qualitativ identisch, aber nummerisch verschieden sind. Eine Aussage vom Typ „Alle *F* sind *G*" ist aufgrund dessen wahr, dass alle *F*-Tropen zusammen mit *G*-Tropen auftreten (siehe zur Theorie der Tropen [7–14] und [7–15]).

Unrealisierte Möglichkeiten?

Das Hauptproblem für einen Gesetzes-Reduktionismus ist, Gesetze von akzidentiellen Verallgemeinerungen zu unterscheiden. Kommen wir auf das oben genannte Beispiel zurück: Immer wenn die Eigenschaft, eine Kugel aus Gold zu sein, auftritt, mag auch die Eigenschaft, weniger als einen Kilometer Durchmesser zu haben, auftreten. Dennoch ist die Aussage „Jede feste Kugel aus Gold hat weniger als einen Kilometer Durchmesser" zwar eine wahre Aussage, aber keine Gesetzesaussage. Eine Möglichkeit, diese Unterscheidung im Rahmen eines Gesetzes-Reduktionismus aufzunehmen, ist zu sagen, dass es in der Welt als solcher selbst unrealisierte Möglichkeiten gibt im Sinne von Arten von Dispositionen, die niemals aktualisiert werden. Eine feste Kugel aus Gold mit einem Durchmesser von einem Kilometer oder mehr ist eine in unserer Welt unrealisierte Möglichkeit. Eine feste Kugel aus dem Uranisotop 235 mit einem Durchmesser von einem Kilometer oder mehr ist hingegen etwas, das in unserer Welt gar nicht auftreten könnte. Die Möglichkeiten oder Dispositionen, die in unserer Welt bestehen, legen dementsprechend fest, was für Gesetze in unserer Welt gelten. Gesetze im Sinne von Gesetzesaussagen sind nicht supervenient bezüglich der faktischen Eigenschaftsverteilung in der Welt, sondern bezüglich der möglichen Eigenschaftsverteilungen. Das Modell des Universums, das der kanadische Philosoph Storrs McCall entwirft, ist ein Beispiel für eine solche Position ([7–16], Kapitel 3).

Für diese Lösung des Problems, zwischen gesetzesartigen und zufälligen Regularitäten zu unterscheiden, muss man einen Preis zahlen: Man muss unrealisierte Möglichkeiten im Sinne von *Typen* von Dispositionen, die nie aktualisiert werden, als etwas anerkennen, das in der Welt als solcher selbst vorhanden ist. Dieser Preis mag ähnlich hoch erscheinen wie der, die Existenz von Universalien gutzuheißen. Wie man sagen kann, dass man im letzteren Falle eine undurchschaubare Beziehung des Notwendig-Machens zwischen Universalien akzeptieren muss, so kann man sagen, dass man im ersteren Falle ein undurchschaubares Etwas anerkennen muss, aufgrund dessen in der Welt mehr Arten von Möglichkeiten angelegt sind, als in ihr jemals realisiert werden.

Das Problem ist nicht, dass es objektiv Dispositionen von Dingen geben kann, die nicht aktualisiert werden. Beispielsweise hat ein Stück Zucker die Disposition, in Wasser aufgelöst zu werden, auch wenn das betreffende einzelne Stück Zucker nie mit Wasser in Kontakt kommt. Die unrealisierten Möglichkeiten, auf welche die hier betrachtete Position festgelegt ist, sind Typen von Ereignissen, die niemals eintreten, aber doch in der Welt selbst angelegt sind. In dieser Position treten Dispositionen in einer solchen Weise auf, dass man darauf festgelegt ist, Dispositionen ohne eine kategoriale Grundlage zu akzeptieren. Das sind Dispositionen, für die es keine nicht-dispositionalen Eigenschaften gibt, auf denen sie supervenieren. Im Beispiel des Stücks Zucker superveniert die Wasserlöslichkeit hingegen auf dessen molekularer Struktur. Man kann die Ansicht vertreten, dass die molekulare Struktur als solche selbst keine dispositionale Eigenschaft ist. Dispositionen ohne eine Supervenienz-Basis kategorialer Eigenschaften anzuerkennen führt zu metaphysischen Problemen. Unter anderem wird eingewendet, dass man dann, wenn man Dispositionen ohne eine kategoriale Basis gutheißt, darauf festgelegt ist, eine nackte Ähnlichkeits-Beziehung zwischen möglichen Welten anzuerkennen; das ist eine Ähnlichkeits-Beziehung, die auf keinerlei qualitativen Merkmalen superveniert (siehe [7–17], S. 90–99).

Gesetze als einfachste und gehaltreichste Beschreibung der Welt

Die gängige empiristische Position erklärt den Unterschied zwischen gesetzesartigen und akzidentiellen Verallgemeinerungen, ohne auf unrealisierte Möglichkeiten Bezug zu nehmen. Gesetze sind Regularitäten im Sinne wahrer Verallgemeinerungen. Bei dem Unterschied zwischen Gesetzesaussagen und akzidentiellen Verallgemeinerungen handelt es sich um eine Frage dessen, wie die Welt am einfachsten und gehaltreichsten beschrieben wird. Gesetzesaussagen unterscheiden sich von akzidentiellen Verallgemeinerungen alleine durch die größere Bedeutung (Funktion), welche erstere im besten System des Wissens von der Welt haben. Gesetze sind diejenigen Regularitäten (universelle Aussagen), welche einen großen Bereich von Vorkommnissen auf die einfachste Weise abdecken, das heißt, welche Einfachheit mit großem Informationsgehalt verbinden und dadurch am meisten mit anderen Aussagen im System des Wissens vernetzt sind. Auch in dieser Position kann es von der Welt abhängen, was Gesetze im Unterschied zu akzidentiellen Verallgemeinerungen sind. Das ist dann der Fall, wenn es auf der Verteilung der Eigenschaften in der Welt superveniert, was das beste System des Wissens über die Welt ist. Das beste System des Wissens ist nicht identisch mit unserem Stand des Wissens: Wenn sich unser Wissen ändert, ändert sich dadurch das, was wir für Naturgesetze halten, nicht aber das, was die Naturgesetze sind. Es ist fraglich, ob diese Sicht von Gesetzen ohne Bezugnahme auf Dispositionen auskommt (siehe dazu [7–3], [7–18], Kapitel 2, und [7–19]). Die Dispositionen, auf die gegebenenfalls Bezug genommen werden muss, sind jedoch nicht ontologisch kontrovers: Es ist keine Festlegung auf Dispositionen ohne eine kategoriale Basis erforderlich.

Die Position von Lewis

David Lewis ist der bekannteste zeitgenössische Vertreter dieser Position (siehe insbesondere [7–20], S. 73–75; [4–39], S. XI–XVI, 121–131). Diese Sicht von Gesetzen steht bei Lewis im Zusammenhang mit seiner These Hume'scher Supervenienz (siehe dazu das Zitat von Lewis in Kapitel V.1): Auch die Gesetze supervenieren auf der Weise, wie intrinsische physikalische Eigenschaften an Punkten der Raum-Zeit in der ganzen Welt verteilt sind. Lewis fasst diese Sicht von Gesetzen folgendermaßen zusammen:

> „Betrachten wir alle deduktiven Systeme, deren Theoreme wahr sind. Einige sind einfacher, besser systematisiert als andere. Einige sind stärker, informativer als andere. Diese Eigenschaften stehen in Wettbewerb miteinander: Ein uninformatives System kann sehr einfach sein, ein unsystematisiertes Kompendium von gemischten Informationen kann sehr informativ sein. Das beste System ist dasjenige, welches, so gut wie es die Wahrheit zulässt, eine Balance zwischen Einfachheit und Stärke erreicht. Wie gut diese Balance ist, wird davon abhängen, wie zuvorkommend die Natur ist. Eine Regelmäßigkeit ist genau dann ein Gesetz, wenn sie ein Theorem des besten Systems ist" ([7–21], S. 478, eigene Übersetzung).

Die Aufgabe ist also, das Wissen von der Welt in der Weise zu systematisieren, dass Einfachheit mit Informationsgehalt ausbalanciert wird. Gesetze sind durch ihre Position in dem System definiert, das dieses am besten erreicht. In dieser Position findet das Problem, wieso unsere Gesetzesaussagen – und insbesondere die in mathematischer Sprache formulierten Gesetzesaussagen – so gut auf die Welt passen (vergleiche [7–22]), eine einfache Antwort: Diese Gesetzesaussagen sind deshalb so effizient, weil sie das – vorläufige – Ergebnis des Bemühens sind, Einfachheit und Informationsgehalt in unserer Beschreibung der Welt miteinander zu verbinden. Damit ist zunächst nichts über die Welt als solche selbst ausgesagt, sondern nur etwas über eine effiziente Methode ihrer Beschreibung. Würde man den Informationsgehalt erhöhen, ginge das auf Kosten der Einfachheit (und umgekehrt), und dann wären unsere Gesetzesaussagen weniger effizient.

Probleme für Lewis' Position

Schauen wir uns kurz an, wie David Lewis im Rahmen seiner These der Hume'schen Supervenienz auf die beiden wichtigsten Einwände gegen diese Sicht von Gesetzen reagiert:

1. *Subjektivismus*: Dieser Position zufolge scheint es von unseren Präferenzen abhängig zu sein, was ein Naturgesetz ist. Denn was einfach ist, was gehaltreich ist und was die beste Balance zwischen diesen beiden Faktoren in einem System wahrer Aussagen über die Welt ist, scheint von unseren Meinungen über Einfachheit, Informationsgehalt und deren Balance abzuhängen. Naturgesetze auf der anderen Seite sind etwas, das nicht durch unsere Meinungen darüber, ob etwas ein Gesetz ist oder nicht, bestimmt ist. Lewis vertritt jedoch die Auffassung, dass wir auch unabhängig von der von ihm favorisierten Sicht von Gesetzen gut beraten sind, anzunehmen, dass es natürliche Eigenschaften gibt (siehe insbesondere [7–23]). Ein Hund zu sein ist ein Beispiel für eine natürliche Eigenschaft, nicht aber ein-Hund-oder-unter-dem-Eiffelturm-eine-Katze zu sein. Vor diesem Hintergrund meint Lewis, dass die Standards dafür, was einfach ist, was gehaltreich ist und was die beste Balance zwischen diesen beiden Faktoren ist, nicht von uns willkürlich gesetzt werden, auch wenn es mehrere solcher Standards geben mag. Er gelangt schließlich zu der Behauptung, dass genau ein bestes System wahrer Aussagen auf der Beschaffenheit der Welt superveniert, welches sich unter allen vertretbaren Standards für Einfachheit, Informationsgehalt und deren Balance bewährt (siehe insbesondere [7–21], S. 479). Sollten wir einmal mit zwei Systemen konfrontiert sein, die in dieser Hinsicht gleich gut zu sein scheinen, wäre Lewis' Position damit noch nicht widerlegt. Eine solche Situation könnte auch darauf zurückzuführen sein, dass wir noch nicht die richtigen Kriterien gefunden haben, um zu einer rationalen Entscheidung zwischen den betreffenden beiden Systemen zu gelangen (vergleiche [7–24]).

2. *Objektive Wahrscheinlichkeiten*: Wenn eine Balance zwischen den Prinzipien der Einfachheit und des Informationsgehalts gegeben ist, supervenieren deterministische Gesetze auf der Verteilung von intrinsischen Eigenschaften an Punkten der Raum-Zeit; ebenso führt Lewis Wahrscheinlichkeitsgesetze auf objektive Wahrscheinlichkeiten für einzelne Ereignisse zurück. Objektiv sind Wahrscheinlichkeiten, die auf keinem Wissensmangel unsererseits beruhen. Die Frage, die Lewis als ein gravierendes Problem anerkennt, ist, ob diese Wahrscheinlichkeiten auf der Verteilung intrinsischer, nicht-dispositionaler Eigenschaften supervenieren. Lewis' Zugang zu objektiven Wahrscheinlichkeiten ist das folgende Prinzip: Dasjenige, was zu einer bestimmten objektiven Wahrscheinlichkeit für ein Ereignis führt, macht es zugleich rational, eine Aussage, die dieses Ereignis beschreibt, mit einem entsprechenden Grad zu glauben. Wenn eine nicht manipulierte Münze unter normalen Umständen geworfen wird, dann haben die Ergebnisse Kopf und Zahl je eine Wahrscheinlichkeit von 0,5 und dann ist es rational, eine Aussage, die das jeweilige Ergebnis beschreibt, mit einem Grad von 0,5 zu glauben. Diejenigen Faktoren, die zu diesen Wahrscheinlichkeiten führen, machen es zugleich rational, Überzeugungen mit den entsprechenden Glaubensgraden anzunehmen. Lewis betrachtet dieses Prinzip als unseren einzigen Zugang zu objektiven Wahrscheinlichkeiten. Er argumentiert in [7–21], dass objektive Wahrscheinlichkeiten für einzelne Ereignisse auf der Verteilung intrinsischer Eigenschaften über der *gesamten* Raum-Zeit supervenieren. Das heißt, gegeben einen Punkt der Raum-Zeit,

können die objektiven Wahrscheinlichkeiten für das, was an diesem Punkt der Fall ist, auch von der Verteilung der Eigenschaften im Zukunfts-Lichtkegel dieses Punktes abhängen. Das ist eine Häufigkeits-Interpretation von Wahrscheinlichkeit, aber eine, welche alle Ereignisse in der gesamten Raum-Zeit berücksichtigt. Objektive Wahrscheinlichkeiten sind somit immer globale, nie lokale Merkmale. Für die Rationalität unserer Überzeugungen können allerdings nur die Wahrscheinlichkeiten, die an dem betreffenden Punkt bekannt sein können, maßgebend sein. Kurz gefasst: Die Rationalität unserer Überzeugungen hängt nur von den objektiven Wahrscheinlichkeiten ab, insofern diese Wahrscheinlichkeiten durch das, was uns zugänglich ist, festgelegt sind.

Die Probleme, welche sich für Lewis' Hume'sche Supervenienz aus der Quantentheorie ergeben, haben keine Auswirkungen auf dessen Sicht von Gesetzen. Wie in Kapitel V.2 und VI.1 argumentiert wurde, müssen wir Folgendes sagen, wenn wir die Quantentheorie einbeziehen: Die Supervenienz-Basis besteht nicht in der Verteilung von intrinsischen, sondern in der Verteilung von relationalen Eigenschaften an Raum-Zeitpunkten über der gesamten Raum-Zeit; statt sich auf einen Punkt (oder ein physikalisches System) zu beziehen, enthalten diese Eigenschaften eine Bezugnahme auf mehrere Punkte (oder mehrere physikalische Systeme). Diese Veränderung ist jedoch nicht entscheidend für die philosophischen Themen, um die es Lewis geht; denn das, was für diese Themen einschließlich der Theorie der Naturgesetze relevant ist, ist die globale Verteilung physikalischer Eigenschaften über der gesamten Raum-Zeit.

Bewertung der Sichtweise von Naturgesetzen

Wie sollen wir die beiden angesprochenen Sichtweisen von Naturgesetzen bewerten? Man mag es für fraglich halten, ob die zuletzt vorgestellte empiristische Position allen unseren Intuitionen über Naturgesetze gerecht wird. Die Alternativen führen jedoch zu zweifelhaften ontologischen Festlegungen: Entweder muss man die Existenz von Universalien und mit diesen eine unerläuterte Relation des Notwendig-Machens zwischen Universalien anerkennen, oder man muss akzeptieren, dass es in der Welt als solcher selbst unrealisierte Möglichkeiten im Sinne von Typen von Dispositionen gibt, die nie manifest werden.

d) Gibt es überhaupt Naturgesetze?

Die Position von van Fraassen

Zu den beiden diskutierten wesentlichen Typen von Antworten auf die Frage, was Naturgesetze sind, gibt es eine dritte Alternative: Man kann bestreiten, dass es überhaupt Naturgesetze gibt als etwas, das in irgendeiner Weise in der Welt verankert ist. Es mag sein, dass Naturgesetze ausschließlich auf die Seite des Instrumentariums gehören, das wir benutzen, um die Welt zu beschreiben, ohne dass diesem Teil unseres Instrumentariums etwas in der Welt entspricht.

Eine viel diskutierte Position in diesem Sinne ist der *konstruktive Empirismus* des Princetoner Wissenschaftsphilosophen Bas van Fraassen ([7–25] und [7–26], insbesondere Kapitel 8 und 9; siehe ferner [7–27]). Van Fraassen verbindet seinen konstruktiven Empirismus mit einer semantischen

Sicht wissenschaftlicher Theorien. Die semantische Sicht wissenschaftlicher Theorien impliziert allerdings als solche selbst nicht die Position, dass es keine Naturgesetze gibt. Gemäß der semantischen Sicht ist eine Theorie kein System von Sätzen, die deduktiv zusammenhängen, sondern eine Klasse von Modellen dessen, wie die Welt sein könnte. Nach van Fraassen beziehen sich Gesetze ausschließlich auf die Struktur der Modelle und nicht auf die Natur. Was sich auf die Natur bezieht und wahr oder falsch ist, das ist der Inhalt der Modelle im Unterschied zu deren Struktur. Die Modelle sind gemäß dem Kriterium der emprischen Adäquatheit zu bewerten. Ein Modell ist genau dann empirisch adäquat, wenn es alle beobachtbaren Phänomene in dem betreffenden Bereich erfasst. Empirische Adäquatheit impliziert nicht Wahrheit. Denn der Inhalt jedes Modells reicht über die beobachtbaren Phänomene hinaus. Van Fraassens konstruktiver Empirismus läuft auf einen Agnostizismus in Bezug auf Wahrheit hinaus. An die Stelle von Wahrheit tritt empirische Adäquatheit als Bewertungskriterium für wissenschaftliche Theorien und Ziel der wissenschaftlichen Forschung.

Ich möchte es hier bei diesem Hinweis auf diese Position belassen. Die weitere Diskussion würde uns in die Kontroverse um wissenschaftlichen Realismus und Relativismus hineinführen, die gemäß der Themenabgrenzung im ersten Kapitel nicht Gegenstand dieser Einführung in die Naturphilosophie sein soll.

2. Was ist Kausalität?

Ist Kausalität irreduzibel?

Die vielleicht wichtigste Art von Naturgesetzen sind Kausalgesetze. Der englische Philosoph John Mackie (1917–1981) hat ein wichtiges Buch mit dem Titel *Der Zement des Universums. Eine Studie zur Kausalität* geschrieben [7–28]. Ob Kausalität wirklich der Zement des Universums ist, ist jedoch umstritten. Wir haben in den vorangehenden beiden Kapiteln noch zwei weitere Kandidaten für etwas kennen gelernt, das die Welt physikalisch zusammenhält: raum-zeitliche Beziehungen und die Beziehungen der Zustandsverschränkung zwischen Quantensystemen. Wie die Diskussion relationaler Theorien der Raum-Zeit und die Interpretation der Quantentheorie gezeigt haben, ist es bei diesen beiden Arten von Beziehungen nicht ersichtlich, wie sie auf etwas anderes zurückgeführt werden könnten; offen ist auch das Verhältnis zwischen diesen beiden Arten von Beziehungen untereinander. Im Falle der Kausalität hingegen ist es fraglich, ob wir Kausalbeziehungen zusätzlich zu raum-zeitlichen Beziehungen und den Beziehungen der Zustandsverschränkung als etwas akzeptieren müssen, das die Welt physikalisch zusammenhält. David Lewis' Position der Hume'schen Supervenienz zum Beispiel erkennt nur raum-zeitliche Beziehungen zwischen Eigenschaften an Raum-Zeit-Punkten an. Kausalbeziehungen supervenieren auf der Verteilung der grundlegenden physikalischen Eigenschaften an Raum-Zeit-Punkten (siehe insbesondere [4–39], S. XI–XIII). Wir können diese Positionen wiederum mit den Begriffen „Realismus" und „Reduktionismus" im Sinne von Kapitel VII.1.b kennzeichnen:

Ein Realist in Bezug auf Kausalität vertritt die Position, dass es Kausalbeziehungen als einen fundamentalen Zug in der Welt gibt. Ein Reduktionist akzeptiert zwar Kausalbeziehungen als etwas, das es in der Welt gibt; aber er bemüht sich, zu zeigen, dass Kausalität auf andere, grundlegendere Merkmale der Welt zurückgeführt werden kann.

Kausalität gebunden an Gesetze

Es gibt zwei grundlegende Sichtweisen von Kausalität: Die eine bindet Kausalität an Naturgesetze (Regularitätstheorie der Kausalität), die andere hält Beziehungen zwischen einzelnen Ereignissen ohne den Rekurs auf Gesetze für hinreichend für Kausalität (für eine Übersicht siehe die Texte in [7–10], [7–29] und [7–30]). Diese Unterscheidung steht konträr zu der Unterscheidung zwischen Realismus und Reduktionismus in Bezug auf Kausalität: Ob eine Sicht an Gesetze gebundener Kausalität ein Realismus oder ein Reduktionismus ist, hängt davon ab, was für eine Sicht von Naturgesetzen man vertritt. Das Entsprechende gilt für die Position, dass eine Kausalbeziehung zwischen einzelnen Ereignissen auch unabhängig von Gesetzen bestehen kann.

Wenn man eine kausale Beziehung zwischen zwei Ereignissen als davon abhängig ansieht, dass die betreffende Beziehung zwischen den beiden Ereignissen einem Gesetz gemäß ist, dann stellen sich die gleichen Probleme und dann stehen die gleichen Positionen offen, die in Bezug auf Naturgesetze generell bestehen. Wiederum ist es eine große Schwierigkeit, gesetzmäßige von zufälligen Regularitäten zu unterscheiden. Die zeitliche Aufeinanderfolge von zwei Ereignissen ist kein hinreichendes Kriterium für eine Kausalbeziehung. Die betreffenden Ereignisse können beide durch ein drittes Ereignis als deren gemeinsame Ursache hervorgebracht sein, oder es kann sich um eine zufällige Aufeinanderfolge handeln. Gemäß einer Regularitätstheorie der Kausalität ist es eine notwendige Bedingung für eine Kausalbeziehung zwischen zwei Ereignissen *A* und *B*, dass eine Regularität zwischen den betreffenden Typen von Ereignissen besteht: Immer wenn ein Ereignis vom Typ *A* stattfindet, findet auch ein Ereignis vom Typ *B* statt (oder ist ein Ereignis vom Typ *B* wahrscheinlich). Um daraus ein hinreichendes Kriterium für eine Kausalbeziehung zu gewinnen, muss zumindest etwas angegeben werden, durch das sich diese Regularität (a) von einem zufälligen Zusammenhang und (b) von einer anderen Art von Regularität als einer kausalen unterscheidet. Der bekannteste zeitgenössische Vertreter einer Regularitätstheorie der Kausalität ist der amerikanische Philosoph Donald Davidson (*1917) (siehe insbesondere [7–31]). John Mackie kritisiert in dem oben erwähnten Buch die Regularitätstheorie der Kausalität: Anhand von Gegenbeispielen argumentiert er, dass kein Kriterium vorliegt, welches kausale Regularitäten von anderen Regularitäten zureichend abgrenzt ([7–28], Kapitel 3). Es gibt jedoch neuere Versionen einer Regularitätstheorie der Kausalität, welche der Herausforderung von Mackie und anderen Herausforderungen begegnen (insbesondere [7–32]).

Transfertheorie der Kausalität

Eine wichtige Version einer Regularitätstheorie der Kausalität identifiziert die kausalen Regularitäten mit dem Transfer einer physikalischen Erhaltungsgröße zwischen zwei Ereignissen (siehe insbesondere [4–41], Kapitel 16; [4–42]; [4–43]). Das heißt: Ein Ereignis *x* hat einen bestimmten Wert einer physikalischen Erhaltungsgröße. Zwischen diesem Ereignis *x* und einem anderen Ereignis *y* besteht dann und nur dann eine Beziehung der Verursachung, wenn dieser bestimmte Wert einer physikalischen Erhaltungsgröße auf das Ereignis *y* übertragen wird. Das bekannteste Beispiel für eine Erhaltungsgröße ist die Energie. Erhaltungsgrößen sind an Regularitäten in Form von Naturgesetzen gebunden: Etwas ist nur dann eine Erhaltungsgröße, wenn es ein Naturgesetz gibt, gemäß dem die betreffende Größe erhalten bleibt. Kausale Gesetze ergeben sich dieser Position zufolge aus denjenigen Naturgesetzen, welche physikalische Erhaltungsgrößen betreffen. Wie man diese Naturgesetze verstehen soll, dazu stehen alle Positionen offen, die in Bezug auf Naturgesetze im Allgemeinen vertreten werden.

Der Vorzug der Transfertheorie von Kausalität ist, dass die Theorie der Kausalität eng an die Physik angebunden wird. Denn die Physik ist diejenige Wissenschaft, welche herausfindet, was für Typen von Kräften oder Interaktionen es in der Welt gibt. Abgesehen von den Schwierigkeiten, welche mentale Verursachung bereitet (also die kausale Wirksamkeit von Mentalem wie Handlungsabsichten), spricht alle verfügbare Evidenz dafür, dass kausale Beziehungen in etwas bestehen, das als Transfer einer physikalischen Erhaltungsgröße aufgefasst werden kann (diese vorsichtige Formulierung wähle ich, weil in der genauen Fixierung der ontologischen Festlegungen der Transfertheorie Probleme auftreten, deren Erörterung hier zu weit führen würde). Dieser Vorzug führt jedoch auch zu einem Einwand, wenn es um eine philosophische Theorie der Kausalität geht: Sicher, in unserer Welt sind alle Kausalbeziehungen als Transfer einer physikalischen Erhaltungsgröße realisiert. Transfertheorien der Kausalität beanspruchen auch in der Regel nicht mehr, als eine empirische Analyse dessen zu geben, in welcher Form Kausalität in unserer Welt auftritt (siehe insbesondere [4–43], Kapitel 1). Nichtsdestoweniger bleibt die Frage einer begrifflichen Analyse von Kausalität bestehen. Können wir uns nicht auch mögliche Welten denken, in denen zwar Kausalbeziehungen bestehen, es aber keine physikalischen Erhaltungsgrößen gibt, die transferiert werden? Wenn Kausalität nicht begrifflich an den Transfer einer Erhaltungsgröße gebunden ist, was haben dann diese denkbaren Formen von Kausalität und jene, die in einem Transfer einer physikalischen Erhaltungsgröße bestehen, gemeinsam, so dass dieses alles Formen von *Kausalität* sind?

Kausalität als Beziehung zwischen einzelnen Ereignissen

Vonseiten der begrifflichen Analyse spricht zunächst einmal einiges für den anderen Grundtyp einer Theorie der Kausalität: Kausalität ist eine Beziehung zwischen einzelnen Ereignissen (oder Sachverhalten oder Tatsachen, in die einzelne Ereignisse eingehen). Zwei Ereignisse *A* und *B* können in einer Kausalbeziehung zueinander stehen, ohne dass es ein Gesetz gibt, das Ereignisse vom Typ *A* mit Ereignissen vom Typ *B* verbindet. Zwischen zwei Ereignissen *A* und *B* besteht genau dann eine Beziehung der Verursachung, wenn das Ereignis *A* das Ereignis *B* wahrscheinlich macht. Genauer gesagt, gegeben das Ereignis *A*, ist die Wahrscheinlichkeit für das Ereignis *B* höher, als wenn das Ereignis *A* nicht eingetreten wäre. Diese Formulierung muss verfeinert werden, um unter anderem Fälle wie den einer gemeinsamen Ursache von *A* und *B* auszuschließen. Dieser Sicht von Kausalität liegt die Intuition zugrunde, dass dann, wenn etwas eine Ursache von etwas anderem ist, dasjenige, was die Ursache ist, das Eintreten von demjenigen, was die Wirkung ist, wahrscheinlich macht. Prominente Vertreter dieses Grundtyps einer Theorie von Kausalität sind, wenn auch mit unterschiedlichen Akzenten, David Lewis (insbesondere Kapitel 21 in [4–39], deutsch in [7–29]) und der Cambridger Philosoph D. Hugh Mellor [7–33].

Kontrafaktische Konditionalaussagen

Diese Position hat den Vorteil, keinerlei Schwierigkeiten damit zu haben, Kausalbeziehungen zu berücksichtigen, die nicht deterministisch, sondern nur probabilistisch sind. Sie kann ferner ohne Probleme den Fall berücksichtigen, dass ein Ereignis mehrere Ursachen hat. Diese Position ist eine klare begriffliche Analyse dessen, was Kausalität ist, die nicht an spezifische Merkmale des Wissens über unsere Welt gebunden ist. Ihre Schwierigkeiten liegen an anderer Stelle. Eine begriffliche Schwierigkeit ist diese: Die Analyse dessen, was es heißt, dass ein Ereignis ein anderes Ereignis wahrscheinlicher macht, führt uns zu kontrafaktischen Konditionalaussagen des Typs „Wenn Ereignis *A* nicht eingetreten wäre, dann wäre Ereignis *B* weniger wahrscheinlich gewesen". Wie man solche Aussagen verstehen soll, ist eine notorische Schwierigkeit. Weit verbreitet ist die Analyse unter Bezugnahme auf mögliche Welten. Vereinfacht ausgedrückt, wir denken uns eine andere mögliche Welt, die unserer Welt sehr ähnlich ist; in dieser Welt soll das, was Ereignis *A* in unserer Welt entspricht, nicht eintreten; das, was in dieser Welt Ereignis *B* entspricht, tritt dann ebenfalls nicht ein. Um Wahrscheinlichkeiten zu berücksichtigen, muss man viele solche möglichen Welten berücksichtigen. Die meisten Philosophen sind der Auffassung, dass die Bezugnahme auf mögliche Welten nur ein begriffliches Instrumentarium zur Analyse kontrafaktischer Aussagen ist. Dann müsste man jedoch eine Ontologie vorlegen können, die ohne die Bezugnahme auf mögliche Welten erklären kann, worauf sich kontrafaktische Aussagen beziehen. David Lewis geht hingegen so weit, mögliche Welten als etwas, das existiert, zu akzeptieren (siehe insbesondere [4–21]).

Wenn man sich hingegen nicht auf die Existenz möglicher Welten festlegen möchte, kann man das Wahrscheinlichmachen eines Ereignisses durch ein anderes Ereignis beispielsweise als eine Disposition ansehen. Diese Position läuft jedoch auf eine Festlegung auf Dispositionen hinaus, die nicht auf einer kategorialen Basis supervenieren. Diese Festlegung führt ebenfalls zu ontologischen Schwierigkeiten, wie oben im ersten Teil von Kapitel VII.1.c angedeutet wurde. Das Problem dieses Grundtyps einer Theorie von Kausalität ist somit, dass diese begriffliche Analyse von Kausalität durch kontrafaktische Konditionalaussagen sehr fragwürdige ontologische Festlegungen nach sich ziehen kann.

Begriffliche Analyse und empirische Wissenschaft

Ein ganz anderes Problem ist das folgende: Wenn man diese begriffliche Analyse auf konkrete Fälle in der Physik anwendet, kann das dazu führen, dass man etwas als eine Kausalbeziehung akzeptieren müsste, obwohl es physikalisch sinnvoll ist, das Betreffende nicht als eine Kausalbeziehung anzusehen. Dieses Problem ist die Kehrseite von dem Problem, das in einer Theorie der Kausalität als Transfer einer physikalischen Erhaltungsgröße dann auftritt, wenn man nach einer begrifflichen Analyse von Kausalität fragt. Kommen wir auf die Zustandsverschränkungen in der Quantenphysik zurück und nehmen wir eine Interpretation der Experimente zu

Bells Theorem an, gemäß der in diesen Experimenten eine Zustandsreduktion eintritt. Wie in Kapitel V.4 diskutiert wurde, können die beiden Messungen in einem Bell-Experiment durch einen raumartigen Abstand voneinander getrennt sein. Nichtsdestoweniger gilt: Wenn ein Messergebnis x_a auf der einen Seite eines Bell-Experiments gegeben ist, dann ist die Wahrscheinlichkeit für ein bestimmtes Ergebnis x_b auf der anderen Seite erhöht. Kontrafaktisch ausgedrückt: Wenn es das Ergebnis x_a auf der einen Seite nicht gegeben hätte, dann wäre das Ergebnis x_b auf der anderen Seite weniger wahrscheinlich gewesen. Gemäß der hier zur Diskussion stehenden Theorie der Kausalität würde es sich dabei um einen Fall von Kausalität handeln. In der Interpretation der Quantentheorie ist es jedoch nicht sinnvoll, dieses als einen Fall von Kausalität anzuerkennen und sich damit auf Kausalbeziehungen zwischen raumartig getrennten Ereignissen festzulegen. Wenn man die Nicht-Separabilität der Zustände der betreffenden Quantensysteme akzeptiert, dann liegen in diesem Fall auf der Ebene der Quantensysteme gar nicht die Voraussetzungen für eine Kausalbeziehung vor. Wie dem auch sei, jedenfalls kann diese Frage der Interpretation der Quantentheorie nicht durch eine begriffliche Analyse dessen, was Kausalität ist, entschieden werden (siehe zum Problem [5–60] und [7–34]).

3. Zusammenfassung, Lektürehinweise, Fragen und Übungen

Zusammenfassung

In diesem Kapitel wurden die wichtigsten Sichtweisen von Naturgesetzen und Kausalität vorgestellt. Realisten in Bezug auf Naturgesetze meinen, dass es Naturgesetze als solche selbst, nämlich als Universalien, gibt. Reduktionisten in Bezug auf Naturgesetze vertreten die Auffassung, dass Naturgesetze auf andere Züge der Welt zurückgeführt werden können. Naturgesetze können also durchaus in der Welt verankert sein in dem Sinne, dass sie auf Merkmalen, die es in der Welt gibt, supervenieren; sie existieren jedoch nicht als solche selbst. Demgegenüber stehen Positionen, gemäß denen Naturgesetze ausschließlich zu dem Instrumentarium gehören, das wir benutzen, um die Welt zu beschreiben. Das Hauptproblem für jede Theorie von Naturgesetzen ist, zwischen gesetzesartigen und zufälligen Regelmäßigkeiten zu unterscheiden. Analoge Positionen stehen in Bezug auf die Sicht dessen, was Kausalität ist, offen: Wiederum kann man zwischen realistischen und reduktionistischen Positionen unterscheiden. Darüber hinaus ist die folgende Unterscheidung wichtig: Man kann eine Regularitätstheorie der Kausalität vertreten, gemäß der Kausalität an Naturgesetze gebunden ist. Das Hauptproblem für eine solche Theorie ist wiederum, kausale Regularitäten von anderen Regularitäten abzugrenzen. Hiervon zu unterscheiden ist eine Theorie der Kausalität, gemäß der Kausalität eine Beziehung zwischen einzelnen Ereignissen ist, ohne dass es eines Gesetzes bedarf, durch das Ereignisse der betreffenden Typen miteinander verbunden sind. Die nähere Ausarbeitung dieser Position führt zu kontrafaktischen Konditionalaussagen; die Analyse dessen, worauf sich kontrafaktische Konditionalaussagen beziehen, kann zu fragwürdigen ontologischen Festlegungen führen.

Lektürehinweise

- zu Naturgesetzen: die Texte in [7–4] und [7–10]
- zu Kausalität: die Texte in [7–29] und [7–30]

Fragen und Übungen

- Wieso ist es erforderlich, in einer Theorie von Naturgesetzen zwischen zufälligen und gesetzesartigen Regelmäßigkeiten zu unterscheiden?
- Welches Problem verbirgt sich in der Redeweise von *Ceteris-paribus*-Klauseln?
- Formulieren Sie eine Stellungnahme zu der Position von Nancy Cartwright!
- Was ist mit einer realistischen Position in Bezug auf Naturgesetze gemeint, was mit einer reduktionistischen?
- Was ist Universalien-Realismus?
- Diskutieren Sie die Probleme des Gesetzes-Realismus!
- Überlegen Sie sich Beispiele für eine Supervenienz-Beziehung!
- Was für Möglichkeiten gibt es, in einer reduktionistischen Position mit dem Problem umzugehen, zwischen zufälligen und gesetzesartigen Regelmäßigkeiten zu unterscheiden?
- Erörtern Sie die Vorzüge und die Probleme der Position von David Lewis!
- Was besagt van Fraassens konstruktiver Empirismus?
- Was sind die beiden wesentlichen Typen einer Theorie der Kausalität?
- Was besagt die Transfertheorie der Kausalität? Diskutieren Sie die Argumente für und gegen diese Theorie!
- Welches sind die Vorzüge und welches die Probleme einer kontrafaktischen Analyse von Kausalität?

VIII. Universelle und spezielle Naturwissenschaft

Dieses Kapitel begründet, wieso der Schwerpunkt der Naturphilosophie bei der Physik liegt. Es wird erläutert, in welchem Sinne die Physik eine universelle Naturwissenschaft ist und ihre Gesetze für alle Systeme in der Natur gelten. Das Verhältnis von wissenschaftlichem Realismus und Alltags-Realismus kommt zur Sprache. Die Konzepte von Supervenienz, Realisation, Emergenz und Reduktion werden erläutert. Schließlich wird am Beispiel der Thermodynamik das Thema zeitlich gerichteter Prozesse behandelt.

1. In welchem Sinne ist die Physik eine universelle Naturwissenschaft?

Vorrang der Physik

Nachdem im letzten Kapitel Naturgesetze und Kausalität allgemein besprochen wurden, thematisiert dieses Kapitel das Verhältnis zwischen dem Gegenstandsbereich der bisher behandelten physikalischen Theorien und dem Gegenstandsbereich von naturwissenschaftlichen Theorien, welche Dinge beschreiben, die den uns im Alltag vertrauten Gegenständen näher kommen, also die Physik makroskopischer Objekte, die Chemie, die Biologie, die Physiologie und so fort. Der Vorrang der Physik in Gestalt von Quantentheorie und allgemeiner Relativitätstheorie in dieser Einführung in die Naturphilosophie ist durch Folgendes gerechtfertigt: Die Physik ist eine universelle Naturwissenschaft. Alle Systeme in der Natur sind physikalische Systeme. Die Biologie hingegen ist zum Beispiel keine universelle Naturwissenschaft, weil nicht alle Systeme in der Natur Organismen sind. Ferner haben nicht alle biologischen Systeme biologische Ursachen; denn einige biologische Systeme sind aus physikalischen und chemischen Systemen entstanden. Alle Systeme in der Natur haben hingegen physikalische Ursachen, insofern sie überhaupt Ursachen haben.

Wir können deshalb auch sagen, dass die Physik die grundlegende Ebene der Natur beschreibt. Die Theorien der Chemie, der Biologie, der Physiologie und so fort sind hingegen Theorien höherer Ebenen: Chemische, biologische Systeme und so fort bestehen aus Systemen, die selbst nicht von der Chemie, der Biologie und so fort, wohl aber von der Physik beschrieben werden. Wir gelangen damit zu einer Art Schichtensicht der Welt: Die Ebene chemischer Systeme, die Ebene biologischer Systeme etc. sind auf der physikalischen Ebene als der grundlegenden und umfassenden Ebene aufgebaut. So gesehen ist das Thema dieses Kapitels das Verhältnis dieser Ebenen. Die Eigenschaften auf der grundlegenden Ebene sind dadurch gekennzeichnet, dass sie an Punkten oder Punktartigem auftreten können. Die Eigenschaften höherer Ebenen sind dadurch gekennzeichnet, dass sie Größeres als Punktartiges benötigen, um aufzutreten. Die Eigenschaft der Masse beispielsweise kann Punkten oder Punktartigem zukommen, die Eigenschaft der räumlichen Chiralität (Links- oder Rechtshändigkeit) können hingegen nur Moleküle haben.

Gesetze der Physik universell gültig

Wir können den Sinn, in dem die Physik eine universelle Naturwissenschaft ist, präziser fassen: *Die Gesetze der Physik beschreiben alle Systeme in der Natur.* Das heißt insbesondere, dass es keine Wechselwirkungen (Kräfte) über die Typen von Wechselwirkungen hinaus gibt, die in der Physik anerkannt sind (zur Zeit anerkannt sind der Elektromagnetismus, die starke und die schwache Wechselwirkung im subatomaren Bereich sowie die Gravitation; die Gravitation ist allerdings gemäß herkömmlicher Auffassung genau genommen keine Kraft, denn sie wird in der allgemeinen Relativitätstheorie auf die Krümmung der Raum-Zeit zurückgeführt – siehe oben Kapitel IV.1.a). Mit den Gesetzen der Physik sind hier die Gesetzesaussagen der grundlegenden physikalischen Theorien gemeint, welche diese auch immer sein mögen. Auf dem Niveau der Abstraktion, auf dem sich dieses Kapitel bewegt, können wir davon absehen, dass eine Vereinigung der Quantentheorie mit der allgemeinen Relativitätstheorie aussteht, und wir brauchen die Interpretationsprobleme der Quantentheorie im Übergang von mikroskopischen zu makroskopischen Systemen (Beispiel Messprozess) nur am Rande zu berühren. Ferner ist es irrelevant, ob die zur Zeit anerkannten fundamentalen physikalischen Theorien – wie die Quantentheorie und die allgemeine Relativitätstheorie – wirklich die grundlegende Ebene der Welt beschreiben oder ob es noch eine grundlegendere Ebene gibt (oder ob es überhaupt eine grundlegendste Ebene der Welt gibt). Der Punkt, auf den es hier ankommt, ist allein, dass die Ebene, welche diese Theorien beschreiben, grundlegend ist in Bezug auf die Ebenen chemischer Systeme, biologischer Systeme und so fort.

Schauen wir uns an, was die Konsequenzen der These sind, dass die Gesetze der Physik im genannten Sinne für alle Systeme in der Natur gelten. Wenn man diese These akzeptiert, dann erkennt man Folgendes an: *Insofern die Systeme in der Natur und ihr Verhalten überhaupt determiniert sind, sind diese gemäß den Gesetzen der Physik determiniert* (siehe dazu zum Beispiel [8–1], Kapitel 1; siehe für eine kritische Diskussion aber auch [7–3]). Es wird damit nicht bestritten, dass es genuine Gesetze in der Chemie, der Biologie und so fort gibt. Es wird lediglich etwas über das Verhältnis dieser Gesetze zu den Gesetzen der Physik gesagt: Es ist ausgeschlossen, dass die Gesetze der Physik Lücken lassen, welche durch die Gesetze anderer naturwissenschaftlicher Theorien geschlossen werden könnten. Es ist in diesem Zusammenhang irrelevant, ob die Gesetzesaussagen der Physik deterministisch sind oder ob sie objektive Wahrscheinlichkeiten enthalten. Von der Physik aus betrachtet sind die Gesetzesaussagen anderer naturwissenschaftlicher Theorien Spezifikationen dessen, was die Gesetzesaussagen der Physik zulassen, bezogen auf bestimmte Fälle. Dabei kann es durchaus sein, dass verschiedene mögliche Systeme von Gesetzesaussagen der Physik die gleichen Spezifikationen für solche Fälle zulassen. Konkret: Wenn die klassische Mechanik und die klassische Feldtheorie des Elektromagnetismus durch die allgemeine Relativitätstheorie und die Quantentheorie abgelöst werden, braucht das nicht zu bedeuten, dass die Spezifikationen dessen, was diese Theorien für bestimmte Fälle zulassen, wie zum Beispiel die Gesetzesaussagen über Organismen, sich allein deshalb ändern müssen.

Gesetze höherer Ebenen schließen keine Lücken

Machen wir uns an einem Szenario klar, welches vielleicht sogar unsere Welt beschreibt, dass das Genannte eine Konsequenz der These ist, dass die Gesetze der Physik alle Systeme in der Natur beschreiben. Nehmen wir um des Argumentes willen an, dass die Gesetzesaussagen der Physik nicht deterministisch sind, sondern dass zu diesen Gesetzesaussagen auch Aussagen gehören, welche objektive Wahrscheinlichkeiten enthalten. Im Anschluss an die Quantentheorie kann man der Auffassung sein, dass eine solche Position unsere Welt beschreibt (siehe oben Kapitel V.4 Ende); aber das ist hier nicht entscheidend. Objektive Wahrscheinlichkeiten bedeuten dieses: Für einige Ereignisse im physikalischen Bereich gibt es keine anderen Ereignisse im physikalischen Bereich, durch welche diese Ereignisse in der Weise so determiniert sind, dass – gegeben die anderen Ereignisse und die Gesetze – diese Ereignisse eintreten müssen. Es gibt eine präzise objektive Wahrscheinlichkeit für jedes dieser Ereignisse; aber diese Wahrscheinlichkeit ist kleiner als eins. Wenn man die Quantentheorie im Sinne objektiver Wahrscheinlichkeiten interpretiert, dann ist der Zerfall eines Atoms ein Beispiel für einen Typ solcher Ereignisse.

Nehmen wir nun hinzu, dass die Theorien, welche Systeme, die größer als Atome sind (wie Moleküle, Organismen und so weiter), im Speziellen beschreiben, deterministisch sind. Sofern Wahrscheinlichkeiten in diesen Theorien auftreten, handelt es sich um subjektive Wahrscheinlichkeiten, die das Nichtwissen von Beobachtern betreffen. Was würde es bedeuten, zu sagen, dass die Gesetzesaussagen dieser speziellen Theorien eine Lücke schließen, welche die universelle Physik lässt, indem sie mit objektiven Wahrscheinlichkeiten arbeitet? Das würde bedeuten, dass Ereignisse an Systemen, die der Gegenstand einer solchen speziellen Theorie sind, in einer weitergehenden Weise determiniert sind, als von der grundlegenden physikalischen Theorie her festgelegt ist. Diese Systeme sind jedoch aus Atomen aufgebaut. Jede Veränderung innerhalb dieser Systeme besteht in einer Bewegung von Atomen, was auch immer Atome sind und durch was auch immer Atome in der Quantenphysik letztlich ersetzt werden mögen. Wenn die Gesetzesaussagen der Beschreibung auf der höheren, spezielleren Ebene eine Lücke füllen würden, welche die Beschreibung in den Gesetzesaussagen der Atomphysik ergänzt, dann wäre Folgendes der Fall: Einige Bewegungen von Atomen wären in einer weitergehenden Weise gesetzesmäßig determiniert, als es die Theorie der Atome zulässt – nämlich die Bewegungen, in denen die betreffenden Veränderungen makroskopischer Systeme bestehen. Das jedoch heißt: Die betreffende Theorie der Atome ist falsch. Sie beschreibt die Bewegungen von Atomen nicht korrekt, indem sie den Determinismus, der für einige Bewegungen von Atomen gilt, nicht erfasst. Dasselbe Argument würde auch gelten, wenn die Theorien höherer Ebenen nicht deterministisch wären, sondern nur die Wahrscheinlichkeiten der Theorie der grundlegenden Ebene in einer gesetzesmäßigen Weise ergänzen würden, ohne zu Wahrscheinlichkeit eins zu führen.

Hieran zeigt sich: Wenn die Theorie der grundlegenden Ebene richtig ist

– das heißt, die grundlegende Ebene zutreffend beschreibt –, dann ist sie auch eine universelle Theorie in dem Sinne, dass ihre Gesetzesaussagen für alles in der Natur gelten. Selbst wenn ihre Gesetzesaussagen objektive Wahrscheinlichkeiten beinhalten, ist es nicht möglich, dass die Gesetzesaussagen spezieller Theorien Lücken füllen, welche die Gesetzesaussagen der Theorie der grundlegenden Ebene lassen. Wenn die Theorie der grundlegenden Ebene objektive Wahrscheinlichkeiten enthält und die speziellen Theorien deterministisch sind, dann muss man dieses auf eine andere Weise verstehen. Zum Beispiel könnte man sagen, dass die Wahrscheinlichkeiten auf der quantenphysikalischen Ebene sich im Übergang zu makroskopischen Systemen nicht in einer bestimmten Weise verstärken; deshalb haben diese Wahrscheinlichkeiten, abgesehen von sehr seltenen oder speziell präparierten Fällen, keine Relevanz für die makroskopische Ebene.

Messproblem in der Quantentheorie

Kommen wir an dieser Stelle noch einmal auf die Interpretation der Quantentheorie zurück. Der hier relevante Punkt ist das Messproblem und die zwei Typen von Positionen, die im Rahmen der Quantentheorie in Bezug auf das Messproblem offen stehen (Kapitel V.4). Wenn man keine Zustandsreduktionen anerkennt und damit die Schrödinger-Dynamik für die einzige Dynamik von Quantensystemen hält, dann ist die Quantentheorie deterministisch. Ferner vertritt man dann die Position, dass nicht nur Quantensysteme wie Atome und deren Bestandteile Zustandsverschränkungen unterworfen sind, sondern dass sich die Zustandsverschränkungen im Prinzip auf alle physikalischen Systeme erstrecken. Für das Verhältnis zwischen der Quantentheorie und den speziellen Theorien von Systemen höherer Ebenen bedeutet das: Letztere Theorien beschreiben diese Systeme nicht vollständig, weil sie von den Zustandsverschränkungen absehen. Sie beschreiben diese Systeme so, wie sie einem lokalen Beobachter erscheinen (dem aufgrund von Dekohärenz die Zustandsverschränkungen nicht zugänglich sind).

Wenn man Zustandsreduktionen anerkennt und eine Dynamik postuliert, welche die Schrödinger-Dynamik und eine Dynamik für Zustandsreduktionen umfasst, dann kann es sein, dass diese Dynamik objektive Wahrscheinlichkeiten enthält. Es ist jedoch nicht ausgeschlossen, dass Zustandsreduktionen sich doch – zum Beispiel aufgrund der Gravitation – als deterministisch erweisen könnten. Im Falle von Zustandsreduktionen gibt es einen Übergang der Eigenschaften von Quantensystemen, die der Verschränkung unterliegen, zu Eigenschaften von makroskopischen Systemen, die immer definite nummerische Werte haben. Man kann anerkennen, dass die Theorien makroskopischer Systeme die makroskopischen Systeme vollständig beschreiben. In beiden Fällen – einer Quantentheorie mit wie einer Quantentheorie ohne Zustandsreduktionen – kann die Quantentheorie als eine universelle physikalische Theorie angesehen werden.

Globale Supervenienz

Wenn wir die Gesetzesaussagen der grundlegenden physikalischen Theorien so ansehen, dass sie universell gültig sind und damit alles, insofern es überhaupt determiniert ist, gemäß den Gesetzen der Physik determiniert ist, dann vertreten wir eine These globaler Supervenienz: In jeder möglichen Welt, in der die Gesetze der Physik unserer Welt gelten, ist alles naturwissenschaftlich Erfassbare supervenient bezüglich der Verteilung der

Eigenschaften auf der grundlegenden physikalischen Ebene (vergleiche dazu [8–2]). Was die Supervenienz betrifft, entspricht diese Position der von David Lewis und der von Frank Jackson, die in Kapitel V.1 und VI.1 zitiert wurden. Der Unterschied ist, dass gemäß dem Argument in Kapitel VI die Eigenschaften auf der grundlegenden Ebene nicht intrinsische, sondern relationale Eigenschaften sind. Wichtig ist deshalb der Akzent auf globaler Supervenienz: Jedes System auf einer höheren Ebene besteht dieser Position zufolge zwar aus Teilen, die einer grundlegenderen Ebene zugehören (schließlich der Ebene der Quantenphysik); aber dabei braucht es sich nicht um separate Teile zu handeln, das heißt, Teile, die je für sich durch intrinsische Eigenschaften gekennzeichnet sind. Vielmehr sind diese Teile auf der grundlegenden Ebene durch Relationen im Sinne von Relationen der Zustandsverschränkung gekennzeichnet, welche letztlich alle Quantensysteme zusammen genommen umfassen.

Realisation

Supervenienz alleine reicht nicht aus, um das Verhältnis zwischen der grundlegenden Ebene der Natur und höheren Ebenen zu bestimmen. Mikroskopische und makroskopische Eigenschaften sind zwar verschiedene Eigenschaften; aber das Mikroskopische und das Makroskopische sind nicht zwei verschiedene Gegenstandsbereiche. Es gibt nicht Atome und dann zusätzlich Moleküle und Organismen, sondern Organismen bestehen aus Molekülen, und Moleküle bestehen ihrerseits aus Atomen. Philosophisch bietet sich hier das Konzept der *Realisation* an. Dieses Konzept kann ein Supervenienz-Verhältnis ergänzen und weiter präzisieren, wird aber von dem Konzept der Supervenienz nicht impliziert (siehe zur Realisation [7–11] und [7–12] sowie ferner [8–1], insbesondere S. 24–25). Mit Realisation ist Folgendes gemeint: Wir betrachten zwei Bereiche von Eigenschaften *A* und *B*, die *B*-Eigenschaften sind supervenient bezüglich der *A*-Eigenschaften, und jede *B*-Eigenschaft besteht faktisch in einer Anordnung von *A*-Eigenschaften. In diesem Fall sagt man, dass die *B*-Eigenschaften als *A*-Eigenschaften realisiert sind (obwohl nicht alle *B*-Eigenschaften als die gleiche Anordnung von *A*-Eigenschaften realisiert zu sein brauchen). Dennoch sind die *B*-Eigenschaften und die *A*-Eigenschaften begrifflich verschiedene Eigenschaften. Für Realisation gilt dasselbe wie für Supervenienz: Das, was als etwas realisiert ist, muss ebenso existieren wie das, als was es realisiert ist.

Betrachten wir ein Beispiel. Nehmen wir an, dass die ästhetische Qualität eine objektive Eigenschaft eines Gemäldes ist. Man kann sagen, dass die ästhetische Qualität eines Gemäldes supervenient ist bezüglich deskriptiver physikalischer Eigenschaften, insbesondere der Farbverteilung. Wenn zwei Gemälde die gleiche Farbverteilung aufweisen, dann ist ihre ästhetische Qualität auch gleich. Wenn man die ästhetische Qualität zweier Gemälde unterschiedlich beurteilt, muss man auch einen Unterschied in deskriptiven physikalischen Eigenschaften angeben können. Eigenschaften wie ästhetische Qualität und Eigenschaften wie physikalisch beschriebene Farbverteilung sind Eigenschaften verschiedener Kategorien. Dennoch ist es sinnvoll zu sagen, dass die ästhetische Qualität eines Gemäldes in physikalisch beschreibbaren Eigenschaften wie der Farbverteilung realisiert ist.

Wir können diese Überlegung auf das Verhältnis zwischen dem Makroskopischen und dem Mikroskopischen übertragen. Da alle physikalischen Dinge letztlich aus Atomen oder allgemeiner aus dem, was der Gegenstandsbereich der Quantentheorie ist, bestehen, ist es unter der Annahme der Supervenienz sinnvoll zu sagen, dass makroskopische Eigenschaften als Anordnung von Atomen – oder vielleicht eher als Anordnung quantenfeldtheoretischer Eigenschaften – realisiert sind. Die Eigenschaften sind verschieden; aber Atome oder der gleichen in einer bestimmten Weise angeordnet bilden einen Stein, und Atome oder der gleichen in einer anderen Weise angeordnet bilden einen Organismus und so fort.

Das Konzept der Realisation stammt aus der Debatte um den Funktionalismus, die im Zuge der Entwicklung der Informationstechnologie einen breiten Raum in der Philosophie der letzten fünfzig Jahre einnimmt. Realisation besagt, dass ein und dieselbe Eigenschaft auf einer höheren Ebene durch verschiedene Anordnungen von Eigenschaften auf unteren Ebenen verwirklicht sein kann (siehe dazu [8–3]). Dieses kann anhand des Beispiels eines Computers erläutert werden: Ein und dieselbe Software – und damit ein und dieselbe Funktion – kann auf verschiedener Hardware realisiert werden.

Das Konzept der Realisation leistet genau das, was benötigt wird, um das Verhältnis zwischen dem Makroskopischen und dem Mikroskopischen naturphilosophisch zu verstehen. Dieses Konzept bringt einerseits die enge Verbindung zwischen dem Makroskopischen und dem Mikroskopischen zum Ausdruck, auf die wir dann festgelegt sind, wenn wir die These akzeptieren, dass die Gesetze der Physik universell gültig sind. Dieses Konzept belässt uns andererseits die nötige Flexibilität, um zu verstehen, wieso dann, wenn beispielsweise die klassische Physik durch die Quantenphysik ersetzt wird, nicht auch ein Theoriewandel in der Biologie erforderlich ist. Wenn die Quantentheorie richtig ist, dann ist gemäß dieser naturphilosophischen Position das Makroskopische als eine Anordnung von Eigenschaften von Quantensystemen realisiert. Genau das gleiche Makroskopische könnte jedoch auch als eine Anordnung von klassischen Atomen oder von Eigenschaften in klassischen Feldern realisiert sein. Falls die Quantentheorie ihrerseits durch eine andere physikalische Theorie abgelöst werden sollte, könnte es sich herausstellen, dass das Makroskopische in unserer Welt faktisch durch die Eigenschaften realisiert ist, die dann gemäß dieser neuen physikalischen Theorie die grundlegenden Eigenschaften sind.

Wissenschaftlicher Realismus und Alltags-Realismus

Das Konzept der Realisation von Makroskopischem durch Mikroskopisches kann auch auf die Debatte um das Verhältnis zwischen dem wissenschaftlichen Realismus und dem Alltags-Realismus angewendet werden. Der wissenschaftliche Realismus ist die Position, dass die Wissenschaften der Maßstab dessen sind, was es in der Welt gibt und was es nicht gibt (neuere Arbeiten zum wissenschaftlichen Realismus sind [8–4] und [8–5]). Der Alltags-Realismus ist die Position, dass die Dinge, mit denen wir im Alltag umgehen, unabhängig davon existieren, was die Wissenschaften sagen. Mit anderen Worten: Wir benötigen keine Legitimation durch die Wissenschaften, um in der Annahme gerechtfertigt zu sein, dass die Gegenstände, mit denen wir im Alltag vertraut sind, existieren. Es gibt drei prinzipielle Arten, wie man das Verhältnis zwischen dem wissenschaftlichen Realismus und dem Alltags-Realismus verstehen kann:

1. *Elimination*: Es existieren nur die Gegenstände, von denen die Wissenschaften handeln. Die uns vertrauten Alltags-Gegenstände existieren letztlich nicht, weil sie in den Wissenschaften nicht vorkommen (siehe zum Beispiel [8–6]).
2. *Vorrang des Alltags-Realismus*: Die uns vertrauten Alltags-Gegenstände existieren auf jeden Fall. Ein Realismus in Bezug auf die Gegenstände der wissenschaftlichen Theorien ist nur insoweit zulässig, als ein solcher Realismus mit den uns vertrauten Alltags-Gegenständen als Ausgangspunkt vereinbar ist. Diese Position wird durch die gegenwärtige Popularität des Alltags-Realismus in der Erkenntnistheorie gestützt (siehe zum Beispiel [8–7], insbesondere Vorlesung 4).
3. *Vereinbarkeit*: Der wissenschaftliche Realismus ist mit dem Alltags-Realismus vereinbar. Keinem von beiden kommt erkenntnistheoretisch ein Vorrang zu (obwohl die Gegenstände, auf die der wissenschaftstheoretische Realismus sich bezieht, ontologisch grundlegender sein können als die Gegenstände, auf die sich der Alltags-Realismus bezieht).

Eine Naturphilosophie, welche anerkennt, dass die Gesetze der Physik für alle Systeme in der Natur gelten, ist auf den wissenschaftlichen Realismus festgelegt. Wenn diese Naturphilosophie mit dem Konzept der Realisation in der skizzierten Weise ausgeführt wird, ist sie jedoch mit dem Alltags-Realismus vereinbar. Die Alltags-Gegenstände und ihre Eigenschaften existieren. Sie sind letztlich als das realisiert, was in der Physik als das Grundlegende anerkannt wird. Für diese Position spricht auch Folgendes: Es gibt keine klare Grenze zwischen dem wissenschaftlichen Realismus und dem Alltags-Realismus. Ergebnisse der Wissenschaften führen zu einer Veränderung von Überzeugungen, die zum Alltags-Realismus gehören. Ein gängiges Beispiel ist dieses: Es mag sein, dass, bevor Naturwissenschaft einsetzte, die Überzeugung, dass die Erde flach ist, zum Alltags-Realismus gehörte. In der Neuzeit hat hingegen die Überzeugung, dass die Erde eine Kugel ist, bis in den Alltags-Realismus Eingang gefunden.

Die These der Vereinbarkeit von wissenschaftlichem Realismus und Alltags-Realismus kann Folgendes an der Betonung des Alltags-Realismus als berechtigt anerkennen: Die Annahme, es könnte sinnvoll sein, aufgrund wissenschaftlicher Ergebnisse die Überzeugung aufzugeben, dass die uns vertrauten Alltags-Gegenstände existieren, ergibt keinen Sinn. Die These der Vereinbarkeit erkennt die Existenz der Alltags-Gegenstände an, ohne dass es für diese Anerkennung irgendeiner Begründung vonseiten der Wissenschaft bedarf. Diese These streicht aber Folgendes heraus: Der Kompetenzbereich des Alltags-Realismus wird dann überschritten, wenn die Kategorien, unter denen wir die Gegenstände des Alltags erfassen – wie zum Beispiel die Kategorie voneinander unabhängiger Dinge mit intrinsischen Eigenschaften, die in der Zeit beharren –, verallgemeinert und auf alles Existierende in der Natur bezogen werden. Eine solche Verallgemeinerung zu beurteilen fällt in den Bereich der Wissenschaften. Dort kann es sich durchaus herausstellen, dass die Alltags-Gegenstände als Ereignisse an Punkten der Raum-Zeit oder als Strukturen in Quantenfeldern und der gleichen realisiert sind. Es kann sich also herausstellen, dass die Alltags-Gegenstände in unserer Welt faktisch als etwas realisiert sind, das mit anderen Kategorien als denen des Alltags-Realismus erfasst werden muss.

2. Emergenz und Reduktion

Emergente Eigenschaften

Mit den Präzisierungen, die im letzten Unterkapitel vorgenommen wurden, können wir nun das Feld der Debatte um Emergenz und Reduktion betreten. Es ist unbestritten, dass es emergente Eigenschaften in zwei verschiedenen Hinsichten gibt (siehe zu Emergenz allgemein [8–8]):

1. *zeitlich emergente Eigenschaften*: Einige Eigenschaften sind zeitlich erst im Laufe der Evolution des Kosmos entstanden. Hierzu gehören zum Beispiel die Eigenschaften, die für Lebewesen charakteristisch sind.
2. *konstitutiv emergente Eigenschaften*: Das sind alle und nur diejenigen Eigenschaften, die es auf der grundlegenden physikalischen Ebene nicht gibt, die aber auf der Grundlage der Eigenschaften dieser Ebene bestehen (weshalb diese Ebene die grundlegende ist). Zum Beispiel ist schon die Chiralität, die Rechts- oder Linkshändigkeit, eine emergente Eigenschaft von Molekülen. Diese Eigenschaft kann erst dann auftreten, wenn Moleküle gebildet sind. Auf der Ebene von Atomen kommt diese Eigenschaft nicht vor. Anders ausgedrückt: Konstitutiv emergente Eigenschaften kommen nur komplexen Systemen als ganzen zu, nicht aber deren Teilen. Man spricht deshalb auch von „systemischen Eigenschaften".

Dass es konstitutiv emergente Eigenschaften gibt, besagt zunächst nichts über das Verhältnis zwischen diesen Eigenschaften und den Eigenschaften, in Bezug auf welche diese Eigenschaften emergent sind, also den Eigenschaften auf der grundlegenden Ebene. Konstitutiv emergente Eigenschaften können auf der Verteilung der Eigenschaften auf der grundlegenden Ebene supervenieren und als Anordnung von Eigenschaften auf der grundlegenden Ebene realisiert sein. Problematisch wird eine Theorie konstitutiv emergenter Eigenschaften erst dann, wenn eine solche Supervenienz- oder eine solche Realisations-Beziehung bestritten wird. Dann ist eine solche Theorie auch nur schwer zu verteidigen. Denn dann kann sie sich nicht auf eine Theorie der Ebene konstitutiv emergenter Eigenschaften beschränken. Sie ist dann, wie im letzten Unterkapitel ausgeführt wurde, auf die Konsequenz festgelegt, dass die betreffenden physikalischen Theorien als Beschreibung der grundlegenden Ebene nicht richtig sind. Denn es gibt dann in Form der konstitutiv emergenten Eigenschaften Faktoren, welche das Verhalten der Elemente auf der grundlegenden Ebene in gesetzesmäßiger Weise beeinflussen, ohne in der physikalischen Theorie der grundlegenden Ebene berücksichtigt zu sein.

Reduktion

Das Konzept der Emergenz wird häufig so angesehen, dass es dem Konzept der Reduktion entgegengesetzt ist. Beispielsweise sagt man, dass emergente Eigenschaften unvorhersagbar sind. Eine gehaltvolle Konzeption von „Unvorhersagbarkeit" impliziert, dass die Theorie, welche die betreffenden emergenten Eigenschaften beschreibt, nicht auf eine Theorie reduziert werden kann, welche diejenigen Eigenschaften beschreibt, bezüglich derer die betreffenden Eigenschaften emergent sind. Wenn man „Emergenz" und „Reduktion" in dieser Weise entgegensetzt, muss man jedoch genau klären, in welchem Sinne diese Begriffe gebraucht werden. „Emergenz" ist in erster Linie ein ontologischer Begriff. Zeitlich und konstitutiv emergente Eigenschaften sind etwas, das es in der Welt gibt. „Reduktion" wird hingegen in erster Linie als ein erkenntnistheoretischer Begriff gebraucht. Dieser Begriff bezieht sich auf wissenschaftliche Theorien in dem Sinne, dass eine Theorie auf eine andere Theorie reduziert wird. Es wird allerdings gelegentlich auch von „ontologischem Reduktionismus" gesprochen (zum Beispiel [8–9]). Damit ist in erster Linie die Zurückweisung einer dualistischen Ontologie und insbesondere die Behauptung gemeint, dass es keine Kräfte über die Kräfte hinaus gibt, welche in der Physik thematisiert werden. Dieser ontologische Reduktionismus ist damit vereinbar, konstitutiv emergente Eigenschaften anzuerkennen, sofern akzeptiert wird, dass diese Eigenschaften auf grundlegenden physikalischen Eigenschaften supervenieren oder als Anordnungen von grundlegenden physikalischen Eigenschaften realisiert sind. Der Begriff „Reduktionismus" wurde ferner in einem ontologischen Sinne gebraucht, als im vorigen Kapitel von Reduktionismus in Bezug auf Naturgesetze und Kausalität gesprochen wurde. In diesem Kapitel geht es jedoch nur um Reduktionismus im Sinne der Reduktion wissenschaftlicher Theorien.

Supervenienz und Realisation implizieren nicht Theoriereduktion

„Supervenienz" und „Realisation" als ontologische Kategorien lassen offen, ob die Beschreibung desjenigen, was auf etwas anderem superveniert oder als etwas anderes realisiert ist, auf die Beschreibung der Supervenienz- oder Realisationsbasis reduziert werden kann. „Supervenienz" und „Realisation" sind mit Theorienreduktion vereinbar, implizieren aber keine Theorien-Reduktion. Das ist die gängige Position in der Forschung. Es gibt jedoch auch abweichende Meinungen (für einen Überblick über die aktuelle Diskussion siehe zum Beispiel [7–10]). Im Falle von „Emergenz" hängt es hingegen von der jeweiligen Bestimmung dieses Begriffes ab, ob sich ein Gegensatz zu Theoriereduktion ergibt (siehe zu Emergenz und Reduktion die Arbeiten in [8–10]). Wenn „Emergenz" so verstanden wird, dass emergente Eigenschaften mit Supervenienz auf und Realisation als Eigenschaften einer grundlegenderen Ebene vereinbar sind, dann kann Emergenz als ontologische Kategorie auch mit Theoriereduktion als erkenntnistheoretischer Kategorie zusammengehen. Nimmt man erkenntnistheoretische Merkmale (wie zum Beispiel Unvorhersagbarkeit) in die Begriffsbestimmung von „Emergenz" auf, dann kann durch diese erkenntnistheoretischen Merkmale die Vereinbarkeit mit Theoriereduktion ausgeschlossen sein.

Konzeptionen der Theoriereduktion

Es gibt im Wesentlichen zwei Konzeptionen dessen, was es heißt, eine Theorie auf eine andere Theorie zu reduzieren. Die klassische Konzeption ist diese: Die Begriffe der reduzierten Theorie T_1 sind mit Hilfe bestimmter Brückenprinzipien in die Begriffe der reduzierenden Theorie T_2 zu übersetzen, und die Gesetzesaussagen von T_1 sind dann aus den Gesetzesaussagen von T_2 zu deduzieren ([8–11], Kapitel 11). Reduktion kann aber auch in dem Netzwerk-Sinn von Frank Ramsey (1903–1930) und David Lewis verstanden werden: Die Beziehungen zwischen den Begriffen der reduzierten Theorie sind durch die Beziehungen zwischen den Begriffen der reduzierenden Theorie zu erfassen. Die Theoriereduktion wird durch die Übersetzung dieser Beziehungen geleistet. Es werden keine Brückenprinzipien benötigt ([8–12]; siehe [8–13], S. 44–54, für einen leicht zugänglichen Überblick über diese Konzeption; zum Reduktionismus in der Physik insgesamt siehe [8–14]; zum Programm, die Chemie auf die Physik zu reduzieren, [8–15]).

Wenn eine Theorie auf eine andere Theorie reduziert wird, dann setzt das voraus, dass die reduzierte Theorie gültig ist und dass ihr Gegenstandsbereich anerkannt wird. Reduktion ist kein Angriff auf die Geltung und den Gegenstandsbereich einer Theorie. Es ist eine Weise, wie verschiedene Theorien voneinander abhängig sein können. Wenn eine Theorie nicht als gültig anerkannt wird und wenn ihr Gegenstandsbereich in Zweifel gezogen wird, dann wird sie nicht auf eine andere Theorie reduziert, sondern zugunsten einer anderen Theorie eliminiert. Wenn es zum Beispiel im Mittelalter eine Theorie von Hexen gab, dann wurde diese Theorie nicht auf eine andere Theorie reduziert, sondern eliminiert und durch eine psychologische Erklärung dessen ersetzt, wie Personen dazu kamen, an Hexen zu glauben.

Theoriereduktion nicht zu erwarten

Es gibt kaum Beispiele einer gelungenen Theoriereduktion im Corpus der heutigen naturwissenschaftlichen Theorien. Dieser Mangel an Beispielen spricht aber nicht gegen eine Naturphilosophie, die von der universellen Gültigkeit der physikalischen Gesetzesaussagen ausgeht und von dort zu der These gelangt, dass die Eigenschaften höherer Ebenen auf den Eigenschaften der grundlegenden Ebene supervenieren und als Anordnungen dieser Eigenschaften realisiert sind. Denn, wie gesagt, die ontologischen Thesen der Supervenienz und der Realisation implizieren nicht die wissenschaftstheoretische Möglichkeit der Theoriereduktion. Im Gegenteil, die These der Realisation zeigt vielmehr, dass eine Theoriereduktion gar nicht zu erwarten ist. Denn die Eigenschaften der höheren Ebenen können in vielfältiger Weise als Anordnung von Eigenschaften der grundlegenden Ebene realisiert sein. Wie im vorigen Unterkapitel gesagt wurde, wenn die Quantentheorie richtig ist und die These der Realisation stimmt, dann sind die Eigenschaften höherer Ebenen als Anordnungen von quantenphysikalischen Eigenschaften realisiert; aber diese Eigenschaften könnten auch als Anordnungen von Eigenschaften, die klassische Atome charakterisieren, realisiert sein. Von dieser Naturphilosophie aus ist es daher gar nicht zu erwarten, dass eine Reduktion von Theorien der Chemie, Biologie und so fort auf die Quantentheorie durchführbar ist.

Die Erfolglosigkeit des Programms einer umfassenden Theoriereduktion spricht nicht gegen eine Naturphilosophie der universellen Gültigkeit physikalischer Gesetze, der Supervenienz und der Realisation höherer Eigenschaften durch physikalisch grundlegende Eigenschaften. Die Erfolglosigkeit des Programms einer umfassenden Theoriereduktion spricht aber gegen das Programm einer methodischen Einheit der Wissenschaft durch Theoriereduktion. Das Programm einer solchen Einheit wird heute nahezu nicht mehr verfolgt. An seine Stelle ist die Anerkennung eines Methoden- und Theorien-Pluralismus getreten. Die Verbindung zwischen den verschiedenen Methoden und Theorien soll nicht durch das Ziel der Reduktion auf eine grundlegende Theorie und deren Methode, sondern durch eine Methodologie transdisziplinären Forschens erreicht werden (siehe dazu [8–16] und [8–17] sowie auch [8–18], Kapitel 2.4).

Die Vielfalt naturwissenschaftlicher Theorien zu betonen, wie die bereits erwähnte Wissenschaftsphilosophin Nancy Cartwright es tut (siehe vor allem [8–19], insbesondere Kapitel 1; zur Kritik zum Beispiel [8–20], [8–21] und [8–22]), entbindet uns allerdings nicht von der philosophischen Aufgabe, Vorschläge zu machen, wie die Dinge zusammenhängen (siehe zu dieser Aufgabe zum Beispiel [6–2], S. 156–157). In der naturphilosophischen Position, die im Mittelpunkt von diesem und dem vorangehenden Unterkapitel stand, kristallisiert sich ein weithin vertretener Vorschlag dafür, wie man diese Aufgabe lösen kann, ohne etwas von der Vielfalt der Erscheinungen aufgeben zu müssen.

3. Thermodynamik und zeitlich gerichtete Prozesse

Thermodynamik und statistische Mechanik

Als das bekannteste Beispiel einer Theoriereduktion gilt die Reduktion der Thermodynamik auf die statistische Mechanik. Allerdings ist es auch hier umstritten, ob wirklich eine Theorienreduktion vorliegt und, wenn ja, wie diese im einzelnen erfolgt (siehe zum Stand der Diskussion [8–23], Kapitel 9, [8–24] und [8–25], Kapitel 2 bis 4). Dieses Beispiel ist insofern interessant und wichtig, als mit dem zweiten Hauptsatz der Thermodynamik auf zeitlich gerichtete Prozesse Bezug genommen wird; die Gesetzesaussagen der Mechanik – ebenso wie die aller anderen grundlegenden physikalischen Theorien – beschreiben hingegen alle Prozesse so, dass diese im Prinzip zeitlich reversibel sind. Deshalb soll dieses Beispiel in diesem Unterkapitel behandelt werden. Ein Prozess wird dabei als eine kontinuierliche Folge von Ereignissen verstanden im Sinne dessen, was an einem Punkt der Raum-Zeit der Fall ist (siehe oben Kapitel IV.1.b).

Gerichtete Prozesse der Entropiezunahme

Der zweite Hauptsatz der Thermodynamik besagt, dass die Entropie eines abgeschlossenen Systems in der Zeit zunimmt (oder gleich bleibt), aber nicht abnimmt. Die Entropie ist ein Maß für Unordnung im Sinne der Zerstreuung der Energie. Wenn beispielsweise eine Tasse zu Boden fällt und zerspringt, ist die Energie in viele Stücke mit ungleich gerichteten Impulsen zerstreut. Die Entropie hat somit zugenommen. Wenn man die Thermodynamik auf die statistische Mechanik reduziert, dann gibt man eine statistische Erklärung der Zunahme von Entropie und deren Irreversibilität. Gemäß den Gesetzen der Mechanik ist es zwar zulässig, dass die Stücke der zerbrochenen Tasse sich von selbst wieder zu einer Tasse zusammenfügen, aber die Rand- und Anfangsbedingungen für einen solchen Prozess, also insbesondere die einheitliche Ausrichtung der Impulse aller dieser Stücke, treten quasi nie ein. Es gibt bei weitem viel mehr Zustände, in denen die Impulse der Stücke der ehemaligen Tasse ungleich gerichtet sind, als Zustände, in denen die Impulse so koordiniert sind, dass die Stücke sich von alleine wieder zu einer Tasse zusammenfügen. Deshalb kann man die Wahrscheinlichkeit für eine Umkehr des Prozesses und damit die Wahrscheinlichkeit für eine Abnahme der Entropie vernachlässigen. Wenn die Thermodynamik auf die statistische Mechanik reduzierbar ist, dann ist die zeitliche Gerichtetheit einiger Prozesse keine Folge eines grundlegenden Naturgesetzes; sie ist dann vielmehr eine Folge von Rand- und Anfangsbedingungen.

Gerichtete Prozesse von Strahlung

Es gibt noch weitere Beispiele für zeitlich gerichtete Prozesse. Wenn man einen Stein auf eine bis dahin ruhige Wasseroberfläche wirft, dann werden kreisförmige Wasserwellen ausgelöst, die sich vom Punkt des Aufschlages koordiniert entfernen. Der umgekehrte Prozess, die koordinierte Kontraktion kreisförmiger Wasserwellen zu einem Punkt, findet jedoch offenbar nicht statt. Ein solcher umgekehrter Prozess wird durch die Gesetze der Physik nicht ausgeschlossen. Wiederum ist es aber so, dass die Rand- und Anfangsbedingungen für einen solchen Prozess faktisch nicht eintreten. Wasserwellen sind eine Illustration von etwas, das für alle Arten von wellenproduzierenden Phänomenen gilt, insbesondere auch die Emission elektromagnetischer Wellen von einer Quelle. Deshalb sind diese Phänomene als gerichtete Prozesse von Strahlung bekannt.

Karl R. Popper (1902–1994) hat in den 1950er Jahren eine Debatte über die Bedeutung der gerichteten Prozesse von Strahlung ausgelöst. Er vertritt, dass die Irreversibilität dieser Prozesse unabhängig von der Irreversibilität thermodynamischer Prozesse ist [8–26]. Popper bestreitet nicht, dass jede experimentelle Realisation eines solchen Prozesses eine Zunahme der Entropie involviert. Seine Behauptung ist, dass die Zunahme der Entropie nicht der Grund für die Irreversibilität eines solchen Prozesses ist. Der Grund ist, dass die Bedingungen für die Umkehr eines solchen Prozesses nicht erfüllt werden können, und zwar unabhängig davon, ob die Umkehr eines solchen Prozesses ebenfalls zu einer Abnahme der Entropie führen würde [8–27]. Poppers Behauptung, dass die Irreversibilität von Wellen- beziehungsweise Strahlungsphänomen und die thermodynamische Irreversibilität unabhängig voneinander sind, hat einige Anhänger (siehe zum Beispiel [8–28], insbesondere S. 277, und [5–46], Kapitel 3). Die Mehrheit der auf diesem Gebiet arbeitenden Physiker und Wissenschaftsphilosophen vertritt jedoch, dass die Irreversibilität von Strahlungsprozessen auf die thermodynamische Irreversibilität zurückgeführt werden kann (siehe zum Beispiel [8–29], Kapitel 2, insbesondere S. 36).

Das kosmische Problem der Anfangsbedingungen

Es wird weithin angenommen, dass der zweite Hauptsatz der Thermodynamik auch für das Universum insgesamt genommen gilt: Die Entropie nimmt im Universum global zu. Wenn die Entropie im Universum global zunimmt und es einen Anfangszustand des Universums gibt, den sogenannten Urknall (siehe oben Kapitel IV.1.a), dann ist man darauf festgelegt, anzunehmen, dass der Anfangszustand des Universums ein Zustand niedriger Entropie ist. Ein Anfangszustand niedriger Entropie ist statistisch gesehen jedoch äußerst unwahrscheinlich. Damit zeigt sich, wie problematisch die oben angedeutete Erklärung zeitlich gerichteter Prozesse ist: Dass die Stücke der ehemaligen Tasse sich nicht von selbst wieder zusammenfügen, wird damit erklärt, dass die dafür erforderliche koordinierte Ausrichtung der Impulse der Stücke extrem unwahrscheinlich ist. Die Frage jedoch, wieso es überhaupt Zustände niedriger Entropie mit zum Beispiel Tassen gibt, die zerbrechen können, führt uns letztlich zu einem Anfangszustand des Universums mit sehr niedriger Entropie. Dass das Universum einen solchen Anfangszustand hat statt eines Zustandes thermischen Gleichgewichtes, ist statistisch gesehen mindestens ebenso unwahrscheinlich wie, dass die Impulse der Stücke der ehemaligen Tasse so koordiniert sind, dass diese Stücke sich von selbst wiederum zu einer Tasse zusammenfügen (vergleiche für eine leicht zugängliche Darstellung des Problems mit Berechnung der statistischen Wahrscheinlichkeit für einen Anfangszustand des Universums mit niedriger Entropie [5–58], Kapitel 7).

Poppers Erklärung irreversibler Prozesse ohne Bezugnahme auf die Thermodynamik führt zu dem gleichen Problem: Wenn die Irreversibilität von Strahlung von globaler Bedeutung ist, wie Popper annimmt, und wenn die grundlegenden physikalischen Gesetze alle Vorgänge als zeitlich reversibel beschreiben, dann muss diese Irreversibilität auf Anfangsbedingungen im Universum zurückgeführt werden. Die Frage ist dann, wieso das Universum einen Anfangszustand hat, der unter anderem zu Quellen elektromagnetischer Strahlung, zur koordinierten Emission von Wasserwellen usw. führt. Ein solcher Anfangszustand ist wiederum mindestens ebenso unwahrscheinlich wie das Erfüllen der Bedingungen, die zur koordinierten Kontraktion von Wellen führen würden (siehe dazu [5–46], S. 54–58, [8–23], S. 305–306, und [8–29], S. 16). Die Erklärung zeitlich irreversibler Prozesse verweist uns also von der Thermodynamik und der Theorie der Strahlung an die Kosmologie, genauer zu der Rechtfertigung der Annahme eines Anfangszustandes des Universums mit niedriger Entropie. Es gibt in der gegenwärtigen Kosmologie einige Vorschläge zur Rechtfertigung dieser Annahme. Keiner von diesen hat sich aber bisher als überzeugend durchgesetzt (siehe für eine Übersicht und philosophische Bewertung [8–23], Kapitel 8, und [5–46], Kapitel 4).

Man kann allerdings einwenden, dass die Suche nach einer Rechtfertigung der Annahme eines Anfangszustandes des Universums mit niedriger Entropie unangemessen ist. Diesen Einwand kann man aus empirischen Gründen erheben. Man kann vertreten, dass die empirischen Belege, über die wir verfügen, uns zwar zu einer bestimmten Annahme über den Anfangszustand des Universums führen mögen; aber wir können über keine empirischen Belege verfügen, die eine Basis für eine Erklärung des betreffenden Anfangszustandes des Universums sein könnten. Eine andere Möglichkeit ist, die Unterscheidung zwischen Gesetzen und Anfangsbedingungen in Frage zu stellen, aufgrund derer die Annahme eines Anfangszustandes des Universums mit niedriger Entropie der Seite der Anfangsbedingungen zugeschlagen wird. Wenn man sich David Lewis' empiristischer Sicht von Naturgesetzen anschliesst (siehe oben Kapitel VII.1.c), dann kann man vertreten, dass die Annahme eines Anfangszustandes des Universums mit niedriger Entropie den Status eines Axioms in dem System hat, das Einfachheit und Informationsgehalt am besten ausbalanciert. Als ein Axiom ist für diese Annahme eine Erklärung weder erforderlich noch möglich (vergleiche [8–30], Abschnitt 2.8, und siehe auch [8–25], S. 160–161).

Konsequenzen für die Reduktion der Thermodynamik auf die statistische Mechanik

Die Reduktion der Thermodynamik auf die statistische Mechanik wäre, wenn sie umfassend gelingt, deshalb ein wichtiges Beispiel für eine Theoriereduktion, weil sie zeigen würde, wie man mit dem zweiten Hauptsatz der Thermodynamik eine gesetzesartige Beschreibung zeitlich gerichteter Prozesse aus einer fundamentalen physikalischen Naturbeschreibung gewinnen kann, deren Gesetzesaussagen alle Prozesse als im Prinzip zeitlich umkehrbar beschreiben. Der Stand der Kunst ist jedoch dieser: Selbst wenn es möglich sein sollte, die Gesetze der Thermodynamik auf die statistische Mechanik – und diese auf die klassische Mechanik beziehungsweise die Quantenmechanik – zu reduzieren, erfordert eine Erklärung der zeitlich gerichteten Prozesse, mit denen wir vertraut sind, eine zusätzliche Annahme über die Anfangsbedingungen des Universums; diese zusätzliche Annahme eines Anfangszustandes des Universums mit niedriger Entropie muss – nach der gegenwärtig vorherrschenden Sicht – auf jeden Fall zu den Gesetzen einer fundamentalen Theorie hinzukommen, welches diese Gesetze auch immer sein mögen (vergleiche die Übersicht über die Positionen in [8–31]).

Zeitlich gerichtete Prozesse und zeitliche Sicht von Existenz

Der Verweis auf zeitlich gerichtete Prozesse wird manchmal als Argument dafür eingesetzt, um eine zeitliche Sicht der Existenz zu begründen. Poppers Motivation dafür, Wellenphänomene im Unterschied zu thermodynamischen Prozessen hervorzuheben, ist beispielsweise, dass er eine statistische Theorie des Zeitpfeils und des Zeitflusses für nicht akzeptabel hält ([8–27] und [8–32]). Popper meint also, dass ein thermodynamischer Ursprung zeitlich gerichteter Prozesse zusammen mit der Annahme, dass die Thermodynamik auf die statistische Mechanik reduzierbar ist, zu einer statistischen Theorie des Zeitpfeils im Sinne des Zeitflusses führen würde. Popper bezieht sich auf zeitlich irreversible Prozesse, um eine zeitliche Sicht von Existenz zu begründen. Das Universum ist in der Zeit in dem Sinne, dass es einen eindeutigen gegenwärtigen Zustand des Universums gibt und dass das Universum sich von vergangenen über den gegenwärtigen zu zukünftigen Zuständen entwickelt. In diesem Sinne gibt es einen Fluss der Zeit von der Vergangenheit über die Gegenwart zur Zukunft (siehe insbesondere [8–33]).

Hier liegt jedoch eine begriffliche Ungenauigkeit vor: Die Existenz zeitlich gerichteter Prozesse ist kein Argument dafür, eine zeitliche einer zeitlosen Sicht der Existenz vorzuziehen. Die Frage, ob es zeitlich gerichtete Prozesse gibt oder ob alle Prozesse zeitlich umkehrbar sind, und die Frage, ob eine zeitliche oder eine zeitlose Sicht der Existenz plausibler ist, sind voneinander unabhängige Diskussionsgegenstände. Zeitlich gerichtete Prozesse sind Prozesse, die irreversibel, asymmetrisch oder anisotrop sind. Aus der Anerkennung der Existenz solcher Prozesse folgt zunächst einmal schon nicht, dass die Zeit selbst asymmetrisch oder anisotrop ist (vergleiche [8–34], insbesondere S. 45–47). Eigenschaften von etwas in der Zeit lassen sich nicht ohne weiteres auf die Zeit selbst übertragen. Hinzukommt, dass die hier zur Debatte stehende Eigenschaft der Irreversibilität eher ein faktisches Vorkommnis zu sein scheint denn auf grundlegenden Naturgesetzen zu beruhen. Wenn man allerdings eine Philosophie der Zeit vertritt, gemäß der die Zeit kein Seiendes über das hinaus ist, was in der Zeit ist, dann kann man die globale Existenz zeitlich gerichteter Prozesse als dafür hinreichend ansehen, von der Asymmetrie oder der Anisotropie der Zeit zu sprechen. Nichtsdestoweniger ist dann jedoch zu beachten, dass aus der Asymmetrie oder Anisotropie der Zeit in diesem Sinne nichts für eine zeitliche Sicht der Existenz im Unterschied zu einer zeitlosen Sicht folgt.

Betrachten wir eine Welt, in der nicht nur die klassische Mechanik, sondern auch Newtons Philosophie der Zeit gilt. In dieser Welt gibt es eine absolute Zeit im Sinne einer Zeit mit Pfeil: Die absolute Zeit fließt von vergangenen über den gegenwärtigen zu zukünftigen Zuständen des Universums. Aber es braucht in dieser Welt keine zeitlich gerichteten Prozesse zu geben. Alle Prozesse, die in dieser Welt stattfinden, können im Sinne der klassischen Mechanik zeitlich reversibel sein. Es kann also einen Fluss der Zeit ohne irreversible Prozesse in der Zeit geben.

Kommen wir nun auf die zeitlose Sicht der Existenz im Sinne der Konzeption eines Blockuniversums zurück, die unter Bezugnahme auf die spezielle Relativitätstheorie begründet werden kann (siehe oben Kapitel IV.1.b). Betrachten wir ein Ereignis E_2 an einem Punkt der Raum-Zeit. Nehmen wir an, dass es einen Prozess gibt, der von einem Ereignis E_1 im Vergangenheits-Lichtkegel dieses Punktes zu E_2 führt. Wenn dieser Prozess irreversibel ist, dann gibt es ohne äußeren Eingriff keinen Prozess, der von E_2 zu einem Ereignis E_3 im Zukunfts-Lichtkegel führt, das ein Ereignis der gleichen Art wie E_1 ist. Es ist möglich, dass solche Restriktionen überall in einem Blockuniversum anzutreffen sind. Sie können sogar auf Naturgesetzen beruhen. Irreversible Prozesse implizieren ebenso wenig eine eindeutige zeitliche Ordnung aller Ereignisse wie die Expansion des Universums, die im Zentrum der heute vorherrschenden kosmologischen Theorie steht, dieses tut. Es kann somit irreversible Prozesse geben wie diejenigen, welche von der Thermodynamik beschrieben werden – oder sogar einen Prozess der Expansion des gesamten Universums, der irreversibel ist –, ohne dass es damit eine physikalische Basis für einen Pfeil der Zeit im Sinne eines Flusses der Zeit gibt.

Die heutige Naturwissenschaft enthält keine physikalische Basis für einen Zeitpfeil im Sinne eines Flusses der Zeit (zeitliche Sicht der Existenz). Zeitlich gerichtete Prozesse stellen jedenfalls keine solche Basis dar. Nichtsdestoweniger bleibt das Problem bestehen, eine Erklärung für einen Anfangszustand des Universums zu geben, der als Zustand niedriger Entropie die Grundlage für die zeitlich gerichteten Prozesse in unserer Welt ist. Aber es spricht nichts dagegen, dass eine solche Erklärung, wenn sie denn möglich ist, mit einer zeitlosen Sicht der Existenz im Sinne der Konzeption eines Blockuniversums vereinbar ist.

4. Zusammenfassung, Lektürehinweise, Fragen und Übungen

Zusammenfassung

Die Physik ist eine universelle Naturwissenschaft in dem Sinne, dass alle Systeme in der Natur physikalische Systeme sind. Hingegen sind beispielsweise nicht alle Systeme biologische Systeme. Die Gesetze der Physik beschreiben alle Systeme in der Natur. Die Konsequenzen dieses Vorrangs der Physik wurden erläutert. Insbesondere können die Gesetze anderer Naturwissenschaften keine Lücken schließen, welche die Gesetze der Physik lassen. Nichtsdestoweniger wird nicht impliziert, dass zum Beispiel biologische Theorien auf physikalische Theorien reduzierbar sind. Der Vorrang der Physik beinhaltet, dass alle naturwissenschaftlich erforschbaren Eigenschaften auf physikalischen Eigenschaften supervenieren und physikalisch realisiert sind. Eine solche ontologische These läuft aber nicht auf ein Programm der Physik als Einheitswissenschaft hinaus. Dieser wissenschaftliche Realismus ist ferner mit dem Alltags-Realismus vereinbar. Am Beispiel der Thermodynamik wurde die Frage behandelt, wie zeitlich gerichtete Prozesse im Rahmen einer Physik verstanden werden können, deren fundamentale Gesetze alle im Prinzip zeitlich umkehrbare Prozesse beschreiben.

Lektürehinweise
- zu Supervenienz und Realisation: die Arbeiten in [7–10] und [7–12] sowie [7–11]
- zum wissenschaftlichen Realismus: [8–4] und [8–5]
- zu Emergenz und Reduktion: [8–8]
- zur Thermodynamik und statistischen Mechanik: [8–23], Kapitel 9, [8–24] und [8–25], Kapitel 2 bis 4
- zur Thermodynamik und zeitlich gerichteten Prozessen: [5–58], Kapitel 7, und [8–23], Kapitel 10
- zur physikalischen Grundlage zeitlich gerichteter Prozesse im Allgemeinen: [5–46], Kapitel 2 bis 4, und [8–29]

Fragen und Übungen
- Was ist eine Schichtensicht der Welt?
- Was heißt es, dass die Physik eine universelle Naturwissenschaft ist?
- Erörtern Sie die Konsequenzen der These, dass die Gesetzesaussagen der Physik alle Systeme in der Natur beschreiben!
- Was ist mit globaler Supervenienz gemeint?
- Was ist die Bedeutung der Konzepte von Supervenienz und Realisation im Kontext der These, dass die Physik eine universelle Naturwissenschaft ist?
- Diskutieren Sie die verschiedenen Möglichkeiten, wie das Verhältnis von wissenschaftlichem Realismus und Alltags-Realismus gedacht werden kann!
- Erläutern Sie die verschiedenen Sinne von „Emergenz"!
- Was ist mit Theoriereduktion gemeint?
- Was ist das Verhältnis von Theoriereduktion auf der einen Seite und Emergenz und Supervenienz von Eigenschaften höherer Ebenen auf der anderen Seite?
- Diskutieren Sie Kandidaten für eine Theoriereduktion!
- Was ist der Zusammenhang zwischen der Thermodynamik und zeitlich gerichteten Prozessen?
- Was ist das Problem für eine Erklärung zeitlich gerichteter Prozesse unter Bezugnahme auf den zweiten Hauptsatz der Thermodynamik?
- Was ist das Verhältnis zwischen zeitlich gerichteten Prozessen, der Anisotropie der Zeit und einem Zeitpfeil im Sinne eines Flusses der Zeit?

IX. Philosophische Aspekte der Biologie

Dieses Kapitel stellt die wichtigsten Themen vor, die in der Philosophie der Evolutionsbiologie diskutiert werden: was biologische Arten sind, welche Bedeutung die natürliche Selektion hat, welches die Einheiten der natürlichen Selektion sind und wie biologische Erklärungen zu verstehen sind. Ein besonderer Akzent wird dann auf das Merkmal des Bewusstseins gesetzt.

1. Die Philosophie der Evolutionsbiologie

Evolutionsbiologie als historische und regionale Wissenschaft

Nachdem im Ausgang von der Philosophie der Physik generelle naturphilosophische Themen behandelt wurden, geht dieses Kapitel auf philosophisch relevante Aspekte ein, die für die Biologie spezifisch sind. Im Mittelpunkt der Philosophie der Biologie steht die Evolutionsbiologie. Philosophische Fragestellungen im Anschluss an die Evolutionsbiologie bilden daher den Schwerpunkt dieses Kapitels. Zum Abschluss gehe ich kurz auf das Thema „Bewusstsein" ein.

Abgesehen von der Kosmologie enthält die Physik keine historische Dimension. Die gesetzesartigen Zusammenhänge, die in der Physik untersucht werden, sind nicht etwas, das sich historisch entwickelt hat. Auch wenn es mit dem Urknall einen Anfangszustand des Universums geben sollte, sind die gesetzesartigen Zusammenhänge, die in den grundlegenden physikalischen Theorien behandelt werden, doch etwas, das sich auf die gesamte Raum-Zeit bezieht. Anders verhält es sich mit dem zentralen Bereich der Biologie, der Evolutionstheorie. Diese ist eine historische Theorie. Ihr Untersuchungsgegenstand ist die Frage, wie die Evolution biologischer Arten abläuft. Zwei Formen von Evolution sind zu unterscheiden: (a) der Wandel von Eigenschaften von Individuen über Generationen innerhalb einer biologischen Art und (b) das Entstehen und Vergehen biologischer Arten. Die Evolutionstheorie ist ferner eine Theorie, deren Geltungsbereich regional begrenzt ist: Ihr Thema ist die Art und Weise, wie die Evolution der biologischen Arten auf der Erde verläuft (siehe zur Philosophie der Evolutionsbiologie [9–1], [9–2] und [9–3] sowie die Arbeiten in [9–4]; zur Philosophie der Biologie generell siehe die Arbeiten in [9–5]).

Definition biologischer Arten

Gemäß der Sichtweise, die heute in der Philosophie der Biologie vorherrscht, sind biologische Arten nicht in erster Linie durch qualitative Eigenschaften (Merkmale), sondern durch gemeinsame Abstammung definiert. Eine notwendige Bedingung dafür, dass zwei Individuen der gleichen Art angehören, ist die gemeinsame Abstammung. Ob etwas beispielsweise ein Tiger ist, entscheidet sich durch dessen Abstammung. Künstlich hergestellte Wesen mit qualitativ gleichen Eigenschaften oder solche Wesen anderswo im Universum wären dementsprechend keine Tiger (siehe [9–1], Kapitel 6, und [9–2], Kapitel 9). Nichtsdestoweniger sind qualitative Eigenschaften erforderlich: Um unter der Bedingung der gemeinsamen Abstammung festzulegen, was eine Entwicklung innerhalb einer Art ist und wo der Übergang zu einer neuen Art stattfindet, bedarf es qualitativer Eigenschaften. Ein wichtiges qualitatives Kriterium für die Abgrenzung biologischer Arten ist die Reproduktionsfähigkeit: Sofern die Reproduktion auf sexuelle Weise stattfindet, können Angehörige einer Art – und nur diese – zusammen Nachkommen zeugen, die selbst wiederum reproduktionsfähig sind. Gemäß der heute vorherrschenden Sicht sind biologische Arten also keine natürlichen Arten – wie beispielsweise Wasser oder Kupfer –, die allein durch charakteristische Eigenschaften definiert sind, sondern historische Entitäten, die dementsprechend geographisch auf den Planeten Erde beschränkt sind.

In diesem Zusammenhang besteht eine Diskussion darüber, ob biologische Arten Klassen im philosophischen Sinn oder Individuen sind. Wenn beispielsweise die Art „Tiger" eine Klasse ist, dann sind die einzelnen Tiger Mitglieder dieser Klasse, und die Klasse ist etwas Universelles (siehe zum Beispiel [9–6], Kapitel 7 bis 9). Wenn hingegen die Art „Tiger" ein Individuum ist, dann ist die Art ebenso etwas Partikuläres wie die einzelnen Tiger. Die Art ist dann ein Individuum, das sich über ein zusammenhängendes Gebiet der Raum-Zeit erstreckt (vorausgesetzt, dass alle Tiger auf eine gemeinsame Abstammung zurückgeführt werden können). Die einzelnen Tiger sind in diesem Falle Teile der Art „Tiger" (siehe zum Beispiel [9–1], Kapitel 6, und [9–7], insbesondere Kapitel 5, sowie [9–8], Kapitel D, und [9–9]). Arten als Individuen aufzufassen, wird erst durch ein historisches Konzept von Arten möglich. Wenn Arten allein durch qualitative Eigenschaften definiert wären, handelte es sich um – raum-zeitlich unbegrenzte – Klassen. Wenn Arten jedoch in erster Linie durch gemeinsame Abstammung definiert sind und somit raum-zeitlich begrenzt sind, dann kann es plausibel sein, sie wegen ihrer raum-zeitlichen Begrenzung als Individuen aufzufassen.

Darwins Prinzipien

Die Evolutionstheorie geht auf Charles Darwin (1809–1882) zurück. Darwins Leistung ist es, zwei Prinzipien zusammenzuführen:

1. das *Lebensbaum-Prinzip*: Alle Lebewesen auf der Erde sind genetisch miteinander verwandt. Sie haben eine gemeinsame Abstammung. Leben ist aus anorganischer Materie entstanden, und die einzelnen Arten haben sich aus einem gemeinsamen Ursprung entwickelt.
2. das *Prinzip der natürlichen Selektion (Auslese)*: Dieses ist in der Biologie das Prinzip sowohl für die Entwicklung innerhalb einer biologischen Art – indem sich die Eigenschaften der Individuen einer Art im Laufe der Generationen ändern – als auch für das Entstehen neuer Arten aus bereits vorhandenen Arten und das Vergehen von Arten. Vorausgesetzt für die Anwendbarkeit des Prinzips der natürlichen Selektion ist, dass Lebewesen sich vermehren können, dass sie Eigenschaften vererben können, die für ihr Überleben relevant sind, und dass in diesen Prozessen vererbbare Veränderungen auftreten können. Objekt der Selektion sind individuelle Organismen, aber auch Gene und ganze Gruppen von Individuen einer Art. Selektiert werden diese für bestimmte beziehungsweise aufgrund von bestimmten Eigenschaften (siehe zu letzterer Unterscheidung

[9–10], Kapitel 3.2). Die Selektion von etwas für bestimmte beziehungsweise aufgrund bestimmter Eigenschaften bedeutet, dass das Objekt der Selektion dank der betreffenden Eigenschaften überlebt oder Erfolg in der Reproduktion hat („oder“ ist hier im einschließenden Sinne zu verstehen).

Diese beiden Prinzipien können so formuliert werden, dass sie allgemeine Gesetzesaussagen sind, wie sie auch in anderen naturwissenschaftlichen Theorien vorkommen. Das Lebensbaum-Prinzip kann dahingehend verallgemeinert werden, dass es Folgendes besagt: Für jeden Fall von Leben im Universum gilt, dass im jeweiligen Fall alles Leben aus anorganischer Materie entstanden ist und dass es genetisch verwandt im Sinne einer gemeinsamen Abstammung ist. Zu einer historischen und regional begrenzten Theorie wird die Evolutionstheorie allein dadurch, dass die jeweiligen Arten von Lebewesen nicht nur durch allgemeine qualitative Eigenschaften, sondern auch durch ihre gemeinsame Abstammung definiert sind. Das Prinzip der natürlichen Selektion ist ebenfalls ein allgemeines gesetzesartiges Prinzip. Es formuliert eine Regel für die Entwicklung der Arten von Lebewesen – beziehungsweise allgemeiner ausgedrückt handelt es sich um eine Regel für die Evolution von was auch immer das Objekt der Selektion ist. Diese Regel ist im Prinzip auf alle Arten von Lebewesen wo auch immer anwendbar (siehe zum Prinzip der natürlichen Selektion [9–11]).

Molekularbiologie

Die systematische Grundlage für die Evolutionsbiologie ist die Molekularbiologie. Diese untersucht die biochemische Basis des Lebens; denn Gene sind aus DNA-Sequenzen aufgebaut. Seit der Entschlüsselung der molekularen Struktur der DNA durch Crick und Watson 1953 ist die Molekularbiologie zu einer bedeutenden Disziplin geworden. Die Molekularbiologie kann als die Brücke zwischen der Biologie und der Chemie angesehen werden. Obwohl die Molekularbiologie die biochemischen Grundlagen des Lebens untersucht, wird jedoch weithin die Auffassung vertreten, dass eine Theoriereduktion der Evolutionsbiologie auf die Molekularbiologie nicht möglich ist. Ein wichtiger Grund ist, dass gemäß der vorherrschenden Sicht biologische Eigenschaften funktionale Eigenschaften sind, die auf ganz verschiedene Weisen molekular realisiert sein können. Infolgedessen kann die Beschreibung der biologischen Eigenschaften nicht auf eine molekulare Beschreibung reduziert werden.

Die Molekularbiologie ist in den letzten zwanzig Jahren zu einem Brennpunkt des öffentlichen Interesses geworden, weil ihre Erkenntnisse – genau wie die Erkenntnisse der Chemie und der Physik – die Möglichkeit der technischen Anwendung eröffnen. Insbesondere geht es hier um Eingriffe in genetische Codes einschließlich des menschlichen Genoms, die es im Prinzip ermöglichen, Organismen in Bezug auf bestimmte gewünschte Eigenschaften hin gezielt zu verändern und solche Organismen auf der genetischen Ebene künstlich zu reproduzieren (das sogenannte Klonen) (siehe die Aufsätze in [9–5], Teil 8). Auf die ethischen Aspekte dieser Entwicklung werde ich im nächsten Kapitel kurz eingehen (siehe unten Kapitel X.3).

Evolution kein rein zufälliger Prozess

Insbesondere aufgrund des Prinzips der natürlichen Selektion kann man nicht sagen, dass gemäß der Evolutionstheorie die Entwicklung der Lebewesen ein rein zufälliger Prozess ist. Die Evolution erfolgt in kleinen Schritten, geleitet vom Prinzip der natürlichen Selektion. Genetische Mutationen sind nur in dem Sinne zufällig, dass es keine systematische Verknüpfung zwischen der Eintrittswahrscheinlichkeit einer Mutation und deren adaptivem Wert gibt. Mutationen sind also nicht zielgerichtet. Mit „zufällig" im Sinne von „nicht zielgerichtet" ist jedoch vereinbar, dass Mutationen kausal determiniert sind, beispielsweise durch Umweltfaktoren. Nichts spricht dagegen, dass es sich bei Mutationen um Ereignisse handelt, die zumindest gemäß chemischen und physikalischen Gesetzen determiniert sind. Allerdings gibt es in der Literatur auch Stimmen, die Mutationen mit genuin indeterministischen Quanten-Ereignissen in Verbindung zu bringen versuchen (siehe insbesondere [9–12]).

Natürliche Selektion

Zwei Faktoren sind für die natürliche Selektion bestimmend: die Reproduktion von Eigenschaften von Individuen durch Vererbung, und die Veränderung von Eigenschaften aufgrund von Umwelteinflüssen. Anpassungen an die Umwelt werden im Lauf der Generationen in einer Gruppe von Individuen derselben Art (einer Population) weiter verbreitet. Eine *Adaptation* (Anpassung) ist eine Eigenschaft, die sich entwickelt und verbreitet hat, weil die Organismen, welche diese Eigenschaft haben, aufgrund dieser Eigenschaft selektiert wurden. Adaptationen sind also das Ergebnis natürlicher Selektion. *Adaptiv* sind diejenigen Eigenschaften, die gegenwärtig zum Überleben und damit zur Reproduktionsfähigkeit des Organismus, der diese Eigenschaften hat, beitragen.

Was natürliche Selektion besagt, wird manchmal in dem Schlagwort vom Überleben der Tauglichsten („survival of the fittest") zusammengefasst. Mit Tauglichkeit (fitness) ist die Fähigkeit zum Überleben und die Fähigkeit, sich zu reproduzieren, gemeint. Eine Eigenschaft *X* trägt mehr zur Tauglichkeit eines Lebewesens bei als eine Eigenschaft *Y*, wenn *X* im Vergleich zu *Y* die Wahrscheinlichkeit des Überlebens und die Reproduktionsfähigkeit des Lebewesens in einer gegebenen Umwelt erhöht. Zum Beispiel sind schnelle Hasen tauglicher als langsame Hasen, und in einer Schneelandschaft sind Hasen mit weißem Fell tauglicher als Hasen mit braunem Fell. Schnelle Hasen haben mehr Fortpflanzungserfolge als langsame Hasen. Angenommen, dass das Merkmal der Schnelligkeit erblich ist, wird es im Laufe der Zeit immer mehr schnelle Hasen in einer gegebenen Gruppe von Hasen geben. Ferner ist eine Gruppe von schnellen Hasen weniger der Gefahr ausgesetzt, ausgerottet zu werden, als eine Gruppe von langsamen Hasen. In diesem Sinne kann Tauglichkeit auch auf ganze Gruppen bezogen werden.

Adaptationen erfolgen schrittweise. Über eine Reihe von Schritten kann eine neue Art entstehen. Der geläufigste Fall ist die Evolution einer neuen Art dadurch, dass innerhalb einer vorhandenen Art eine neue Seitenlinie entsteht und dann schließlich statt einer zwei Arten vorhanden sind. Dieser Fall kann durch geographische Trennung eintreten, indem Gruppen derselben Art in unterschiedlichen Umwelten leben. Wegen der Verschiedenheit der Umwelt können Organismen derselben Art in den verschiedenen Umwelten aufgrund verschiedener Eigenschaften selektiert werden. Auf diese

Weise können die Unterschiede zwischen den Gruppen schließlich so groß werden, dass die Mitglieder zweier solcher Gruppen miteinander keine selbst reproduktionsfähigen Nachkommen mehr zeugen können. Aus zwei Gruppen einer Art sind dann zwei verschiedene Arten geworden.

Adaptionismus

Welche Bedeutung hat die natürliche Selektion? Gemäß der Position, die als „Adaptionismus" bekannt ist, ist natürliche Selektion das bei weitem vorherrschende Prinzip für die Evolution der Lebewesen auf der Erde. Genauer gesagt, der Adaptionismus behauptet das Folgende: Bei den meisten Arten von Lebewesen können die meisten Eigenschaften, die für die Individuen der betreffenden Art charakteristisch sind, durch Modelle erklärt werden, die allein natürliche Selektion als Evolutionskriterium berücksichtigen (siehe zum Beispiel [9–13], insbesondere Kapitel 8 und 9). Es ist jedoch umstritten, welches Gewicht dem Prinzip der natürlichen Selektion in der Entwicklung der Lebewesen auf der Erde genau zukommt und welche Rolle weitere Faktoren spielen. Gegen den Adaptionismus wird eingewendet, dass natürliche Selektion nur ein Faktor von mehreren ist, und nicht unbedingt der wichtigste (siehe insbesondere [9–14]; zur Kontroverse um den Adaptionismus siehe die Arbeiten in [9–15] und [9–5], Teil 1). Zufällige historische Umstände und Beschaffenheiten der Umwelt können gerade bei kleinen Gruppen auch eine gewichtige Rolle spielen. Infolgedessen brauchen nicht alle Eigenschaften, die sich durchgesetzt haben, Adaptationen zu sein. Das gilt sogar für Eigenschaften, die gegenwärtig adaptiv sind. Daraus, dass eine Eigenschaft gegenwärtig zum Überleben und damit zur Reproduktionsfähigkeit des betreffenden Organismus beiträgt, kann man nicht automatisch schließen, dass eine Selektion des betreffenden Organismus aufgrund dieser Eigenschaft stattgefunden hat.

Selbstorganisation

Ein weiterer Einwand gegen den Adaptionismus kommt aus einer anderen Richtung: Von manchen Biologen und Philosophen wird Selbstorganisation als ein Prinzip angesehen, das für die Evolution wichtig ist. Während für die natürliche Selektion die Interaktion zwischen dem Organismus und der Umwelt zentral ist, kann Selbstorganisation als ein inneres Prinzip des betreffenden Organismus verstanden werden (siehe dazu insbesondere [9–16] sowie für die Theorie der Autopoiese biologischer Systeme [9–17]). Die vorherrschende Meinung in der Literatur ist jedoch, dass Selbstorganisation kein Prinzip ist, das in Konkurrenz oder im Gegensatz zu dem Prinzip der natürlichen Selektion steht. Der Prozess der natürlichen Selektion kann vielmehr selbst als ein Prozess der Selbstorganisation verstanden werden: Organismen entwickeln sich in Interaktion mit der Umwelt. Sie grenzen sich dabei als selbständige Einheiten von ihrer Umwelt ab, die sich in Interaktion mit ihrer Umwelt selbst erhalten. Sie reproduzieren sich in dem Sinne, dass sie neue Individuen derselben Art hervorbringen. Kreisförmige Kausalprozesse im Sinne einer auf den betreffenden Organismus selbst zurückbezogenen Kausalität (Rückkoppelung) spielen dabei eine wichtige Rolle. Kreisförmige Kausalität wird insbesondere in der Systemtheorie untersucht (siehe zur Systemtheorie generell [9–18] und zur aktuellen Diskussion mit besonderer Berücksichtigung der Biologie [9–19]). Es ist jedoch fraglich, ob neue philosophische Kategorien zum Erfassen dieser Form von Kausalität erforderlich sind.

Die Objekte der Selektion

Es besteht eine Diskussion darüber, was genau die Objekte der natürlichen Selektion sind: der einzelne Organismus, eine Gruppe von individuellen Organismen oder einzelne Gene (siehe zu dieser Diskussion die Aufsätze in [9–20], Teil 2). Es gibt zahlreiche Beispiele für Fälle von Verhalten, das die Tauglichkeit von nahen Verwandten oder der Gruppe als ganzer auf Kosten der Tauglichkeit des betreffenden Organismus erhöht; solche Fälle werden als altruistisches Verhalten diskutiert, obwohl damit keine moralische Bewertung verbunden ist. Solche Fälle sind ein Beleg dafür, dass auch Gruppen insgesamt im Unterschied zu einzelnen Organismen die Objekte der natürlichen Selektion sein können (für einen Überblick siehe die Aufsätze in [9–5], Teil 7, sowie [9–2], Kapitel 8).

Auf der anderen Seite des Spektrums wird die Position vertreten, dass sogar einzelne Gene im Unterschied zu und gegebenenfalls auch auf Kosten von ganzen individuellen Organismen das sein können, was selektiert wird. Die Biologen George C. Williams und Richard Dawkins haben die These aufgestellt, dass die Gene die Bezugspunkte der natürlichen Selektion sind ([9–21] und [9–22] sowie [9–23] und [9–24]). Ihr Ansatzpunkt ist, dass nur Gene exakt reproduziert werden können und in dieser Reproduktion als die gleichen erhalten bleiben, während individuelle Organismen kommen und gehen. Organismen sind aus dieser Sicht dasjenige, durch welches die Interaktion der Gene mit der Umwelt stattfindet, die entscheidend für die Fortentwicklung der Gene ist. Dagegen kann argumentiert werden, dass es auf der Ebene der Organismen Eigenschaften gibt, die Belege für Organismen als die Objekte der natürlichen Selektion sind: Die Vererbung der betreffenden Eigenschaften mag zwar einen genetischen Mechanismus involvieren, kann aber nicht ausschließlich als das Kopieren bestimmter einzelner Gene erfasst werden. Selektion auf der Ebene von Genen ist eine Form der natürlichen Selektion, aber offenbar nicht die einzige. Als Ergebnis der Diskussion um die Objekte der natürlichen Selektion ist weithin anerkannt, dass natürliche Selektion sowohl auf der Ebene von Genen als auch auf der Ebene von Organismen und auch auf der Ebene ganzer Gruppen stattfindet; die Gewichtung zwischen diesen Ebenen ist jedoch nach wie vor umstritten (für einen Überblick über die Debatte siehe [9–2], Kapitel 3 bis 5, und [9–10], Kapitel 7 bis 9, sowie die Aufsätze in [9–5], Teil 3; für eine neue Argumentation, die Organismen in den Mittelpunkt der natürlichen Selektion stellt, siehe [9–6], Kapitel 9).

Zirkularitäts-Einwand

Gegen eine Erklärung von Eigenschaften von Lebewesen unter Bezugnahme auf natürliche Selektion wird gelegentlich eingewendet, dass eine solche Erklärung zirkulär ist: Es steht kein unabhängiger Maßstab für Tauglichkeit zur Verfügung. Etwas hat überlebt, weil es tauglich ist, und tauglich ist es, weil es überlebt hat. Tauglichkeit kann jedoch als ein Grad der Befähigung aufgefasst werden, wie gut ein Organismus in einer gegebenen Umwelt überleben kann und in einer solchen Weise Nachkommen zeugen kann, dass das langfristige Überleben der Gruppe, zu der er gehört, sichergestellt wird. Das ist die sogenannte „propensity interpretation" von Tauglichkeit (siehe [9–25] und zum gegenwärtigen Verständnis von Tauglichkeit auch [9–26]). Man gewinnt auf diese Weise einen Erwartungswert der Tauglichkeit für einen Organismus, der unabhängig von dessen tatsächlicher Lebensdauer und dessen tatsächlichem reproduktiven Erfolg ist. Es können dann entsprechende Voraussagen über die Tauglichkeit gemacht werden, die empirisch bestätigt oder widerlegt werden können. Tauglichkeit ist ein allgemeines Erklärungsschema. Selbstverständlich ist für jede Situation spezifisch zu zeigen, wie eine zu erklärende Eigenschaft die Tauglichkeit des betreffenden Lebewesens, der betreffenden Gruppe oder des betreffenden Gens erhöht.

Reduktion biologischer Theorien?

Es ist in der heutigen Wissenschaft und Naturphilosophie unbestritten, dass Leben aus anorganischer Materie entstanden ist und dass alle Lebewesen auf der Erde einschließlich des Menschen durch eine gemeinsame Abstammung genetisch miteinander verbunden sind. Die Evolutionstheorie beseitigt die Grundlage dafür, anzunehmen, dass es auf der Ebene des Lebendigen spezifische Kräfte über die Kräfte hinaus gibt, die in der Physik anerkannt sind. In der heutigen Philosophie der Biologie ist die Position weithin anerkannt, die im vorigen Kapitel allgemein dargestellt wurde (siehe zum Beispiel [9–1], S. 73–77, sowie [9–6]): Die Gesetze der Physik gelten auch für Organismen. Die Eigenschaften, mit denen die Biologie sich beschäftigt, supervenieren auf den grundlegenden physikalischen Eigenschaften im ausgeführten Sinne globaler Supervenienz. Sie sind als physikalische Eigenschaften realisiert. Nichtsdestoweniger sind die Eigenschaften, welche in biologischen Theorien thematisiert werden, zeitlich und konstitutiv emergent im Sinne dessen, wie diese Begriffe in Kapitel VIII.2 eingeführt wurden. Was die biologischen Theorien betrifft, so gibt es Gründe für Zurückhaltung in Bezug darauf, ob biologische Theorien auf physikalische Theorien und insbesondere mikrophysikalische Theorien reduziert werden können.

Die Argumente gegen eine Theoriereduktion beziehen sich insbesondere darauf, dass die Biologie funktionale Eigenschaften betrachtet. Die betreffenden funktionalen Eigenschaften sind in ganz verschiedener Weise physikalisch realisiert. Wenn es daher auch für jedes einzelne Phänomen, das in den Gegenstandsbereich der Biologie fällt, im Prinzip eine physikalische Erklärung geben mag, so erfasst diese Erklärung doch nicht dessen funktionalen Aspekt. Der Wissenschaftsphilosoph Elliott Sober bringt das folgende Beispiel:

> „Die Lotka-Volterra Gleichungen in der Ökologie zum Beispiel beschreiben, wie sich die Anzahl der Beutejäger und die Anzahl der Beuteorganismen zueinander dynamisch verhalten. Diese Gleichungen treffen auf jedes Paar von Populationen zu, in denen Organismen der einen Population auf Organismen der anderen Jagd machen. Was ist diese Beziehung des *Jagdmachens*? Löwen machen Jagd auf Antilopen; Venus-Fliegenfallen machen Jagd auf Fliegen. Was hat ein Löwe mit einer Venus-Fliegenfalle gemeinsam, aufgrund dessen sie beide Beutejäger sind? Es gibt keine physikalische Ähnlichkeit, aufgrund derer diese beiden Organismen Beutejäger sind. Gewiss, Löwen *fangen und fressen* Antilopen, und Venus-Fliegenfallen *fangen und fressen* Fliegen. Aber die physikalischen Details dessen, worin fangen und fressen in diesen beiden Fällen bestehen, unterscheiden sich markant. Biologische Kategorien ermöglichen es uns, Ähnlichkeiten zwischen physikalisch unterschiedenen Systemen zu erkennen" ([9–1], S. 76–77, eigene Übersetzung).

Gemäß Sober ist es die Aufgabe der Biologie, generelle Muster des Verhaltens auf der Ebene lebendiger Systeme zu identifizieren. Diese Muster sind funktionaler Art. Sie können physikalisch in ganz verschiedener Weise realisiert sein, wie in diesem Beispiel das Muster des Fangens von Beute.

Gegen diese Sicht kann man einwenden, dass die Konzepte der Supervenienz und der multiplen Realisierbarkeit nicht hinreichen, um die kausale Abhängigkeit biologischer Eigenschaften von physikalischen zu erfassen. Erklärungen unter Bezugnahme auf natürliche Selektion geben Ursachen dafür an, wieso bestimmte biologische Eigenschaften auftreten oder erhalten bleiben und andere nicht. Natürliche Selektion ist ein kausaler Faktor auf der Ebene biologischer Systeme. Da Kausalität immer physikalisch ist (sofern man nicht spezifisch biologische Kräfte annimmt), kann man auf diesem Wege mit einem entsprechenden Reduktionskonzept für die Möglichkeit der Reduktion biologischer Erklärungen auf physikalische Erklärungen argumentieren (siehe insbesondere [9–3], Teil 2; vergleiche auch [9–27], insbesondere Kapitel 4; [9–28], Kapitel 9).

Funktionale statt teleologischer Erklärungen

Funktionale Erklärungen sind in der Biologie und der Philosophie der Biologie an die Stelle teleologischer Erklärungen getreten. Der teleologische Anschein vieler biologischer Phänomene kann in funktionalen Erklärungen erfasst werden. Es ist nicht erforderlich, anzunehmen, dass die Evolution als solche auf ein Ziel ausgerichtet ist oder dass Zielursachen als eine eigene Kategorie von Ursachen in Lebewesen wirksam ist. Was als zielgerichtetes Verhalten erscheint, kann durch die natürliche Selektion der betreffenden Organismen aufgrund bestimmter Eigenschaften erklärt werden. Der Biologe Ernst Mayr spricht von Teleonomie statt Teleologie ([9–13], Kapitel 3). Mayr bindet den Begriff der Teleonomie an funktionale Erklärungen. Dieser Begriff hat sich allerdings – im Unterschied zu dem, wofür er steht – in der wissenschaftsphilosophischen Fachdiskussion nicht durchgesetzt.

Es gibt im Wesentlichen zwei Sichtweisen funktionaler Erklärungen in der Biologie. Gemäß der aetiologischen Theorie biologischer Funktionen ist die Funktion einer Eigenschaft dasjenige, aufgrund dessen diese Eigenschaft sich als etwas, das zum Überleben und damit zur Reproduktionsfähigkeit des betreffenden Organismus beiträgt, im Prozess der natürlichen Selektion durchgesetzt hat – in dem Sinne, dass der Organismus aufgrund dieser Eigenschaft einen Selektionsvorteil hat (siehe insbesondere [9–29]). Für diese Theorie spricht, dass sie die Funktion von etwas unmittelbar an eine kausale Erklärung der betreffenden Eigenschaft bindet. Diese Theorie ist allerdings mit zwei Haupteinwänden konfrontiert:

1. Wenn eine Eigenschaft zum ersten Mal auftritt, hat sie gemäß dieser Theorie keine Funktion. Erst dann, wenn sich diese Eigenschaft über ein paar Generationen hinweg als adaptiv durchgesetzt hat, hat sie eine Funktion. Es erscheint intuitiv unplausibel, der betreffenden Eigenschaft nicht auch schon bei ihrem ersten Auftreten eine Funktion zusprechen zu können.
2. Manche Eigenschaften, die eine Funktion hatten, können diese Funktion im weiteren Verlauf der Evolution verlieren und sogar zu etwas werden, das zum Überleben oder zur Reproduktion des betreffenden Organismus hinderlich ist. Einen Blinddarm zu haben ist eine Eigenschaft, die sich bei

einigen Arten von Lebewesen durchgesetzt hat, weil sie einen Beitrag zum Überleben leistete; beim Menschen leistet diese Eigenschaft aber keinen solchen Beitrag mehr und hat damit keine Funktion mehr. Eine aetiologische Erklärung scheint den Verlust der Funktion nicht erfassen zu können.

Der aetiologischen Theorie biologischer Funktionen steht eine Theorie gegenüber, die Funktionen durch ihre gegenwärtige kausale Rolle definiert. Gemäß dieser Theorie ist die Funktion einer Eigenschaft dasjenige, was diese Eigenschaft gegenwärtig zum Überleben und zur Reproduktionsfähigkeit des betreffenden Organismus beiträgt (siehe insbesondere [9–30] und [9–31] und [9–32]). Die Funktion einer Eigenschaft wird somit als der Beitrag der betreffenden Eigenschaft dazu konzipiert, dass das betreffende System zum Überleben und zur Reproduktion befähigt ist. Deshalb wird manchmal auch von einer dispositionalen Theorie der Funktion gesprochen. Diese Sicht von Funktionen ist dadurch motiviert, etwas eine Funktion zusprechen zu können, unabhängig von der Weise, wie dieses entstanden ist. Auf diese Weise werden die beiden genannten Einwände gegen eine aetiologische Sicht von Funktionen vermieden. Fraglich ist dann jedoch, inwieweit diese Sicht von Funktionen eine Erklärung der betreffenden Eigenschaften geben kann. Gegen diese Sicht von Funktionen kann ferner eingewendet werden, dass sie von sich aus das Konzept der Funktion nicht klar eingrenzen kann: Es gibt sehr viele Fähigkeiten eines Systems, in Bezug auf die kausale Rollen definiert werden können; infolgedessen könnte man nahezu allen Eigenschaften eine Funktion in Hinblick auf eine Fähigkeit des betreffenden Systems zuschreiben (siehe zu diesem Einwand [9–33], Kapitel 6; [9–33] ist eine detaillierte Diskussion des gegenwärtigen Standes der Reflexion auf funktionale Erklärungen in der Biologie; siehe dazu auch die Aufsätze in [9–34] und [9–35]).

2. Bewusstsein und Qualia

Bewusstsein

Höhere Lebewesen zeichnen sich dadurch aus, dass sie über Bewusstsein verfügen. Bewusstsein umfasst drei Aspekte: 1. einen kognitiven Zugang zur Umwelt, 2. emotionale und qualitative Zustände, sogenannte Qualia, und 3. ein durch Kognition und Emotion gesteuertes Verhalten gegenüber der Umwelt. Es ist unbestritten, dass auch Bewusstsein ein Produkt der biologischen Evolution ist. Die Thesen von Supervenienz auf physikalischen Eigenschaften und Realisation als physikalische Eigenschaften sind auch in Bezug auf Bewusstsein weit verbreitet; aber es besteht nicht wie in Bezug auf die anderen biologischen Phänomene, die zeitlich vor der Entwicklung von Bewusstsein stehen, nahezu ein Konsens über diese Thesen. Die Meinungsverschiedenheiten betreffen insbesondere den Aspekt (2) – die Frage, ob die qualitativen Aspekte mentaler Zustände ebenfalls funktional verstanden werden können. Mit den qualitativen Aspekten, den Qualia, ist alle Erfahrung derart gemeint, wie es ist, etwas Bestimmtes zu erleben – wie es ist, Schmerzen zu haben, verliebt zu sein, Farben zu sehen, LSD zu nehmen und so fort. Als Alternative zum Funktionalismus wird vorgeschlagen, den Qualia-Aspekt mentaler Zustände als ein Epiphänomen zu verstehen. Damit ist in diesem Zusammenhang etwas gemeint, das 1. durch Physikalisches verursacht ist, 2. selbst aber nicht etwas Physikalisches ist und nicht als etwas Physikalisches realisiert ist und 3. kausal unwirksam ist.

Qualia

Der Philosoph Thomas Nagel ist für die These bekannt, dass es für jedes Lebewesen eine spezifische qualitative Erfahrung dessen gibt, wie es ist, dieses Lebewesen zu sein, die nicht durch begriffliches Wissen erfasst werden kann („Wie ist es, eine Fledermaus zu sein?" in [9–36], Kapitel 12). Der bereits erwähnte australische Philosoph Frank Jackson hat die These aufgestellt, dass es Tatsachen über Erfahrung gibt, die über die physikalischen Tatsachen hinausreichen. Tatsachen über die Erfahrung von Farben sind ein solches Beispiel. Eine Person, die zwar alle physikalischen Tatsachen kennt, aber nur Schwarz-Weiß-Bilder zu sehen bekommt, kennt bestimmte Tatsachen, die es in der Welt gibt, nicht – nämlich z. B. wie farbige Gegenstände aussehen („Epiphenomenal Qualia" und „What Mary Didn't Know" in [9–37], Kapitel 5 und 6). Der australische Philosoph David Chalmers hat ein ausführliches Argument dafür entwickelt, dass emotionale und qualitative Zustände insgesamt nicht mit physikalischen Zuständen identisch sind: Es besteht die metaphysische Möglichkeit von Wesen, die in allen physikalischen Aspekten den Lebewesen auf der Erde gleichen, die aber keine emotionalen und qualitativen Zustände haben (sogenannte Zombies) [9–38].

Gegen diese Position steht eine ganze Reihe von Philosophen, die Argumente dafür vorbringen, dass auch Bewusstsein, einschließlich Qualia, funktional verstanden werden kann. Die beiden wichtigsten Argumente sind diese:

1. Qualia sind kausal wirksam. Die emotionalen Zustände, in denen Lebewesen sind, beeinflussen deren Verhalten. Kausal wirksam können emotionale Zustände jedoch nur sein, insofern sie als physikalische Zustände realisiert sind. Das Argument für diese These ist dasjenige, welches in Kapitel VIII.1 dargestellt wurde.
2. Qualia haben ebenfalls eine Funktion im Organismus – die Funktion, etwas über die Vorgänge im Organismus und dessen Umgebung in einer Weise anzuzeigen, die das Verhalten des Organismus unmittelbar beeinflusst. Der emotionale Zustand des Schmerzes beispielsweise hat die Funktion, in einer kurzen und direkten Weise einen Defekt im Organismus anzuzeigen.

Unter anderem David Lewis ist für einen Funktionalismus bekannt, der auch Qualia umfasst ([9–39]). Frank Jackson hat sich inzwischen diesen Argumenten angeschlossen und seinen Epiphänomenalismus in Bezug auf Qualia zurückgezogen („Postscript on Qualia" in [9–37], Kapitel 7). Die Debatte ist aber nach wie vor offen (zum Überblick siehe [9–40], [9–41], [9–42] und [9–43]). Der Bereich des Bewusstseins ist die größte Herausforderung für die im vorigen Kapitel dargestellte generelle philosophische Position.

3. Zusammenfassung, Lektürehinweise, Fragen und Übungen

Zusammenfassung
In diesem Kapitel wurden die wesentlichen, philosophisch relevanten Fragestellungen der Evolutionsbiologie vorgestellt. Im Unterschied zu den bisher behandelten naturwissenschaftlichen Theorien ist die Evolutionsbiologie eine historische Theorie. Ihr Untersuchungsgegenstand ist die Frage, wie die Evolution der biologischen Arten auf der Erde verläuft. Gemäß dem heute vorherrschenden Verständnis sind biologische Arten nicht in erster Linie durch qualitative Merkmale, sondern durch gemeinsame Abstammung zusammen mit gemeinsamer Fortpflanzungsfähigkeit definiert. Die Evolution verläuft gemäß dem Prinzip der natürlichen Selektion. Umstritten ist, welches die wesentlichen Objekte der natürlichen Selektion sind: der einzelne Organismus, eine Gruppe von individuellen Organismen oder einzelne Gene. Biologische Erklärungen sind in erster Linie funktionale Erklärungen. Der teleologische Anschein vieler biologischer Phänomene kann durch funktionale Erklärungen erfasst werden. Man kann vertreten, dass die Biologie aufgrund des funktionalen Charakters ihrer Erklärungen nicht auf die Chemie oder die Physik reduziert werden kann. Es besteht eine Diskussion darüber, ob Bewusstsein ebenfalls lediglich ein funktional verstehbares, biologisches Phänomen ist oder ob die qualitativen Aspekte von Bewusstseinszuständen, die sogenannten Qualia, etwas sind, das einer funktionalen Analyse nicht zugänglich ist.

Lektürehinweise
- zur Philosophie der Biologie generell: die Aufsätze in [9–5]
- zur Philosophie der Evolutionsbiologie: [9–1], [9–2] und [9–3] sowie die Aufsätze in [9–4]
- zur natürlichen Selektion: [9–11]
- zum Adaptionismus: die Aufsätze in [9–15]
- zur Debatte um die Objekte der Selektion: die Aufsätze in [9–20]
- zu funktionalen Erklärungen: [9–33] und die Aufsätze in [9–34] und [9–35]
- zu Bewusstsein, Qualia und Kognition: die Aufsätze in [9–40], [9–41], [9–42] und [9–43]

Fragen und Übungen
- In welchem Sinne ist die Biologie – im Unterschied zu Physik und Chemie – eine historische Wissenschaft?
- Was bedeutet eine historische Definition biologischer Arten?
- Was ist der Unterschied dazwischen, biologische Arten als Klassen, und biologische Arten als Individuen aufzufassen?
- Welche Prinzipien kennzeichnen Darwins Evolutionstheorie?
- Wie kann die Entwicklung von Lebewesen unter Bezugnahme auf das Prinzip der natürlichen Selektion erklärt werden?
- Was besagt Tauglichkeit (fitness)?
- Was besagt der Adaptionismus und wieso ist diese Position umstritten?
- Erörtern Sie, was unter dem Prinzip der Selbstorganisation verstanden werden kann und was dessen Bedeutung ist!
- Erörtern Sie die These, dass einzelne Gene Objekte der natürlichen Selektion sein können!
- Welche Sichtweisen funktionaler Erklärungen in der Biologie gibt es?
- Sind funktionale Erklärungen zureichend, um das zielgerichtete Verhalten von Lebewesen zu erfassen?
- Worin besteht das besondere Verständnisproblem, das mit dem Merkmal des Bewusstseins gegeben ist?

X. Grenzen der Naturwissenschaft

Dieses Kapitel geht auf Grenzen der Naturwissenschaft in dreierlei Hinsicht ein. Zunächst werden erkenntnismäßige Grenzen thematisiert: Selbst in einer deterministischen Welt können immanente Beobachter nicht alles erkennen. Vor allem kann unser Selbstverständnis als Denkende und Handelnde in der Natur mit den naturwissenschaftlichen Forschungsmethoden nicht erfasst werden. Dann geht es um Grenzen der technischen Anwendbarkeit naturwissenschaftlicher Forschungsergebnisse: Solche Anwendungen können unerwünschte Folge- und Nebenwirkungen prinzipiell nicht ausschließen, da die Rand- und Anfangsbedingungen nie vollständig bekannt sein können. Schließlich wird die Frage nach moralischen Grenzen des Umgangs mit der Natur erörtert.

1. Grenzen der naturwissenschaftlichen Erkenntnis

a) Immanente Beobachter

Verschiedene Arten von Grenzen

Das abschließende Kapitel soll den Gegenstandsbereich dieser Einführung eingrenzen, indem wir nach den Grenzen der Naturwissenschaft fragen. Solche Grenzen können in dreierlei Hinsicht bestehen:

1. in *erkenntnistheoretischer Hinsicht*: Gibt es etwas, das von der naturwissenschaftlichen Beschreibung und den naturwissenschaftlichen Forschungsmethoden prinzipiell nicht erfasst werden kann?
2. in *technischer Hinsicht*: Gibt es prinzipielle Grenzen dessen, naturwissenschaftliche Ergebnisse technisch nutzen zu können?
3. in *moralischer Hinsicht*: Gibt es prinzipielle Grenzen dessen, was wir in der Natur tun dürfen?

Behandeln wir diese Fragen in dieser Reihenfolge.

Eine Theorie von allem

Gehen wir über den heutigen Stand der Naturwissenschaft hinaus und nehmen wir an, dass wir in der Zukunft über eine grundlegende physikalische Theorie verfügen, in der die allgemeine Relativitätstheorie und die Quantenfeldtheorie vereinigt sind. Diese Theorie soll eine Theorie von allem in dem Sinne sein, dass alles in der Natur gemäß den Gesetzen dieser Theorie determiniert ist, insofern es überhaupt determiniert ist (siehe oben Kapitel VIII.1). Wäre eine solche Theorie das Ende der Naturwissenschaft? Kandidaten für eine solche Theorie hat es in der Wissenschaftsgeschichte schon gegeben; aber keiner dieser Kandidaten hat sich bewährt. Eine Theorie, in welcher die Quantenfeldtheorie und die allgemeine Relativitätstheorie vereinigt sind, wäre zunächst einmal nur ein weiterer solcher Kandidat. Diese Theorie könnte mehr als ein bloßer Kandidat sein: Sie könnte wahr sein. Aber wir könnten ihren Wahrheitsanspruch nie definitiv begründen. Auch eine Theorie von allem im genannten Sinne wäre immer eine Hypothese, die sich als falsch herausstellen könnte ist. Der Grund, weshalb alle unsere Theorien nie mehr als Hypothesen sein können, ist, dass wir keine Perspektive von außen einnehmen können, in der uns die Natur als Ganzes gegenständlich ist – der sogenannte Standpunkt von nirgendwo (vergleiche den Titel von [10–1]). Nicht nur als Handelnde, sondern auch als Erkennende stehen wir mitten in der Natur. Eine erste Erkenntnisgrenze betrifft also den hypothetischen Status allen unseren Wissens.

Grenzen der Prognostizierbarkeit

Nehmen wir ferner um des Argumentes willen einmal an, dass die Theorie von allem im genannten Sinne deterministisch ist. Daraus folgt: Wenn man die Gesetze dieser Theorie kennt und den Zustand der Welt zu einem Zeitpunkt exakt kennt, dann kann man im Prinzip den Zustand der Welt zu jedem beliebigen Zeitpunkt vor oder nach diesem Zeitpunkt berechnen. Der französische Astronom und Mathematiker Pierre Simon de Laplace (1749–1827) hat diese Konsequenz in der Idee eines intelligenten Wesens anschaulich dargestellt, das aufgrund des Determinismus von einem gegebenen Ausgangszustand aus jeden beliebigen Zustand der Welt berechnen kann (siehe [10–2], S. 2). Dieses Wesen ist in der Literatur als der Laplace'sche Dämon bekannt. Wie wir heute wissen, müsste der Laplace'sche Dämon jedoch außerhalb der Welt stehen, um den Zustand der Welt zu einem Zeitpunkt exakt kennen zu können. Einem Beobachter in der Welt ist es prinzipiell nicht möglich, den Zustand der Welt zu einem Zeitpunkt exakt zu bestimmen. Denn ein Beobachter kann den Zustand des Systems, in dem er selbst enthalten ist, nicht exakt bestimmen: Es gibt immer mehrere verschiedene Zustände des Systems, die für einen Beobachter innerhalb des betreffenden Systems ununterscheidbar sind. Dieses Ergebnis gilt in der klassischen Physik ebenso wie in der Quantenphysik; es bezieht sich auf alle möglichen physikalischen Theorien (siehe [10–3], Kapitel 3 und 4). Daraus folgt: Selbst wenn die Welt deterministisch ist, ist jedem Beobachter in der Welt, was auch immer dessen technische Möglichkeiten sein mögen, prinzipiell keine auf die ganze Welt bezogene Voraussage möglich. Hieran bestätigt sich erneut: Determinismus als eine ontologische These über die Welt (siehe oben Kapitel IV.1.b und [4–16], S. 13) ist von Prognostizierbarkeit als einer epistemologischen Angelegenheit zu unterscheiden. Determinismus impliziert nicht Prognostizierbarkeit für immanente Beobachter, und das Fehlen von Prognostizierbarkeit impliziert somit keinen Indeterminismus.

Wir können dieses Ergebnis ausweiten. Es betrifft nicht nur Prognosen über die ganze Welt. Es gilt vielmehr für Prognosen über alle Systeme, mit denen wir in Wechselwirkung stehen. Durch die direkte oder indirekte Wechselwirkung mit dem System, das der Beobachter beobachten möchte, wird er zu einem immanenten Beobachter. Die zweite Erkenntnisgrenze besteht somit in Folgendem: Selbst wenn die Welt deterministisch ist und wir alle Naturgesetze kennen, ist es für uns als Wesen in der Welt prinzipiell nicht möglich, die Zustandsentwicklung irgendwelcher Systeme, mit denen wir in Wechselwirkung stehen, mit Sicherheit zu prognostizieren.

Chaostheorie

Diese Grenze ist allerdings nur von geringer praktischer Bedeutung, solange die Dynamik der Zustandsentwicklung der beobachteten Systeme linear ist: Ähnliche Ursachen (Ausgangssituationen) führen dann zu ähnlichen Wirkungen (Folgesituationen). Ungefähre Kenntnis des Ausgangzustands des beobachteten Systems reicht dann für weitgehend zuverlässige Prognosen hin. Wie jedoch insbesondere die Chaostheorie zeigt, kann eine solche Linearität nicht vorausgesetzt werden. Die Chaostheorie basiert auf einer nicht-linearen Dynamik der Entwicklung der Zustände der betrachteten Systeme. Sie führt uns Fälle vor, in denen eine minimale Variation der Rand- und Anfangsbedingungen große, prinzipiell nicht vorhersagbare Veränderungen in den Auswirkungen hervorrufen kann. Chaos beinhaltet, dass die Lösungen deterministischer Gleichungssysteme extrem empfindlich in Bezug auf die Anfangsbedingungen sind: Ein minimaler Unterschied in den Anfangsbedingungen führt zu stark divergierenden Lösungen. Die Chaostheorie zeigt somit, dass der minimale, nicht eliminierbare Fehler in der Bestimmung von Rand- und Anfangsbedingungen durch einen immanenten Beobachter nicht vernachlässigbar ist; es gibt vielmehr Fälle, in denen aufgrund dieses Fehlers bei gleichen Naturgesetzen ganz verschiedene Folgesituationen mit der Ausgangssituation in den Grenzen, wie diese bestimmt werden kann, vereinbar sind. Die Chaostheorie ist eine deterministische physikalische Theorie; ihre naturphilosophische Bedeutung besteht darin, konkrete Grenzen der Voraussagbarkeit aufzuzeigen (siehe zur Chaostheorie insbesondere [10–4] und für eine philosophische Einschätzung [10–5]).

b) Unsere Stellung in der Natur

Grenzen in der Erkenntnis des Mentalen?

Die Frage nach Grenzen der Naturwissenschaft in erkenntnistheoretischer Hinsicht stellt sich insbesondere in Bezug auf uns selbst als denkende und handelnde Personen. René Descartes (1596–1650) entwickelt die Naturphilosophie so, dass er die Natur als berechenbares Objekt (res extensa) versteht, dem wir als denkende Subjekte (res cogitans) gegenüberstehen. Die Natur und wir selbst als denkende Wesen sind verschiedenartiges Seiendes [2–11]. Schon sein Zeitgenosse Thomas Hobbes (1588–1679) weist diesen Dualismus zurück. Er arbeitet eine Philosophie aus, gemäß der alles, was es gibt, etwas Körperliches ist. Alles, was es gibt, kann vollständig in naturwissenschaftlichem Vokabular und mit den naturwissenschaftlichen Forschungsmethoden erfasst werden [2–16]. Hobbes gelingt es jedoch nicht, dieses Programm durchzuführen. Gerade in seiner Lehre vom Menschen tritt neuzeitliche Subjektivität als etwas hervor, dessen Denken und Handeln nicht einfach in körperlichen Bewegungen aufgeht (siehe dazu [2–8]).

Das Problem, wie wir uns selbst als denkende und handelnde Personen verstehen sollen, ist mit der neuzeitlichen Naturwissenschaft gegeben. Denn mit der Beschreibung der Welt, die uns die neuzeitliche Naturwissenschaft liefert, wird es fraglich, wie es Denken und Handeln in der Welt geben kann. Ein Ausweg dergestalt, dass man sagt, dieses Problem tritt deshalb auf, weil die Naturwissenschaft die Welt nicht so beschreibt, wie sie ist, steht nicht offen, denn es ist kein anderer argumentativ ausweisbarer Weg ersichtlich, Erkenntnis von der Welt zu gewinnen, als derjenige, welcher mit der Naturwissenschaft eingeschlagen wird. Der Philosoph Peter

Bieri formuliert das Problem prägnant, indem er drei Sätze aufstellt, die nicht alle drei zusammen wahr sein können:

1. Mentale Phänomene sind nicht-physische Phänomene.
2. Mentale Phänomene sind im Bereich physischer Phänomene kausal wirksam.
3. Der Bereich physischer Phänomene ist kausal geschlossen. ([10–6], S. 5)

Mit „mentalen Phänomenen" ist alles Geistige einschließlich der Gedanken und Absichten von Personen gemeint. „Physisches" wird hier ebenfalls in einem weiten Sinne verstanden: Es umfasst auch alles Chemische, Biologische, Physiologische usw. – kurz, alles, was zum Gegenstandsbereich irgendeiner naturwissenschaftlichen Theorie gehört. Der erste Satz formuliert einen ontologischen Dualismus, wie er zum Beispiel von Descartes vertreten wird: Mentales einschließlich der Glaubenszustände und Handlungsabsichten von Personen ist ontologisch etwas Andersartiges als Physisches. Es ist dementsprechend auch mit anderen Forschungsmethoden als denen der Naturwissenschaft zu erforschen. Der dritte Satz formuliert ein methodisches Postulat der neuzeitlichen Naturwissenschaft, das in der Naturphilosophie, die an die Naturwissenschaft anschließt, zu einer ontologischen These wird: Die Methodologie der Naturwissenschaft fordert, jedes Ereignis in der Natur nur unter Bezugnahme auf andere Ereignisse in der Natur zu erklären. Ontologisch wird daraus die These, dass jedes physikalische Ereignis vollständig durch andere physikalische Ereignisse determiniert ist, insofern es überhaupt determiniert ist (siehe oben Kapitel VIII.1). Der zweite Satz sagt aus, dass das Mentale mit dem Physischen zusammenhängt, insbesondere durch Interaktionen. Zusammen können diese drei Sätze nicht wahr sein: Wenn mentale Phänomene nicht-physische Phänomene sind und im Bereich physischer Phänomene kausal wirksam sind, dann ist der Bereich physischer Phänomene nicht kausal geschlossen. Und wenn der Bereich physischer Phänomene kausal geschlossen ist, dann sind mentale Phänomene entweder nicht im Bereich physischer Phänomene kausal wirksam, oder es gilt nicht, dass mentale Phänomene nicht-physische Phänomene sind.

Ein ontologischer Dualismus wird in der Nachfolge von Descartes mehr als ein Problem denn als eine vertretbare Position angesehen. Das Problem ist, dass es nach dieser Position unverständlich zu sein scheint, wie Mentales auf Physisches und umgekehrt Physisches auf Mentales einwirken könnte. Descartes selbst bringt allerdings einen Lösungsvorschlag für das Problem der psycho-physischen Interaktion unter der Prämisse des ontologischen Dualismus vor. Handlungsabsichten sind physikalisch wirksam, indem sie die Bewegungsrichtung der physikalischen, animalischen Geister im Gehirn verändern, nicht aber die Summe von deren Bewegung (siehe oben Kapitel II.2). Dieser Lösungsversuch scheitert jedoch schon daran, dass der Impuls auch als vektorielle Größe erhalten bleibt. Dieses Erhaltungsgesetz war Descartes noch nicht bekannt.

Quantenphysik und Körper-Geist-Interaktion

Im Anschluss an die Quantenphysik wird von manchen Denkern eine Lösung des Körper-Geist-Problems im Rahmen eines ontologischen Dualismus vertreten, die den Typ von Descartes' Lösung wiederbelebt. Unter der Voraussetzung, dass es (a) Zustandsreduktionen in der Natur gibt und dass (b) diese objektiv indeterministische Ereignisse sind, wird von manchen Philosophen und Naturwissenschaftlern in Erwägung gezogen, dass Geistiges, insbesondere Handlungsabsichten, vermittelt durch indeterministische Ereignisse der Zustandsreduktion in der Natur kausal wirksam ist (zum Beispiel [10–7]). Der einzige konkrete Vorschlag, wie eine solche kausale Relevanz von Geistigem aussehen könnte, stammt von dem Gehirnforscher John C. Eccles (1903–1997) ([10–8], Kapitel 9).

Gegen diese Position spricht Folgendes: Wenn man sagt, dass es Zustandsreduktionen in der Natur gibt und dass diese objektiv indeterministische Ereignisse sind, dann interpretiert man die Wahrscheinlichkeiten der Quantentheorie als objektive Wahrscheinlichkeiten. Das aber bedeutet: Gemäß der Quantentheorie gilt für alle Quanten-Ereignisse, dass diese Ereignisse durch andere Quanten-Ereignisse gemäß den Wahrscheinlichkeitsgesetzen der Quantentheorie determiniert sind, insofern sie überhaupt determiniert sind. Damit stellt sich ein Dilemma für diese Position. Die eine Seite des Dilemmas ist diese: Wenn die Gesetze der Quantentheorie die vollständigen Gesetze für den Bereich der Quantensysteme sind, dann könnte der Eingriff von Geistigem in diesen Bereich nur als etwas Zufälliges erfolgen; Handlungsabsichten sind jedoch keine Zufälle. Der Zusammenhang zwischen Handlungsabsichten und physikalischen Ereignissen ist ein regelmäßiger. Zum Beispiel gilt, dass, wann immer eine Person die Absicht hat, ihren Arm zu heben, ihr Arm hochgeht, sofern keine äußeren physikalischen oder inneren physiologischen Hindernisse vorliegen. Wenn man diese Regelmäßigkeit anerkennt, ist man im Rahmen der zur Diskussion stehenden Position darauf festgelegt, dass die Quantentheorie einige Ereignisse in ihrem Gegenstandsbereich nicht korrekt beschreibt. Das ist das andere Horn des Dilemmas: Für einige Quanten-Ereignisse gilt, dass aufgrund des Hinzutretens von Geistigem (Handlungsabsichten) ihre Wahrscheinlichkeiten anders sind als von der Quantentheorie beschrieben (siehe [10–9] und [10–10]). Es handelt sich hier um einen Spezialfall des Sachverhaltes, der in Kapitel VIII.1 besprochen wurde: Insofern die Systeme in der Natur und ihr Verhalten überhaupt determiniert sind, sind diese gemäß den Gesetzen der Physik determiniert. Einen ontologischen Dualismus zusammen mit der Annahme, dass es eine kausale Verbindung zwischen Mentalem und Physikalischem gibt, kann man nur um den Preis dessen vertreten, dass die naturwissenschaftliche Theorie des betreffenden Physikalischen in ihrem eigenen Gegenstandsbereich nicht korrekt ist.

Diese Überlegung soll zeigen: Es gibt keine methodisch saubere Weise, auf die man aus der Quantentheorie eine Unterstützung für eine bestimmte Position in der Philosophie des Geistes gewinnen kann. Insbesondere kann ein ontologischer Dualismus die Quantentheorie ebensowenig wie irgendeine andere heute akzeptierte naturwissenschaftliche Theorie zur Unterstützung heranziehen. Es wird manchmal behauptet, dass die Quantenphysik für die Erforschung des Gehirns relevant ist (so insbesondere Roger Penrose; siehe [5–58], Kapitel 9 und 10; [5–59], Kapitel 7 und 8). Selbst wenn dem so wäre, ist aber nicht klar, was – wenn überhaupt etwas – die Relevanz einer Quantenphysik des Gehirns für die Philosophie des Geistes sein könnte.

Das Verständnis von uns selbst in der Natur

Es ist in der heutigen Philosophie unbestritten, dass sich Mentales im Laufe der Evolution entwickelt hat. Ferner wird weithin die Position vertreten, dass alles Mentale supervenient bezüglich Physikalischem ist und dass alle mentalen Phänomene einschließlich Gedanken und Absichten eine physikalische Realisation beispielsweise in Gehirnzuständen haben (siehe zu Einführungen in die heutige Philosophie des Geistes vor allem [10–11] und [10–12]). Andererseits wird aber auch anerkannt, dass es zumindest nicht ersichtlich ist, wie eine Reduktion der Beschreibung von Mentalem auf eine naturwissenschaftliche Beschreibung erfolgen könnte. Das, was in Kapitel VIII über Eigenschaften höherer Ebenen generell gesagt wurde, lässt sich also gemäß einer weit verbreiteten Auffassung auch auf das Mentale einschließlich der Gedanken und Absichten von Personen beziehen. Damit ist das Körper-Geist-Problem aber nicht gelöst. Das Problem unserer Stellung in der Natur liegt nicht im Bereich der Ontologie des Mentalen, also in dem Gegensatz zwischen einem ontologischen Dualismus und einem Materialismus oder Naturalismus, und sei es ein nicht-reduktionistischer Naturalismus. Selbst wenn man sich der heute vorherrschenden Position eines nicht reduktionistischen Naturalismus im Sinne von Supervenienz und physikalischer Realisation des Mentalen ohne Theoriereduktion anschließt, stellt sich das Problem unserer Stellung in der Natur.

Das Problem ist dieses: Naturwissenschaftliche Theorien werden von uns als denkenden und handelnden Personen entworfen. Mehr noch, naturwissenschaftliche Theorien sind ein Ergebnis sozialer Interaktion. Sie sind nicht etwas, das einer für sich allein entwickeln und prüfen könnte. Indem naturwissenschaftliche Theorien entwickelt und geprüft werden, erkennen die daran beteiligten Personen sich selbst wechselseitig als denkende und handelnde Subjekte an. Die Kategorien, die in diesen Theorien verwendet werden, sind aber nicht diejenigen, unter denen wir uns selbst als denkende und handelnde Wesen verstehen und anerkennen. Man kann von einer Komplementarität der Beschreibung der Natur in naturwissenschaftlichem Vokabular und der Beschreibung von uns selbst in dem Vokabular denkender und handelnder Subjekte sprechen – in dem Sinne, dass diese beiden Beschreibungstypen sich wechselseitig voraussetzen und ergänzen (siehe insbesondere [10–13]). Aber „Komplementarität" ist zunächst nur ein Name, der weiter mit Inhalt gefüllt werden müsste, um zu einem Verständnis von uns selbst als denkender und handelnder Personen in der Natur führen zu können. Die prinzipielle Grenze von Naturwissenschaft in erkenntnistheoretischer Hinsicht ist demnach diese: Das Verständnis von uns selbst als denkender und handelnder Personen kann mit den Theorien und den Forschungsmethoden der Naturwissenschaft nicht erfasst werden. Dieses Selbstverständnis ist aber auch nicht etwas, das wir zugunsten einer naturwissenschaftlichen Ersatztheorie eliminieren könnten. Denn es ist in jeder naturwissenschaftlichen Theoriebildung vorausgesetzt.

Es ist möglich, dass Personen die Kategorien, die in naturwissenschaftlichen Theorien verwendet werden, auch auf andere Personen anwenden, und es ist möglich, dass Personen andere Personen wie Gegenstände in der Natur als Objekte der technischen Verfügbarkeit behandeln. Es gibt offenbar ontologisch kein Residuum in Personen, das sich der technischen Verfügbarkeit prinzipiell entzieht. Man denke an alle die prinzipiell verfügbaren Methoden, die Persönlichkeit einer Person zu manipulieren. Aber darin besteht gerade das Problem. Denn nichtsdestoweniger bleiben wir auch und gerade in einer solchen Beschreibung – und indem wir uns was auch immer technisch verfügbar machen – denkende und handelnde Subjekte. Das Problem ist, eine Konzeption von uns selbst als denkenden und handelnden Wesen zu entwickeln, die folgende beiden Anforderungen erfüllt: Sie soll einerseits anerkennen, dass wir Teil der Natur sind und ontologisch nicht etwas über die Natur hinaus sind, also einen ontologischen Dualismus vermeiden und die Argumente aufnehmen, die für die heute gängigen Positionen der Supervenienz des Mentalen auf dem Physikalischen und der physikalischen Realisation des Mentalen sprechen. Sie soll andererseits unter Berücksichtigung dieser ontologischen Einsicht ein Verständnis von uns selbst – und damit ein Verständnis von uns selbst als Denkender und Handelnder in der Natur – ausarbeiten. Die Entwicklung eines solchen Selbstverständnisses scheint auch in Hinblick darauf wünschenswert zu sein, eine reflektierte und verantwortungsvolle Haltung zum Umgang mit der Natur und zur Weiterentwicklung der Technik einzunehmen.

2. Grenzen der technischen Beherrschbarkeit der Natur

Naturwissenschaft und technisches Interesse

In dem vorangehenden Unterkapitel wurde die Frage nach Grenzen der Technik ausgeklammert. Gibt es prinzipielle Grenzen, naturwissenschaftliche Ergebnisse technisch nutzen zu können? Kommen wir auf das zurück, was in Kapitel II.2 als die zentrale Problemstellung der neuzeitlichen Naturwissenschaft ausgeführt wurde. Die Entwicklung der Naturwissenschaft ist bei Bacon, Descartes und Hobbes begrifflich mit dem Programm verbunden, die Ergebnisse der Naturwissenschaft zur Verbesserung der menschlichen Lebensumstände einzusetzen. Eine Naturwissenschaft, die sich auf Relationen bezieht, statt zu versuchen, intrinsische Eigenschaften zu betrachten, ist eine Voraussetzung dafür, Ergebnisse zu gewinnen, die technisch verwendbar sind. Denn eine technische Nutzbarmachung muss bei Beziehungen ansetzen, die wir manipulieren können. Für diese Manipulation steht nicht so sehr ein ontologischer Determinismus im Vordergrund, als vielmehr das erkenntnistheoretische Merkmal der Berechenbarkeit des Verhaltens der betreffenden Systeme im Sinne von Vorhersagbarkeit. Als manipulierbare Beziehungen kommen in erster Linie kausale Relationen (Wechselwirkungen) in Frage, aber nicht nur diese. Die Quanten-Korrelationen der Zustandsverschränkung zum Beispiel sind keine Kausalrelationen. Aber diese Relationen werden in Quanten-Computern ebenfalls technisch nutzbar gemacht. Allerdings steht die Entwicklung von Quanten-Computern noch am Anfang, und es ist offenbar nicht möglich, diese Korrelationen einzusetzen, um Signale mit Überlichtgeschwindigkeit zu senden. Dennoch ist es unangemessen, die neuzeitliche Naturwissenschaft auf das Interesse an der technischen Beherrschung der Natur zu reduzieren. Die Naturwissenschaften unterscheiden sich auch in ihrem Erkenntnisinteresse von den Ingenieurwissenschaften.

Eine Reduktion der naturwissenschaftlichen Forschung auf das Interesse an der technischen Beherrschung der Natur ist aus mindestens drei Gründen verfehlt: 1. Wie in Kapitel II.2 kurz angedeutet wurde, hat die aristotelisch-scholastische Philosophie am Ende des Mittelalters aufgrund immanenter Probleme ihre Tragfähigkeit verloren. Von dort aus kann der Übergang zur neuzeitlichen Philosophie und Naturwissenschaft rational rekonstruiert werden, ohne auf das Interesse an einer technischen Beherrschung der Natur Bezug zu nehmen. 2. Es ist kein anderer argumentativ ausweisbarer Zugang zu Wissen über die Natur ersichtlich als derjenige, welcher in der Naturwissenschaft beschritten wird. 3. Es stimmt nicht, dass die Naturwissenschaft nur Relationen beschreibt, jenseits derer es intrinsische Eigenschaften gibt, welche mit den Mitteln der Naturwissenschaft nicht zugänglich sind. Wie insbesondere in Kapitel V und VI deutlich wurde, sind zumindest einige grundlegende Relationen (raum-zeitliche Relationen, Quanten-Relationen der Zustandsverschränkung) so, dass die Beschreibung dieser Relationen ein Argument dafür enthält, dass es keine intrinsischen Eigenschaften jenseits dieser Relationen gibt. Auf dieser Grundlage kann man argumentieren, dass die Naturwissenschaft die Natur so beschreibt, wie sie ist, wenn sie solche Relationen beschreibt.

Anfangsbedingungen nie vollständig bekannt

Die technische Nutzbarmachung der Natur ist so weit fortgeschritten, dass wir kaum noch von technisch unberührter Natur umgeben sind. Die Natur, in der wir leben, ist eine technisch gestaltete. Von daher mag die Frage nach prinzipiellen Grenzen der Naturwissenschaft in der technischen Nutzbarmachung ihrer Ergebnisse als durch die Praxis überholt erscheinen. Dennoch impliziert die Erkenntnisgrenze, die am Anfang dieses Kapitels besprochen wurde, auch eine Grenze in der technischen Nutzbarmachung der Ergebnisse der Naturwissenschaft. Das Problem jeder technischen Anwendung einer naturwissenschaftlichen Erkenntnis ist, dass diese Anwendung mittendrin ansetzen muss. Als Handelnde sind wir ebenso wie als Erkennende Teil des Systems, in das wir eingreifen. Daraus folgt: Wir können die Rand- und Anfangsbedingungen einer jeden Situation, in der eine technische Anwendung ansetzt, nie vollständig kennen, auch wenn wir alle Gesetze kennen sollten. Hinzu kommt: Jeder Versuch im Labor baut eine vereinfachte Situation auf. Es werden die Faktoren, die für relevant gehalten werden, berücksichtigt, und Faktoren, die vermutlich irrelevant sind, ausgeblendet. Dieses Ausblenden kann nicht immer bewusst geschehen, weil nicht alle Faktoren bekannt sind. Die Übertragung einer Laborsituation auf eine reale Situation ist dementsprechend immer mit dem Risiko verbunden, dass bisher unberücksichtigte oder für vernachlässigbar gehaltene Faktoren auftreten, deren Zusammenspiel mit den berücksichtigten Faktoren zu unerwarteten Neben- und Folgewirkungen führt. Das heißt: Wir können prinzipiell nie alle Auswirkungen kennen, welche ein technischer Eingriff hat. Dieser Sachverhalt wird entschärft, sofern die zugrunde liegenden physikalischen Prozesse linear sind, so dass die Auswirkungen zunächst begrenzt sind. Dann scheinen immer korrigierende Eingriffe möglich zu sein. Allerdings kann es auch dann negative Spätfolgen geben, die sich unserer Kontrolle entziehen (Beispiel Ozonloch). Eine solche Linearität kann jedoch nicht vorausgesetzt werden, wie der Hinweis auf die Chaostheorie zeigt (siehe oben Kapitel X.1.a).

Descartes und Hobbes über hypothetisches Wissen

Der angesprochene Sachverhalt ist bereits Descartes und Hobbes bekannt. Beide räumen ein, dass jede gegebene Situation im Prinzip viele verschiedene Ursachen haben kann, die alle im Einklang mit den allgemeinen Naturgesetzen sind. Descartes hält deshalb die speziellen naturwissenschaftlichen Gesetzesaussagen, die sich auf spezifische Situationen beziehen, für bloße Hypothesen. Er beansprucht nicht, von spezifischen Situationen mehr als bloß mögliche Ursachen angeben zu können ([2–9], Buch 3, §§ 44–47; Buch 4, §§ 204–206). Hobbes räumt dasselbe ein ([2–16], Kapitel 25, § 1; Kapitel 26, § 11; Kapitel 30, Schluss). Descartes und Hobbes meinen dann jedoch, dass ein in dieser Weise hypothetisches Wissen genauso nützlich ist wie ein Wissen, das alle Ursachen und mit diesen alle Rand- und Anfangsbedingungen vollständig kennt ([2–9], Buch 3, § 44; Buch 4, § 204; [10–14], Band 4, S. 300; [10–15], Band 7, S. 4). Das ist jedoch nicht zutreffend. Ob eine gegebene Situation durch die Faktoren *A* oder durch die Faktoren *B* hervorgebracht wurde, unterscheidet sich in den Folgewirkungen. Das heißt: Ein technischer Eingriff hat andere Folge- und insbesondere Nebenwirkungen, wenn die Situation durch *A* als durch *B* hervorgebracht wurde. Descartes und Hobbes suggerieren, dass ein technischer Eingriff von einem hypothetischen Nullpunkt aus gestartet werden könnte. Stattdessen impliziert schon ihre eigene Philosophie, dass ein solcher Eingriff stets in einem Kontext stattfindet, der prinzipiell nicht verfügbar ist.

Die prinzipielle Grenze von Naturwissenschaft in Bezug auf die mögliche technische Verwendung naturwissenschaftlicher Ergebnisse ist also diese: Selbst wenn wir alle Naturgesetze kennen sollten, erfolgt jeder technische Eingriff in einer konkreten Situation, deren Rand- und Anfangsbedingungen wir prinzipiell nicht mit beliebiger Genauigkeit kennen können. Deshalb kann jeder technische Eingriff prinzipiell unabschätzbare Folge- und Nebenwirkungen haben.

Eigendynamik der Technik

Man kann den Standpunkt vertreten, dass die Technik und ihre Folgen inzwischen unserer Kontrolle entglitten sind. Der Technikphilosoph Johannes Rohbeck erläutert die These einer Eigendynamik der Technik so, „daß sich technische Mittel nicht auf Telosrealisation beschränken, sondern infolge ihrer spezifischen Instrumentalität auch umgekehrt die Zielvorstellungen der Menschen beeinflussen" ([10–16], S. 204). Das heißt: Die Produkte der Technik wirken auf ihre Urheber, die Menschen, zurück und beeinflussen deren Zielsetzungen. Das ist die Eigendynamik der Technik, die so weit gehen kann, dass Personen sich ihre Lebensentwürfe von Produkten der Technik vorgeben lassen. Die in dieser Hinsicht extremste Position vertritt der Philosoph Martin Heidegger (1889–1976). Er geht in seinem Spätwerk – im Unterschied zu seinem Hauptwerk *Sein und Zeit* (1927) [10–17] – so weit, die Technik als etwas anzusehen, das nie unter unserer Kontrolle gestanden hat: Die Technik ist gar nicht etwas, das von uns als denkenden und handelnden Subjekten hervorgebracht wird. In der Schrift *Die Technik und die Kehre* (1962) [10–18] hält Heidegger die Technik für ein metaphysisches Phänomen, das durch uns hindurchgeht und über das wir dementsprechend keine Verfügungsgewalt haben. Diese radikale Position steht im Zusammenhang damit, dass Heidegger in seinem Spätwerk keine handelnden Subjekte mehr anerkennt.

Dafür, die Technik als solche selbst als ein metaphysisches Phänomen zu verstehen, das unserer Verfügungsgewalt prinzipiell entzogen ist, gibt es jedoch weder philosophische Argumente, noch ist dieses ein für uns gangbarer Weg. Denn dieser Weg entzieht uns die Verantwortung für unser Handeln. Er ist dementsprechend prinzipiell nicht in der Lage, uns eine Orientierung für unser Handeln zu geben. Es gibt keinerlei nachvollziehbare Argumente dagegen, dass die Technik von uns als denkenden und handelnden Subjekten hervorgebracht wird und damit etwas ist, für das wir verantwortlich sind. Der Ort der Philosophie der Technik ist nicht die Metaphysik des Seins (die Ontologie), sondern die Reflexion auf uns selbst als denkende und handelnde Subjekte in der Natur. In diesem Zusammenhang kann auf das verwiesen werden, was der Philosoph Heiner Hastedt das Reflexionsmodell von Aufklärung und Technik nennt und zu einer Diskursethik bezogen auf die Technik weiterentwickelt [10–19].

Konsequenzen der prinzipiellen Grenze der technischen Beherrschbarkeit

Die in diesem Unterkapitel thematisierte prinzipielle Grenze der technischen Beherrschbarkeit der Natur zeigt meines Erachtens das Folgende:

1. Als Denkende und Handelnde mitten in der Natur benötigen wir Technik zur Gestaltung unseres Lebens beziehungsweise unserer Selbstbehauptung in der Welt. Insbesondere können wir nicht hinter den Weg von systematischer Naturwissenschaft zu systematischer Technik zurückgehen, der in der Neuzeit eingeschlagen wurde. Der Technikphilosoph Günter Ropohl spitzt diesen Punkt zu folgender These zu: Entweder werden wir über kurz oder lang eliminiert, und dann wird es auf der Erde wieder Natur geben, oder wir setzen den eingeschlagenen Weg der Technik fort, um zu überleben, und dieser Weg bedeutet das Ende der Natur in unserer Umwelt im Sinne von etwas, das in der Weise von selbst ist, dass es von unserem technischen Handeln nicht berührt wird. Auch ein Naturreservat beispielsweise ist etwas, das von unserem technischen Handeln als ein Reservat abgegrenzt wird und insofern nicht mehr rein von selbst ist ([10–20], Aufsatz 3, insbesondere S. 71).

2. Die in diesem Unterkapitel angesprochene prinzipielle Grenze der technischen Beherrschbarkeit der Natur zeigt aber, dass es einer Gestaltung der Technik aus dem Bewusstsein ihrer prinzipiell unabschätzbaren Folge- und Nebenwirkungen heraus bedarf. Aus dem viel diskutierten Buch *Das Prinzip Verantwortung* des deutsch-amerikanischen Philosophen Hans Jonas (1903–1993) kann man angesichts dessen die Botschaft aufnehmen, der warnenden Prognose einen Vorrang vor der optimistischen Prognose zu gewähren, welche die unabschätzbaren Folge- und Nebenwirkungen an den Rand drängt ([10–21], insbesondere Kapitel 2). Allerdings sollte dieses nicht zu einer automatischen Blockade weiterer technischer Entwicklungen führen. Denn weitere technische Entwicklungen sind schon allein deshalb erforderlich, um die negativen Folgen der heutigen Technik zu bewältigen. Worauf es ankommt, ist dieses: Statt einer direkten technischen Anwendung naturwissenschaftlicher Ergebnisse sollte in jedem Fall zwischen die naturwissenschaftliche Forschung und die technische Anwendung eine

Reflexion darauf treten, in welchem Maße die technische Umsetzung in jedem einzelnen Fall verantwortbar ist (siehe zur Technikbewertung im Sinne einer normativen Technikfolgenabschätzung insbesondere die Arbeiten in [10–22]). Dafür wird ein Orientierungswissen benötigt, das in den Kategorien naturwissenschaftlichen Wissens nicht enthalten ist. Den Hintergrund für ein solches Orientierungswissen bildet das Verständnis von uns selbst als Denkender und Handelnder in der Natur, von dem im letzten Unterkapitel die Rede war und das allein mit naturwissenschaftlichen Kategorien nicht erreicht werden kann.

3. Natur, Naturwissenschaft und Moral

Rechte von Personen

Bislang war in diesem Kapitel in Bezug auf die Naturwissenschaft von Grenzen dessen, was wir erkennen können, und Grenzen dessen, was wir tun können, die Rede. Gibt es in Bezug auf die Naturwissenschaft auch Grenzen dessen, was wir tun dürfen? Mit dem Philosophen Otfried Höffe gefragt: Erfordern die Handlungsmöglichkeiten, die mit der modernen Wissenschaft gegeben sind, eine für die Moderne spezifische Moral als deren Preis? (Siehe [10–23].) Grenzen dessen, was wir tun dürfen, gibt es auf jeden Fall dann, wenn von dem Handeln einer Person oder einer Gruppe von Personen andere Personen betroffen sind. In Bezug auf die heutige Naturwissenschaft ist das vor allem im Bereich der Genforschung der Fall. Durch die Veränderung von Erbmaterial kann es sein, dass Personen in den Möglichkeiten für ihre Lebensentwürfe tangiert werden. Es ist allerdings umstritten, inwieweit die Rechte von Personen sich auch auf zukünftige Generationen und potentielle Personen wie Embryonen und Neugeborene erstrecken (siehe zu der Frage nach den Rechten zukünftiger Generationen insbesondere [10–24]).

Moralische Pflichten gegenüber Lebewesen mit Bewusstsein

Über Personen hinaus ist es möglich, Lebewesen mit Bewusstsein so anzusehen, dass wir – gegebenenfalls in Abstufungen – ihnen gegenüber ebenfalls moralische Pflichten haben. Tiere sind keine Personen. Sie bilden keine Gedanken mit einem bestimmten begrifflichen Inhalt, und sie handeln nicht – ihr Verhalten ist nicht so, dass sie selbstbewusst Absichten entwickeln und dass ihr Tun etwas ist, das ihnen zurechenbar ist. Wenn Tiere daher auch keine intentionalen Einstellungen haben, so sind sie doch in emotionalen Zuständen, und sie haben auch Interessen. Insbesondere sind Tiere leidensfähig. Auf der Grundlage der Leidensfähigkeit kann man argumentieren, dass wir gegenüber Tieren die Pflicht haben, ihnen so wenig Schmerzen wie möglich zuzufügen. Diese Position ist eine Form des Pathozentrismus. Was die Naturwissenschaft betrifft, können sich daraus Einschränkungen insbesondere in Bezug auf die moralische Legitimität von Tierversuchen ergeben (siehe zu der Frage nach moralischen Pflichten gegenüber Tieren insbesondere [10–25] und [10–26]). Um moralische Pflichten gegenüber Tieren zu begründen, kann man so weit gehen, Tieren moralische Rechte einzuräumen – wie zum Beispiel das Recht, keine Schmerzen zugefügt zu bekommen. Ein solches Recht könnte dann nur durch gewichtigere Rechte von Menschen durchbrochen werden. In jedem

Fall wird mit Pflichten gegenüber Tieren die Symmetrie von Rechten und Pflichten und die Symmetrie wechselseitiger Verpflichtungen aufgelöst: Wir haben Pflichten gegenüber Tieren, die in Rechten von Tieren gründen mögen, ohne dass Tiere ihrerseits Pflichten gegenüber uns haben. Wenn ein Tier einen Menschen tötet, ist das keine Handlung, für die das Tier zur Verantwortung gezogen werden kann.

Existenzrecht für Arten?

Wenn Tiere moralische Rechte haben, lässt sich daraus ein Recht dergestalt begründen, dass bestimmte Arten – oder Arten generell – ein Recht auf Existenz haben, so dass wir moralisch verpflichtet sind, in dem Maße, wie uns das möglich ist, Artenvielfalt zu erhalten? Dafür ist kein Argument ersichtlich. Denn die Subjekte moralischer Rechte sind immer Individuen im Sinne einzelner Lebewesen und nie Arten als solche selbst. Eine moralische Pflicht, Artenvielfalt zu erhalten, mag es durchaus geben. Aber es kann sich dabei nicht um eine Pflicht gegenüber einer Art als solcher selbst handeln, die in Rechten einer Art als solcher selbst, im Unterschied zu Rechten der einzelnen Lebewesen, gründet.

Biozentrismus und Physiozentrismus

Die im Kontext dieser Einführung interessanteste Frage ist, ob und inwiefern moralische Maßstäbe für unser Verhalten gegenüber der Natur begründet werden können. Gemeint sind hier nicht zweckrationale Maßstäbe. Wenn wir überleben wollen, müssen wir uns in unserem Verhalten gegenüber der Natur bestimmte Einschränkungen auferlegen. Die Frage ist, ob wir auch unabhängig von zweckrationalen Überlegungen zu einem bestimmten Verhalten gegenüber der Natur verpflichtet sind. Es gibt Versuche, die Natur selbst als Subjekt moralischer Rechte einzusetzen. Bekannt für solche Versuche ist im deutschen Sprachraum insbesondere der Philosoph Klaus-Michael Meyer-Abich (siehe vor allem [10–27] und [10–28]). In diesem Zusammenhang spricht man von einem Physiozentrismus im Unterschied zum Anthropozentrismus: Statt nur der Menschen ist die Natur (Physis) insgesamt das Subjekt moralischer Rechte, auf das sich dementsprechend unsere Pflichten beziehen. Etwas weniger weit geht die Position, die als Biozentrismus bekannt ist. Gemäß dieser Position bestehen Pflichten allen Lebewesen gegenüber einschließlich Pflanzen (siehe insbesondere [10–29]). Der Ausdruck „Anthropozentrismus" ist nicht passend. Denn gemäß der Position, die mit diesem Ausdruck bezeichnet wird, sind ausschließlich Personen die Subjekte moralischer Rechte und die Adressaten moralischer Pflichten (beziehungsweise Wesen, die zumindest einige Merkmale des Personenseins haben, wozu Tiere aufgrund ihres Empfindungsvermögens durchaus gehören können). Wenn es Personen gäbe, die keine Menschen sind, wären auch diese Subjekte moralischer Rechte und Adressaten moralischer Pflichten. Diese Position bindet moralische Rechte und Pflichten an bestimmte qualitative Eigenschaften, nicht aber an die Zugehörigkeit zu einer bestimmten biologischen Art.

Das Problem des Biozentrismus und des Physiozentrismus ist, dass diese Positionen die Natur selbst oder zumindest auch Lebewesen ohne Bewusstsein als eine normative Instanz denken müssen, der gegenüber wir dann bestimmte Pflichten haben. Dafür gibt es jedoch keine argumentativ ausweisbare Grundlage. Wie schon mehrfach in dieser Einführung erwähnt wurde, besteht kein anderer argumentativ nachvollziehbarer Weg, Erkenntnis von der Natur zu gewinnen, als derjenige, welcher mit der Naturwissenschaft eingeschlagen wird. Auf diesem Weg lässt sich die Natur aber nicht als etwas herausstellen, das als solches selbst Normen begründet. Es gilt vielmehr die Problemstellung, die zu Beginn dieses Kapitels skizziert wurde: Wir selbst, insofern wir Denkende und Handelnde sind, können nicht mit den Kategorien naturwissenschaftlicher Forschung beschrieben werden; das entsprechende Verständnis von uns selbst als Denkender und Handelnder kann nicht zugunsten eines Selbstverständnisses in naturwissenschaftlichen Kategorien eliminiert werden, weil dieses Selbstverständnis als Denkende und Handelnde in allem naturwissenschaftlichen Forschen vorausgesetzt ist. Das heißt dann aber für unseren Kontext hier: Moralische Rechte haben nur Personen, und moralische Verpflichtungen bestehen nur gegenüber Personen – beziehungsweise in dem Maße, wie man Merkmale, die für Personen konstitutiv sind (zu denen auch Leidensfähigkeit und das Haben von Interessen gehört), auch auf andere Lebewesen übertragen kann.

Keine Verpflichtungen gegenüber der Natur als solcher selbst

In einem argumentativ nachvollziehbaren Sinne können moralische Verpflichtungen gegenüber der Natur also nicht in der Weise eingefordert werden, dass die Natur selbst das Subjekt der entsprechenden Rechte ist und dass diese Verpflichtungen gegenüber der Natur als solcher selbst bestehen (für eine bewertende Übersicht der Argumente siehe [10–30] sowie [10–31] und siehe zur Diskussion auch die Aufsätze in [10–32] und [10–33]). Verpflichtungen zu einem bestimmten Verhalten gegenüber der Natur gibt es nur insoweit, als diese sich durch moralische Rechte von Personen und Lebewesen mit personenartigen Zügen begründen lassen (siehe dazu zum Beispiel [10–34]). Diese Rechte brauchen nicht nur die Rechte der gegenwärtig lebenden Personen sein, sondern können auch Rechte zukünftiger Personen sein. Da Menschen sich faktisch fortpflanzen werden, wird es auch zukünftig Personen geben. Es kann sein, dass diese Personen ein Recht darauf haben, eine bestimmte Umwelt vorzufinden, in der sie ihr Leben gestalten können. Das heißt, Einschränkungen in Bezug auf das, was wir in der Natur tun dürfen, können sich daraus ergeben, dass wir kein Recht dazu haben, unseren Nachkommen eine beliebig gestaltete – oder besser verunstaltete Natur – zu überlassen (siehe dazu zum Beispiel [8–18]). Mir scheint, dass sich allein aus dem Recht auf menschenwürdige Lebensumstände für alle Menschen und damit der Pflicht für alle Menschen, sich in dem Maße des ihnen Möglichen um menschenwürdige Lebensumstände für alle zu bemühen, ein Argument dafür gewinnen lässt, dass viele Züge des gegenwärtigen Konsumverhaltens in unserer Zivilisation nicht verantwortbar sind (siehe dazu schon [10–35]).

Dieses zu untersuchen ist allerdings nicht in erster Linie eine Frage der Naturphilosophie, sondern eine Frage der Moralphilosophie. Denn es geht dabei um die Anwendung der generellen Theorien der Moralphilosophie auf die spezielle Frage nach der Begründbarkeit von Normen des menschlichen Umgangs mit der Natur und nicht um etwas, das zur Beschaffenheit der Natur als solcher selbst gehört. Naturwissenschaftliche Theorien können keine Normen für den Umgang mit der Natur begründen. Solche Normen können sich nur aus der Anwendung moralischer Prinzipien auf den Gegenstand des Umgangs mit der Natur ergeben. Deshalb möchte ich diesen Untersuchungsgegenstand hier nur benennen, aber nicht näher auf ihn eingehen.

Praktische Naturphilosophie

Wenn mit dem gegenwärtigen Interesse an der Naturphilosophie die Hoffnung verbunden ist, dass diese zu einem Naturverständnis führen könnte, welches die Natur selbst als das Subjekt moralischer Rechte ausweisen kann, dann lässt sich diese Hoffnung nicht einlösen – jedenfalls nicht, insofern Philosophie ein argumentatives Unternehmen ist. Weil die Natur nicht selbst etwas ist, das moralische Rechte hat und dem wir um ihrer selbst willen zu etwas verpflichtet sind, ist die Naturphilosophie in erster Linie ein Teil der theoretischen Philosophie im Unterschied zur praktischen Philosophie – derjenige Teil, welcher sich um ein Naturverständnis auf der Grundlage des Erkenntnisstandes der Naturwissenschaften bemüht. Was das Naturverständnis betrifft, ist die Naturphilosophie selbstständig in dem Sinne, dass die Grundannahmen für ein Naturverständnis auf der Höhe des heutigen Kenntnisstandes nicht a priori aus der Ontologie oder der Erkenntnistheorie deduziert werden können, sondern, wie insbesondere in Kapitel V und VI anhand der Quantentheorie deutlich wurde, nur im Zusammenspiel mit der Interpretation empirischer, naturwissenschaftlicher Theorien bis hin zur Kenntnisnahme experimenteller Ergebnisse gewonnen werden können. Was eine praktische Naturphilosophie betrifft, ist diese hingegen abhängig von moralischen Prinzipien, die auf die Natur beziehungsweise die Frage unseres Umgangs mit der Natur bezogen werden, ohne dass aus der Naturphilosophie heraus eine Begründung dieser Prinzipien geleistet werden könnte.

Gesellschaftliche Stellung der Naturwissenschaft

Abschließend möchte ich noch auf eine andere Grenze der Naturwissenschaft hinweisen, die sich aus der gesellschaftlichen Stellung der Naturwissenschaft ergeben kann. Es handelt sich hier nicht um eine moralische Grenze, also um moralische Verpflichtungen gegenüber jemandem, die sich aus dessen moralischen Rechten ergeben. Es handelt sich um eine Grenze dessen, was gesellschaftlich verantwortbar ist. Naturwissenschaft – und Wissenschaft einschließlich Philosophie insgesamt – ist ein soziales Unternehmen, welches darauf angewiesen ist, dass die Kosten für die Forschung von der Gesellschaft aufgebracht werden und das dementsprechend auch der Öffentlichkeit gegenüber rechenschaftspflichtig ist. In welchem Umfang ist es verantwortbar, Geldbeträge für Wissenschaft in Anspruch zu nehmen, angesichts anderer, vielleicht drängenderer sozialer Aufgaben? Brauchen wir in diesem Sinne wirklich all das Wissen, das heute produziert wird? Diese Frage stellt sich in allen Bereichen der Naturwissenschaft, und nicht nur dort. In der physikalischen Grundlagenforschung rückte dieses Thema in das öffentliche Interesse, als der Bau eines weiteren großen Teilchenbeschleunigers in den 1980er Jahren in den USA aus Kostengründen scheiterte (siehe dazu [10–36]). In anderen naturwissenschaftlichen Bereichen sind die Fälle nicht so spektakulär, weil die Kosten für die einzelnen Projekte nicht so hoch sind. Dennoch stellt sich auch hier die Frage, in welchem Umfang kostenintensive Forschungsprojekte gesellschaftlich verantwortbar sind. Wie auch immer die Antwort auf diese Frage ausfallen mag, zum Gegenstand einer naturphilosophischen Reflexion auf die Grenzen der Naturwissenschaft gehört es auch, auf die gesellschaftliche Rechenschaftspflicht aller derjenigen hinzuweisen, die an diesem Unternehmen beteiligt sind, und in diesem Sinne dafür zu plädieren, dieses Unternehmen im Bewusstsein der gesellschaftlichen und der moralischen Verantwortung zu gestalten.

4. Zusammenfassung, Lektürehinweise, Fragen und Übungen

Zusammenfassung

In diesem abschließenden Kapitel wurden einige Grenzen der Naturwissenschaft diskutiert. Grenzen in Bezug auf Prognostizierbarkeit bestehen für immanente Beobachter selbst in einer deterministischen Welt. Daraus folgen Grenzen der technischen Anwendbarkeit naturwissenschaftlicher Forschungsergebnisse: Man kann unerwünschte Folge- und Nebenwirkungen nicht ausschließen. Die wichtigste erkenntnistheoretische Grenze der Naturwissenschaft betrifft das Verständnis von uns selbst als denkender und handelnder Wesen in der Natur. Es scheint, dass das Verständnis von uns selbst als denkende und handelnde Subjekte für naturwissenschaftliche Forschung vorausgesetzt ist, ohne dass dieses Verständnis mit den naturwissenschaftlichen Forschungsmethoden erfasst werden könnte. Damit hängt zusammen, dass naturwissenschaftliche Theorien keine Normen für den Umgang mit der Natur implizieren können. Solche Normen können sich nur aus der Anwendung moralischer Prinzipien auf den Gegenstand des Umgangs mit der Natur ergeben. Naturwissenschaft kann also als solche selbst keine Grenzen dessen setzen, was im Umgang mit der Natur zulässig ist.

Lektürehinweise

- zu den Grenzen der Prognostizierbarkeit: [10–3]
- zur Chaostheorie: [10–4] und [10–5]
- zum Problem des Verhältnisses von Geistigem und Körperlichem: die Texte in [10–6]
- zu den Grenzen der technischen Beherrschbarkeit der Natur und zur Technikfolgenabschätzung: [10–19] und die Texte in [10–22]
- zu Natur, Naturwissenschaft und Moral: [10–30], [10–31] und die Texte in [10–32]

Fragen und Übungen

- Was ist das Verhältnis von Determinismus und Prognostizierbarkeit?
- Was ist an der Chaostheorie naturphilosophisch bedeutsam?
- Wie wird das Körper-Geist-Problem von dem Philosophen Peter Bieri formuliert? Was genau ist demnach das Problem?
- Kann die Quantenphysik herangezogen werden, um einen Körper-Geist-Dualismus zu stützen?
- Was sind die Argumente dafür, dass unser Selbstverständnis als Denkende und Handelnde in der Natur nicht auf eine naturwissenschaftliche Beschreibung reduziert werden kann?
- Gibt es Grenzen einer technischen Nutzbarmachung der Natur?
- Erörtern Sie die angesprochenen Positionen in der Technikphilosophie!
- Was sind die Argumente dafür und dagegen, moralische Pflichten gegenüber allen Lebewesen mit Bewusstsein anzuerkennen?
- Was ist mit Anthropozentrismus, Biozentrismus und Physiozentrismus gemeint?
- Was spricht für, was spricht gegen einen Biozentrismus und einen Physiozentrismus?

- Inwieweit kann eine Ethik, die moralische Verpflichtungen nur gegenüber Personen und Personenartigem anerkennt, uns Einschränkungen in Bezug auf unser Verhalten gegenüber der Natur auferlegen?
- Diskutieren Sie die gesellschaftliche Stellung der Naturwissenschaft und die sich daraus ergebende Verantwortung der Wissenschaftlerinnen und Wissenschaftler!

Danksagung

Der vorliegende Text geht auf eine Vorlesung zurück, die ich im Sommersemester 2001 an der Universität zu Köln gehalten habe. Ich danke den Studierenden für Fragen und Diskussion. Vorarbeiten wurden von der Deutschen Forschungsgemeinschaft im Rahmen eines Heisenberg-Stipendiums von September 2000 bis März 2001 gefördert. Niko Strobach bin ich für die Einladung, diese Einführung in die Naturphilosophie zu schreiben, und für die kritische Begleitung des gesamten Projektes dankbar. Bruno Kern von der Wissenschaftlichen Buchgesellschaft danke ich für die verlegerische Betreuung, meiner Hilfskraft Christian Sachse für die Korrektur der Druckvorlage und das Erstellen der Register. In den vorliegenden Text ist hilfreiche Kritik eingeflossen von Jürgen Audretsch, Daniela Bailer-Jones, Alois Griesmayr, Frank Hättich, Stephan Hartmann, Friedrich W. Hehl, Christian Heinicke, Gertrude Hirsch Hadorn, David Hyder, Ludger Jansen, Sabine Mayer-Patzel, Peter McLaughlin, Peter Mittelstaedt, Ulrich Müller-Herold, Siegfried Roth, Gregor Schiemann, Marcel Weber und Christian Zemlin.

Köln, im April 2002 Michael Esfeld

Literatur

I. Einleitung: Was ist Naturphilosophie?

[1–1] Aristoteles: *Metaphysik.* Verfügbare deutsche Ausgaben: (1) Griechisch-deutsch herausgegeben von Horst Seidl. 2 Bände. Hamburg: Meiner 1978/79. (2) Übersetzt von Friedrich Bassenge und Regina Steindl. Berlin: Akademie-Verlag 1990. (3) Übersetzt von Franz F. Schwarz. Stuttgart: Reclam 1970.

[1–2] Kanitscheider, Bernulf: *Wissenschaftstheorie der Naturwissenschaft.* Berlin: de Gruyter 1981.

[1–3] Mittelstaedt, Peter: *Philosophische Probleme der modernen Physik.* Mannheim: Bibliographisches Institut 1989.

[1–4] Stöckler, Manfred: „Was kann man heute unter Naturphilosophie verstehen?". *Philosophia Naturalis* 26 (1989), S. 1–18.

[1–5] Bartels, Andreas: *Grundprobleme der modernen Naturphilosophie.* Paderborn: Schöningh (UTB) 1996.

[1–6] Kanitscheider, Bernulf: *Im Innern der Natur. Philosophie und moderne Physik.* Darmstadt: Wissenschaftliche Buchgesellschaft 1996.

[1–7] Drieschner, Michael: *Moderne Naturphilosophie. Eine Einführung.* Paderborn: Mentis 2002.

[1–8] Lyre, Holger: *Informationstheorie. Eine philosophisch-naturwissenschaftliche Einführung.* München: Fink (UTB) 2002.

[1–9] Schiemann, Gregor und Heidelberger, Michael: „Artikel Philosophie IX: Naturphilosophie". In: H. J. Sandkühler (Hrsg.): *Enzyklopädie Philosophie. Band 2 O-Z.* Hamburg: Meiner 1999. S. 1127–1138.

[1–10] Sklar, Lawrence: *Philosophy of Physics.* Oxford: Oxford University Press 1992.

[1–11] Torretti, Roberto: *The Philosophy of Physics.* Cambridge: Cambridge University Press 1999.

II. Der philosophische Naturbegriff

[2–1] Aristoteles: *Physik.* Verfügbare deutsche Ausgaben: (1) Griechisch-deutsch herausgegeben von Hans Günter Zekl. 2 Bände. Hamburg: Meiner 1987/88. (2) Übersetzt von Hans Wagner. Berlin: Akademie-Verlag 1995.

[2–2] Aristoteles: *Über die Seele.* Verfügbare deutsche Ausgaben: (1) Griechisch-deutsch herausgegeben von Horst Seidl. Hamburg: Meiner 1995. (2) Übersetzt von Willy Theiler. Berlin: Akademie-Verlag 1986.

[2–3] Diels, Hermann und Kranz, Walter (Hrsg.): *Die Fragmente der Vorsokratiker. Band 1 und 2.* Berlin: Weidmannsche Verlagsbuchhandlung 1960/61. Verfügbare deutsche Ausgabe: *Die Vorsokratiker,* griechisch-deutsch herausgegeben von Jaap Mansfeld. 2 Bände. Stuttgart: Reclam 1983/86.

[2–4] Aristoteles: *Kategorien.* Verfügbare deutsche Ausgaben: (1) Griechisch-deutsch herausgegeben von Hans Günter Zekl. Hamburg: Meiner 1998. (2) Griechisch-deutsch herausgegeben von Ingo W. Rath. Stuttgart: Reclam 1998. (3) Übersetzt von Klaus Oehler. Berlin: Akademie-Verlag 1984.

[2–5] Blumenberg, Hans: *Die Legitimität der Neuzeit.* Frankfurt (Main): Suhrkamp 1988.

[2–6] Muralt, André de: *L'enjeu de la philosophie médiévale.* Leiden: Brill 1991.

[2–7] Vossenkuhl, Wilhelm: „Vernünftige Kontingenz. Ockhams Verständnis der Schöpfung." In: W. Vossenkuhl und R. Schönberger (Hrsg.): *Die Gegenwart Ockhams.* Weinheim: VCH 1990. S. 77–93.

[2–8] Esfeld, Michael: *Mechanismus und Subjektivität in der Philosophie von Thomas Hobbes.* Stuttgart-Bad Cannstatt: Frommann-Holzboog 1995.

[2–9] Descartes, René: *Principia philosophiae.* Verfügbare deutsche Ausgabe: *Die Prinzipien der Philosophie.* Übersetzt von Artur Buchenau. Hamburg: Meiner 1992.

[2–10] Perler, Dominik: *René Descartes.* München: Beck 1998.

[2–11] Descartes, René: *Meditationes de prima philosophia.* Verfügbare deutsche Ausgaben: *Meditationen über die Grundlagen der Philosophie.* (1) Lateinisch-deutsch herausgegeben von Lüder Gäbe. Hamburg: Meiner 1992. (2) Lateinisch-deutsch herausgegeben von Gerhart Schmidt. Stuttgart: Reclam 1983.

[2–12] Leibniz, Gottfried Wilhelm: *Monadologie.* Verfügbare deutsche Ausgaben: (1) Französisch-deutsch herausgegeben von Hartmut Hecht. Stuttgart: Reclam 1998. (2) Französisch-deutsch herausgegeben von Joachim C. Horn. Würzburg: Königshausen und Neumann 1997.

[2–13] McLaughlin, Peter: „Descartes on Mind-Body Interaction and the Conservation of Motion", *Philosophical Review* 102 (1993), S. 155–182.

[2–14] Descartes, René: *Discours de la méthode.* Verfügbare deutsche Ausgaben: (1) *Von der Methode.* Französisch-deutsch herausgegeben von Lüder Gäbe. Hamburg: Meiner 1997. (2) *Abhandlung über die Methode.* Herausgegeben von Hermann Glockner. Stuttgart: Reclam 1982.

[2–15] Bacon, Francis: *Novum Organon.* Verfügbare deutsche Ausgaben: (1) Lateinisch-deutsch herausgegeben von Wolfgang Krohn. 2 Bände. Hamburg: Meiner 1990. (2) Herausgegeben von Manfred Buhr. Berlin: Akademie-Verlag 1982.

[2–16] Hobbes, Thomas: *De corpore.* Verfügbare deutsche Ausgabe: *Vom Körper.* Herausgegeben von Karl Schuhmann. Hamburg: Meiner 1997.

III. Raum, Zeit und Materie

[3–1] Newton, Isaac: *Philosophiae naturalis principia mathematica.* Verfügbare deutsche Ausgabe: *Mathematische Grundlagen der Naturphilosophie.* Ausgewählt und herausgegeben von Ed Dellian. Hamburg: Meiner 1988.

[3–2] Freudenthal, Gideon: *Atom und Individuum im Zeitalter Newtons. Zur Genese der mechanistischen Natur- und Sozialphilosophie.* Frankfurt (Main): Suhrkamp 1982.

[3–3] Newton, Isaac: *Opticks or a Treatise of the Reflections, Refractions, Inflections and Colours of Light.* Verfügbare deutsche Ausgabe: *Optik oder Abhandlung über Spiegelungen, Brechungen, Beugungen und Farben des Lichts. Übersetzt von William Abendroth. 2 Bände.* Leipizig: Engelmann 1898. Nachdruck Braunschweig: Vieweg 1983.

[3–4] Newton, Issac: *Correspondence. Volume II. Edited by H. W. Turnbull.* Cambridge: Cambridge University Press 1961.

[3–5] Hesse, Mary B.: *Forces and Fields. The Concept of Action at a Distance in the History of Physics.* London: Nelson: 1961.

[3–6] *Der Leibniz-Clarke Briefwechsel.* In: C. J. Gerhardt (Hrsg.): *Die philosophischen Schriften von G. W. Leibniz. Band 7.* Berlin: Weidmannsche Verlagsbuchhandlung 1890. S. 347–440. Deutsch herausgegeben von Volkmar Schüller, Berlin: Akademie-Verlag 1991.

[3–7] Kant, Immanuel: *Kritik der reinen Vernunft.* Band 4 und 5 in der Ausgabe von Kants gesammelten Schriften von der Preußischen Akademie der Wissenschaften (Nachdruck Berlin: de Gruyter 1968) sowie Band 2 in der Ausgabe von Kants Werken in 6 Bänden von Wilhelm Weischedel (Darmstadt: Wissenschaftliche Buchgesellschaft 1998) und separat Hamburg: Meiner 1998.

[3–8] Leibniz, Gottfried Wilhelm: *Briefwechsel mit de Volder.* In: C. J. Gerhardt (Hrsg.): *Die philosophischen Schriften von G. W. Leibniz. Band 2.* Berlin: Weidmannsche Verlagsbuchhandlung 1879. S. 139–283. Deutsch in Auswahl in Gottfried Wilhelm Leibniz: *Briefe von besonderem philosophischen Interesse. Zweite Hälfte. Lateinisch-deutsch herausgegeben von Werner Wiater.* Darmstadt: Wissenschaftliche Buchgesellschaft 1989. S. 121–183.

[3–9] Breger, Herbert: „Das Kontinuum bei Leibniz". In: A. Lamarra (Hrsg.): *L'infinito in Leibniz.* Rom: Ateneo 1990. S. 53–67.

[3–10] Kaulbach, Friedrich: *Die Metaphysik des Raumes bei Leibniz und Kant.* Köln: Kölner Universitätsverlag 1960.

[3–11] Newton, Isaac: *Über die Gravitation. Texte zu den philosophischen Grundlagen der klassischen Mechanik. Lateinisch-deutsch. Übersetzt und erläutert von Gernot Böhme.* Frankfurt (Main): Klostermann 1988.

[3–12] Hartz, Glenn A.: „Leibniz on why Descartes' Metaphysics of Body is Necessarily False". In: N. Rescher (Hrsg.): *Leibnizian Inquiries: a Group of Essays.* Lanham: University of America Press 1989. S. 23–36.

[3–13] Woolhouse, Roger S.: „Descartes and the Nature of Body". *British Journal for the History of Philosophy* 2.1 (1994), S. 19–33.

[3–14] Spinoza, Baruch de: *Ethica.* Verfügbare deutsche Ausgaben: (1) Lateinisch-deutsch herausgegeben von Wolfgang Bartuschat. Hamburg: Meiner 1999. (2) Lateinisch-deutsch herausgegeben von Irmgard Rauthe-Welsch, Stuttgart: Reclam 1977.

[3–15] Bennett, Jonathan: *A Study of Spinoza's ›Ethics‹.* Indianapolis: Hackett 1984.

[3–16] Curley, Edwin M.: *Behind the Geometrical Method. A Reading of Spinoza's ›Ethics‹.* Princeton: Princeton University Press 1988.

[3–17] Clifford, William K.: „On the Space-Theory of Matter". *Proceedings of the Cambridge Philosophical Society* 2 (1876), S. 157–158. Wieder abgedruckt in James R. Newman (Hrsg.): *The World of Mathematics. Volume 1.* New York: Simon and Schuster 1956. S. 568–569.

IV. Die Philosophie der Relativitätstheorie

[4–1] Einstein, Albert: „Zur Elektrodynamik bewegter Körper". *Annalen der Physik* 17 (1905), S. 891–921. Wieder abgedruckt in Karl von Meyenn (Hrsg.): *Albert Einsteins Relativitätstheorie. Die grundlegenden Arbeiten.* Braunschweig: Vieweg 1990. S. 124–155.

[4–2] Mellor, D. Hugh: *Real Time.* Cambridge: Cambridge University Press 1981.

[4–3] Pauli, Wolfgang: *Relativitätstheorie. Neu herausgegeben und kommentiert von Domenico Giulini.* Berlin: Springer 2000.

[4–4] Sexl, Roman U. und Schmidt, Herbert Kurt: *Raum – Zeit – Relativität.* Braunschweig: Vieweg 1978. 2. Auflage.

[4–5] Rindler, Wolfgang: *Relativity. Special, General, and Cosmological.* Oxford: Oxford University Press 2001.

[4–6] Fraassen, Bas C. van: *An Introduction to the Philosophy of Time and Space.* New York: Random House 1970.

[4–7] Audretsch, Jürgen und Mainzer, Klaus (Hrsg.): *Philosophie und Physik der Raum-Zeit.* Mannheim: Bibliographisches Institut 1988.

[4–8] Mittelstaedt, Peter: *Philosophische Probleme der modernen Physik.* Mannheim: Bibliographisches Institut 1989. 7. Auflage.

[4–9] Ray, Christopher: *Time, Space, and Philosophy.* London: Routledge 1991.

[4–10] Stein, Howard: „On Einstein-Minkowski Space-Time". *Journal of Philosophy* 65 (1968), S. 5–23.
[4–11] Stein, Howard: „On Relativity Theory and the Openness of the Future". *Philosophy of Science* 58 (1991), S. 147–167.
[4–12] Dorato, Mauro: *Time and Reality. Spacetime Physics and the Objectivity of Temporal Becoming.* Bologna: CLUEB 1995.
[4–13] Reitdijk, C. W.: „A Rigorous Proof of Determinism Derived from the Special Theory of Relativity". *Philosophy of Science* 33 (1966), S. 341–344.
[4–14] Reitdijk, C. W.: „Discussion: Special Relativity and Determinism". *Philosophy of Science* 43 (1976), S. 598–609.
[4–15] Maxwell, Nicholas: „Are Probabilism and Special Relativity Incompatible?". *Philosophy of Science* 52 (1985), S. 23–43.
[4–16] Earman, John: *A Primer on Determinism.* Dordrecht: Reidel 1986.
[4–17] Clifton, Robert K. und Hogarth, Mark: „The Definability of Objective Becoming in Minkowski Spacetime". *Synthese* 103 (1995), S. 355–387.
[4–18] Broad, Charlie D.: *An Examination of McTaggart's Philosophy. Volume 1.* Cambridge: Cambridge University Press 1933.
[4–19] Russell, Bertrand: *The ABC of Relativity.* London: Kegan Paul 1931. Deutsch *Das ABC der Relativitätstheorie. Herausgegeben von Felix Pirani. Übersetzt von Uta Dobl und Erhard Seiler.* Reinbek bei Hamburg: Rowohlt 1979.
[4–20] Quine, Willard Van Orman: *Word and Object.* Cambridge (Massachusetts): MIT Press 1960. Deutsch *Wort und Gegenstand. Übersetzt von Joachim Schulte in Zusammenarbeit mit Dieter Birnbacher.* Stuttgart: Reclam 1980.
[4–21] Lewis, David: *On the Plurality of Worlds.* Oxford: Blackwell 1986.
[4–22] Heller, Mark: *The Ontology of Physical Objects: Four-Dimensional Hunks of Matter.* Cambridge: Cambridge University Press 1990.
[4–23] Geach, P. T.: *Logic Matters.* Oxford: Blackwell 1972.
[4–24] Earman, John: *World Enough and Space-Time. Absolute versus Relational Theories of Space and Time.* Cambridge (Massachusetts): MIT Press 1989.
[4–25] Hoefer, Carl: „The Metaphysics of Space-Time Substantivalism". *Journal of Philosophy* 93 (1996), S. 5–27.
[4–26] Hoffman, Joshua und Rosenkrantz, Gary S.: *Substance Among Other Categories.* Cambridge: Cambridge University Press 1994.
[4–27] Field, Hartry: *Science without Numbers. A Defence of Nominalism.* Oxford: Blackwell 1980.
[4–28] Earman, John und Norton, John: „What Price Spacetime Substantivalism? The Hole Story". *British Journal for the Philosophy of Science* 38 (1987), S. 515–525.
[4–29] Butterfield, Jeremy N.: „The Hole Truth". *British Journal for the Philosophy of Science* 40 (1989), S. 1–28.
[4–30] Nerlich, Graham: *What Spacetime Explains. Metaphysical Essays on Space and Time.* Cambridge: Cambridge University Press 1994.
[4–31] Bartels, Andreas: „Von Einstein zu Aristoteles. Raumzeit-Philosophie und Substanz-Metaphysik". *Philosophia Naturalis* 31 (1994), S. 293–308.
[4–32] Teller, Paul: „Space-Time as a Physical Quantity". In: R. Kargon und P. Achinstein (Hrsg.): *Kelvin's Baltimore Lectures and Modern Theoretical Physics.* Cambridge (Massachusetts): MIT Press 1987. S. 425–447.
[4–33] Teller, Paul: „Substance, Relations, and Arguments about the Nature of Space-Time". *Philosophical Review* 100 (1991), S. 363–397.
[4–34] Reichenbach, Hans: *Philosophie der Raum-Zeit-Lehre.* Berlin: de Gruyter 1928.
[4–35] Reichenbach, Hans: „Die philosophische Bedeutung der Relativitätstheorie". In: A. Kamlah und M. Reichenbach (Hrsg.): *Gesammelte Werke von Hans Reichenbach. Band 3.* Braunschweig: Vieweg 1979. S. 318–337.
[4–36] Winnie, John A.: „The Causal Theory of Spacetime". In: J. Earman, C. Glymour und J. Stachel (Hrsg.): *Foundations of Space-Time Theories.* Minneapolis: University of Minnesota Press 1977. S. 134–205.
[4–37] Sklar, Lawrence: „Prospects for a Causal Theory of Space-Time". In: R. Swinburne (Hrsg.): *Space, Time and Causality.* Dordrecht: Reidel 1983. S. 45–62.
[4–38] Earman, John: „Notes on the Causal Theory of Time". In: P. Suppes (Hrsg.): *Space, Time and Geometry.* Dordrecht: Reidel 1973. S. 72–84.
[4–39] Lewis, David: *Philosophical Papers. Volume 2.* Oxford: Oxford University Press 1986.
[4–40] Mellor, D. Hugh: *Real Time II.* London: Routledge 1998.
[4–41] Salmon, Wesley: *Causality and Explanation.* Oxford: Oxford University Press 1998.
[4–42] Kistler, Max: *La causalité et les lois de la nature.* Paris: Vrin 1999.
[4–43] Dowe, Phil: *Physical Causation.* Cambridge: Cambridge University Press 2000.
[4–44] Wheeler, John A.: „Curved Empty Space as the Building Material of the Physical World: an Assessment". In: E. Nagel, P. Suppes und A. Tarski (Hrsg.): *Logic, Methodology, and Philosophy of Science. Proceedings of the 1960 International Congress.* Stanford: Stanford University Press 1962. S. 361–374.
[4–45] Wheeler, John A.: *Geometrodynamics.* New York: Academic Press 1962.
[4–46] Graves, John C.: *The Conceptual Foundations of Contemporary Relativity Theory.* Cambridge (Massachusetts): MIT Press 1971.
[4–47] Kanitscheider, Bernulf: *Vom absoluten Raum zur dynamischen Geometrie.* Zürich: Bibliographisches Institut 1976.
[4–48] Campbell, Keith: *Metaphysics. An Introduction.* Encino: Dickensen 1976.

[4–49] Misner, Charles W.: „Some Topics for Philosophical Inquiry Concerning the Theories of Mathematical Geometrodynamics and of Physical Geometrodynamics". In: K. F. Schaffner und R. S. Cohen (Hrsg.): *PSA 1972. Proceedings of the 1972 Biennial Meeting of the Philosophy of Science Association.* Dordrecht: Reidel 1974. S. 7–29.

[4–50] Stachel, John: „The Rise and Fall of Geometrodynamics". In: K. F. Schaffner und R. S. Cohen (Hrsg.): *PSA 1972. Proceedings of the 1972 Biennial Meeting of the Philosophy of Science Association.* Dordrecht: Reidel 1974. S. 31–54.

[4–51] Misner, Charles W., Thorne, Kip S. und Wheeler, John A.: *Gravitation.* San Francisco: Freeman 1973.

V. Die Herausforderung der Quantenphysik

[5–1] Einstein, Albert: „Quanten-Mechanik und Wirklichkeit". *Dialectica* 2 (1948), S. 320–324.

[5–2] Howard, Don: „Einstein on Locality and Separability". *Studies in History and Philosophy of Science* 16 (1985), S. 171–201.

[5–3] Langton, Rae und Lewis, David: „Defining ‚Intrinsic'". *Philosophy and Phenomenological Research* 58 (1998), S. 333–345.

[5–4] Brown, Harvey R. und Redhead, Michael L. G.: „A Critique of the Disturbance Theory of Indeterminacy in Quantum Mechanics". *Foundations of Physics* 11 (1981), S. 1–20.

[5–5] Audretsch, Jürgen und Mainzer, Klaus (Hrsg.): *Wieviele Leben hat Schrödingers Katze?* Mannheim: Bibliographisches Institut 1990.

[5–6] Audretsch, Jürgen (Hrsg.): *Verschränkte Welt. Faszination der Quanten.* Berlin: Wiley-VCH 2002.

[5–7] Rae, Alastair I. M.: *Quantum Physics: Illusion or Reality?* Cambridge: Cambridge University Press 1986. Deutsch *Quantenphysik: Illusion oder Realität? Übersetzt von Daniela Bailer-Jones.* Stuttgart: Reclam 1996.

[5–8] Albert, David Z.: *Quantum Mechanics and Experience.* Cambridge (Massachusetts): Harvard University Press 1992.

[5–9] Bohm, David: *Quantum Theory.* Englewood Cliffs: Prentice-Hall 1951.

[5–10] Einstein, Albert, Podolsky, Boris und Rosen, Nathan: „Can Quantum-Mechanical Description of Physical Reality be Considered Complete?". *Physical Review* 47 (1935), S. 777–780. Deutsch in K. Baumann und R. U. Sexl (Hrsg.): *Die Deutungen der Quantentheorie.* Braunschweig: Vieweg 1984. S. 80–86.

[5–11] Espagnat, Bernard de: *Conceptual Foundations of Quantum Mechanics.* Menlo Park: Benjamin 1971.

[5–12] Espagnat, Bernard de: „An Elementary Note about ‚Mixtures'". In: A. De-Shalit, H. Feshbach und L. van Hove (Hrsg.): *Preludes in Theoretical Physics. In Honor of Victor F. Weisskopf.* Amsterdam: North Holland 1966. S. 185–191.

[5–13] Teller, Paul: „Relational Holism and Quantum Mechanics". *British Journal for the Philosophy of Science* 37 (1986), S. 71–81.

[5–14] Howard, Don: „Holism, Separability, and the Metaphysical Implications of the Bell Experiments". In: J. T. Cushing und E. McMullin (Hrsg.): *Philosophical Consequences of Quantum Theory. Reflections on Bell's Theorem.* Notre Dame: University of Notre Dame Press 1989. S. 224–253.

[5–15] Healey, Richard A.: „Holism and Nonseparability". *Journal of Philosophy* 88 (1991), S. 393–421.

[5–16] Esfeld, Michael: *Holismus in der Philosophie des Geistes und in der Philosophie der Physik.* Frankfurt (Main): Suhrkamp 2002.

[5–17] French, Steven und Redhead, Michael L. G.: „Quantum Physics and the Identity of Indiscernibles". *British Journal for the Philosophy of Science* 39 (1988), S. 233–246.

[5–18] Adams, Robert M.: „Primitive Thisness and Primitive Identity". *Journal of Philosophy* 76 (1979), S. 5–26.

[5–19] Auyang, Sunny Y.: *How is Quantum Field Theory Possible?* Oxford: Oxford University Press 1995.

[5–20] Teller, Paul: *An Interpretative Introduction to Quantum Field Theory.* Princeton: Princeton University Press 1995.

[5–21] Cao, Tian Yu: *Conceptual Developments of 20th Century Field Theories.* Cambridge: Cambridge University Press 1997.

[5–22] Cao, Tian Yu (Hrsg.): *Conceptual Foundations of Quantum Field Theory.* Cambridge: Cambridge University Press 1999.

[5–23] Dieks, Dennis (Hrsg.): *Spacetime, Fields and Understanding: Perspectives on Quantum Field Theory. Special Issue of Studies in History and Philosophy of Modern Physics Vol. 32B, Number 2.* Amsterdam: Elsevier 2001.

[5–24] Huggett, Nick: „Philosophical Foundations of Quantum Field Theory". *British Journal for the Philosophy of Science* 51 (2000), S. 617–637.

[5–25] Stöckler, Manfred: *Philosophische Probleme der relativistischen Quantenmechanik.* Berlin: Duncker und Humblot 1984.

[5–26] Stöckler, Manfred: „Individualität, Identität, Ununterscheidbarkeit. Überlegungen zum Gegenstandsbegriff in der Quantenfeldtheorie". *Conceptus* 22 (1988), S. 5–29.

[5–27] Reeh, H. und Schlieder, S.: „Bemerkungen zur Unitaräquivalenz von Lorentzinvarianten Feldern". *Nuovo Cimento* 22 (1961), S. 1051–1068.

[5–28] Redhead, Michael L. G.: „More Ado about Nothing". *Foundations of Physics* 25 (1995), S. 123–137.

[5–29] Clifton, Robert K. und Halvorson, Hans: „Entanglement and Open Systems in Algebraic Quantum Field Theory". *Studies in History and Philosophy of Modern Physics* 32B (2001), S. 1–31.

[5–30] Monk, Nicholas A. M.: „Conceptions of Space-Time: Problems and Possible Solutions". *Studies in*

History and Philosophy of Modern Physics 28B (1997), S. 1–34.
[5–31] Dieks, Dennis: „Space-Time Relationism in Newtonian and Relativistic Physics". *International Studies in the Philosophy of Science* 15 (2001), S. 5–17.
[5–32] Auyang, Sunny Y.: „Spacetime as a Fundamental and Inalienable Structure of Fields". *Studies in History and Philosophy of Modern Physics* 32B (2001), S. 205–215.
[5–33] Bell, John S.: „On the Einstein-Podolsky-Rosen-Paradox". *Physics* 1 (1964), S. 195–200.
[5–34] Shimony, Abner: *Search for a Naturalistic World View. Volume 2: Natural Science and Metaphysics.* Cambridge: Cambridge University Press 1993.
[5–35] Jarrett, Jon P.: „On the Physical Significance of the Locality Conditions in the Bell Arguments". *Noûs* 18 (1984), S. 569–589.
[5–36] Fine, Arthur: „Hidden Variables, Joint Probability, and the Bell Inequalities". *Physical Review Letters* 48 (1982), S. 291–295.
[5–37] Fine, Arthur: „Joint Distributions, Quantum Correlations, and Commuting Observables". *Journal of Mathematical Physics* 23 (1982), S. 1306–1310.
[5–38] Müller, Thomas und Placek, Tomasz: „Against a Minimalist Reading of Bell's Theorem: Lessons from Fine". *Synthese* 128 (2001), S. 343–379.
[5–39] Redhead, Michael L. G.: *Incompleteness, Nonlocality, and Realism. A Prolegomenon to the Philosophy of Quantum Mechanics.* Oxford: Oxford University Press 1987.
[5–40] Cushing, James T. und McMullin, Ernan (Hrsg.): *Philosophical Consequences of Quantum Theory. Reflections on Bell's Theorem.* Notre Dame: University of Notre Dame Press 1989.
[5–41] Aspect, Alain, Dalibard, Jean und Roger, Gérard: „Experimental Test of Bell's Inequalities Using Time-Varying Analyzers". *Physical Review Letters* 49 (1982), S. 1804–1807.
[5–42] Tittel, W., Brendel, J., Gisin, B., Herzog, T., Zbinden, H. und Gisin, N.: „Experimental Demonstration of Quantum-Correlations over more than 10 Kilometers". *Physical Review* A57 (1998), S. 3229–3232.
[5–43] Bohm, David und Hiley, Basil: *The Undivided Universe. An Ontological Interpretation of Quantum Theory.* London: Routledge 1993.
[5–44] Cushing, James T., Fine, Arthur und Goldstein, Sheldon (Hrsg.): *Bohmian Mechanics and Quantum Theory: an Appraisal.* Dordrecht: Kluwer 1996.
[5–45] Chang, Hasok und Cartwright, Nancy: „Causality and Realism in the EPR Experiment". *Erkenntnis* 38 (1993), S. 169–190.
[5–46] Price, Huw: *Time's Arrow and Archimedes' Point. New Directions for the Physics of Time.* Oxford: Oxford University Press 1996.
[5–47] Davies, Paul C. W. und Brown, J. R.: *The Ghost in the Atom.* Cambridge: Cambridge University Press 1986. Deutsch *Der Geist im Atom. Übersetzt von Jürgen Koch.* Basel: Birkhäuser 1988.
[5–48] Neumann, Johann von: *Mathematische Grundlagen der Quantenmechanik.* Berlin: Springer 1932.
[5–49] Busch, Paul, Lahti, Pekka J. und Mittelstaedt, Peter: *The Quantum Theory of Measurement.* Berlin: Springer 1991.
[5–50] Mittelstaedt, Peter: *The Interpretation of Quantum Mechanics and the Measurement Process.* Cambridge: Cambridge University Press 1998.
[5–51] Schrödinger, Erwin: „Die gegenwärtige Situation in der Quantenmechanik". *Naturwissenschaften* 23 (1935), S. 807–812, 823–828, 844–849.
[5–52] Giulini, Domenico, Joos, Erich, Kiefer, Claus, Kupsch, Joachim, Stamatescu, Ion-Olimpiu und Zeh, H. Dieter: *Decoherence and the Appearance of a Classical World in Quantum Theory.* Berlin: Springer 1996.
[5–53] Blanchard, Philippe, Guilini, Domenico, Joos, Erich, Kiefer, Claus und Stamatescu, Ion-Olimpiu (Hrsg.): *Decoherence: Theoretical, Experimental, and Conceptual Problems. Proceedings of a Workshop held at Bielefeld, Germany, 10–14 November 1998.* Heidelberg: Springer 2000.
[5–54] Everett, Hugh: „‚Relative State' Formulation of Quantum Mechanics". *Reviews of Modern Physics* 29 (1957), S. 454–462. Wiederabdruck in B. S. DeWitt und N. Graham (Hrsg.): *The Many-Worlds Interpretation of Quantum Mechanics,* Princeton: Princeton University Press 1973, S. 141–149.
[5–55] Lockwood, Michael: *Mind, Brain, and the Quantum. The Compound ‚I'.* Oxford: Blackwell 1989.
[5–56] Landsman, Nicholas P.: „Observation and Superselection in Quantum Mechanics". *Studies in History and Philosophy of Modern Physics* 26B (1995), S. 45–73.
[5–57] Ghiradi, Giancarlo, Rimini, Alberto und Weber, Tullio: „Unified Dynamics for Microscopic and Macroscopic Systems". *Physical Review* D34 (1986), S. 470–491.
[5–58] Penrose, Roger: *The Emperor's New Mind. Concerning Computers, Minds, and the Laws of Physics.* Oxford: Oxford University Press 1989. Deutsch *Computerdenken. Des Kaisers neue Kleider oder die Debatte um künstliche Intelligenz, Bewusstsein und die Gesetze der Physik. Übersetzt von Michael Springer.* Heidelberg: Spektrum der Wissenschaften 1991.
[5–59] Penrose, Roger: *Shadows of the Mind.* Oxford: Oxford University Press 1994. Deutsch *Schatten des Geistes. Übersetzt von Anita Ehlers.* Heidelberg: Spektrum der Wissenschaften 1995.
[5–60] Butterfield, Jeremy N.: „David Lewis meets John Bell". *Philosophy of Science* 59 (1992), S. 26–43.
[5–61] Maudlin, Tim: *Quantum Non-Locality and Relativity.* Oxford: Blackwell 1994.
[5–62] Healey, Richard A.: „Nonseparable Processes and Causal Explanation". *Studies in History and Philosophy of Science* 25 (1994), S. 337–374.

VI. Eine Naturphilosophie von Relationen

[6–1] Rombach, Heinrich: *Substanz, System, Struktur. Band 2*. Freiburg: Alber 1966.
[6–2] Jackson, Frank: *From Metaphysics to Ethics. A Defence of Conceptual Analysis*. Oxford: Oxford University Press 1998.
[6–3] Foster, John: *The Case for Idealism*. London: Routledge 1982.
[6–4] Langton, Rae: *Kantian Humility. Our Ignorance of Things in Themselves*. Oxford: Oxford University Press 1998.
[6–5] Esfeld, Michael: „Physicalism and Ontological Holism". *Metaphilosophy* 30 (1999), S. 319–337.
[6–6] Ladyman, James: „What is Structural Realism?". *Studies in History and Philosophy of Modern Science* 29 (1998), S. 409–424.
[6–7] French, Steven und Ladyman, James: „Remodelling Structural Realism: Quantum Physics and the Metaphysics of Structure". Erscheint in *Synthese* 130 (2002).
[6–8] Rovelli, Carlo: „Relational Quantum Mechanics". *International Journal of Theoretical Physics* 35 (1996), S. 1637–1678.
[6–9] Mermin, N. David: „What is Quantum Mechanics Trying to Tell Us?". *American Journal of Physics* 66 (1998), S. 753–767.
[6–10] Henrich, Dieter: „Die Formationsbedingungen von Hegels Dialektik." *Revue internationale de philosophie* 139/140 (1982), S. 139–162.
[6–11] Bradley, Francis Herbert: *Appearance and Reality*. London: Allen and Unwin 1920. Erste Auflage 1893.
[6–12] Horstmann, Rolf-Peter: *Ontologie und Relationen. Hegel, Bradley, Russell und die Kontroverse über interne und externe Beziehungen*. Königstein (Taunus): Athenäum 1984.
[6–13] Shimony, Abner: „Search for a World View which can Accomodate our Knowledge of Microphysics". In: J. T. Cushing und E. McMullin (Hrsg.): *Philosophical Consequences of Quantum Theory. Reflections on Bell's Theorem*. Notre Dame: University of Notre Dame Press 1989. S. 25–37.
[6–14] Redhead, Michael L. G.: *From Physics to Metaphysics. The Tarner Lectures*. Cambridge: Cambridge University Press 1995.
[6–15] Besso, Michele: „Métaphysique expérimentale". *Dialectica* 2 (1948), S. 45–46.
[6–16] Esfeld, Michael: „Gonseth and Quine", *Dialectica* 55 (2001), S. 199–219.

VII. Naturgesetze und Kausalität

[7–1] Cartwright, Nancy: *How the Laws of Physics Lie*. Oxford: Oxford University Press 1983.
[7–2] Keil, Geert: *Handeln und Verursachen*. Frankfurt (Main): Klostermann 2000.
[7–3] Hüttemann, Andreas: „Laws and Dispositions". *Philosophy of Science* 65 (1998), S. 121–135.
[7–4] Weinert, Friedel (Hrsg.): *Laws of Nature. Essays on the Philosophical, Scientific, and Historical Dimensions*. Berlin: de Gruyter 1995.
[7–5] Platon: *Parmenides*. Verfügbare deutsche Ausgaben: (1) Griechisch-deutsch herausgegeben von Günter Eigler in Platon, Werke in acht Bänden. Band 5. Darmstadt: Wissenschaftliche Buchgesellschaft 1983. (2) Griechisch-deutsch herausgegeben von Hans Günter Zekl. Hamburg: Meiner 1972. (3) Griechisch-deutsch herausgegeben von Ekkehard Martens. Stuttgart: Reclam 1987.
[7–6] Armstrong, David M.: *A World of States of Affairs*. Cambridge: Cambridge University Press 1997.
[7–7] Armstrong, David M.: *What is a Law of Nature?* Cambridge: Cambridge University Press 1983.
[7–8] Dretske, Fred I.: „Laws of Nature". *Philosophy of Science* 44 (1977), S. 248–268.
[7–9] Tooley, Michael: *Causation. A Realist Approach*. Oxford: Oxford University Press 1987.
[7–10] Tooley, Michael (Hrsg.): *Laws of Nature, Causation, and Supervenience*. New York: Garland 1999.
[7–11] Kim, Jaegwon: *Supervenience and Mind: Selected Philosophical Essays*. Cambridge: Cambridge University Press 1993.
[7–12] Savellos, Elias E. und Yalçin, Ümit D. (Hrsg.): *Supervenience. New Essays*. Cambridge: Cambridge University Press 1995.
[7–13] Mainzer, Klaus: *Symmetrien der Natur. Ein Handbuch zur Natur- und Wissenschaftsphilosophie*. Berlin: de Gruyter 1988.
[7–14] Campbell, Keith: *Abstract Particulars*. Oxford: Blackwell 1990
[7–15] Bacon, John: *Universals and Property Instances. The Alphabet of Being*. Oxford: Blackwell 1995
[7–16] McCall, Storrs: *A Model of the Universe. Space-Time, Probability, and Decision*. Oxford: Oxford University Press 1994.
[7–17] Smith, Michael und Stoljar, Daniel: „Global Response-Dependence and Noumenal Realism". *Monist* 81 (1998), S. 85–111.
[7–18] Hüttemann, Andreas: *Micro-Explanation and the Multi-Layered Conception of Reality*. Bielefeld: Habilitationsschrift 2000. Erscheint London: Routledge.
[7–19] Bartels, Andreas: „The Idea which we call Power. Naturgesetze und Dispositionen". *Philosophia Naturalis* 37 (2000), S. 255–268.
[7–20] Lewis, David: *Counterfactuals*. Oxford: Blackwell 1973.
[7–21] Lewis, David: „Humean Supervenience Debugged". *Mind* 103 (1994), S. 473–490. Wieder abgedruckt in David Lewis: *Papers in Metaphysics and Epistemology*. Cambridge: Cambridge University Press 1999. S. 224–247.
[7–22] Wigner, Eugene P.: „The Unreasonable Effectiveness of Mathematics in the Natural Sciences" (1959),

abgedruckt in E. P. Wigner: *Symmetries and Reflections*. Bloomington: Indiana University Press 1967. S. 222–237.

[7–23] Lewis, David: „New Work for a Theory of Universals". *Australasian Journal of Philosophy* 61 (1983), S. 343–377. Wieder abgedruckt in David Lewis: *Papers in Metaphysics and Epistemology*. Cambridge: Cambridge University Press 1999. S. 8–55.

[7–24] Lewis, David: „Radical Interpretation". *Synthese* 23 (1974), S. 331–344. Wieder abgedruckt in David Lewis: *Philosophical Papers. Volume 1*. Oxford: Oxford University Press 1983. S. 108–121.

[7–25] Fraassen, Bas C. van: *The Scientific Image*. Oxford: Oxford University Press 1980.

[7–26] Fraassen, Bas C. van: *Laws and Symmetry*. Oxford: Oxford University Press 1989.

[7–27] Giere, Ronald N.: *Science without Laws*. Chicago: University of Chicago Press 1999.

[7–28] Mackie, John L.: *The Cement of the Universe. A Study of Causation*. Oxford: Oxford University Press 1974.

[7–29] Pösch, Gunter (Hrsg.): *Kausalität. Neue Texte*. Stuttgart: Reclam 1981.

[7–30] Sosa, Ernest und Tooley, Michael (Hrsg.): *Causation*. Oxford: Oxford University Press 1993

[7–31] Davidson, Donald: *Essays on Actions and Events*. Oxford: Oxford University Press 1980. Deutsch *Handlung und Ereignis. Übersetzt von Joachim Schulte*. Frankfurt (Main): Suhrkamp 1985.

[7–32] Grasshoff, Gerd und May, Michael: „Causal Regularities". In: W. Spohn, M. Ledwig und M. Esfeld (Hrsg.): *Current Issues in Causation*. Paderborn: Mentis 2001. S. 85–114.

[7–33] Mellor, D. Hugh: *The Facts of Causation*. London: Routledge 1995.

[7–34] Esfeld, Michael: „Lewis' Causation and Quantum Correlations". In: W. Spohn, M. Ledwig und M. Esfeld (Hrsg.): *Current Issues in Causation*. Paderborn: Mentis 2001. S. 175–189.

VIII. Universelle und spezielle Naturwissenschaft

[8–1] Papineau, David: *Philosophical Naturalism*. Oxford: Blackwell 1993.

[8–2] Pettit, Philip: „A Definition of Physicalism". *Analysis* 53 (1993), S. 213–223.

[8–3] Heil, John: „Multiple Realizability". *American Philosophical Quarterly* 36 (1999), S. 189–208.

[8–4] Leplin, Jarrett: *A Novel Defense of Scientific Realism*. Oxford: Oxford University Press 1997.

[8–5] Psillos, Stathis: *Scientific Realism. How Science tracks Truth*. London: Routledge 1999.

[8–6] Sellars, Wilfrid: „Philosophy and the Scientific Image of Man." In: W. Sellars: *Science, Perception and Reality*. London: Routledge 1963. S. 1–40.

[8–7] McDowell, John: *Mind and World*. Cambridge (Massachusetts): Harvard University Press 1994. Deutsch *Geist und Welt. Übersetzt von Thomas Blume, Holm Bräuer und Gregory Klass*. Paderborn: Schöningh 1998 und Frankfurt (Main): Suhrkamp 2001.

[8–8] Stephan, Achim: *Emergenz. Von der Unvorhersagbarkeit zur Selbstorganisation*. Dresden: Dresden University Press 1999.

[8–9] Stöckler, Manfred: „Plädoyer für einen pragmatisch eingeschränkten Reduktionismus". In: W. Deppert, H. Kliemt, B. Lohff und J. Schaefer (Hrsg.): *Wissenschaftstheorien in der Medizin. Ein Symposium*. Berlin: de Gruyter 1992. S. 157–182.

[8–10] Beckermann, Ansgar, Flohr, Hans und Kim, Jaegwon (Hrsg.) (1992): *Emergence or Reduction? Essays on the Prospects of Nonreductive Physicalism*. Berlin: de Gruyter.

[8–11] Nagel, Ernest: *The Structure of Science. Problems in the Logic of Scientific Explanation*. London: Routledge 1961.

[8–12] Lewis, David: „How to Define Theoretical Terms". *Journal of Philosophy* 67 (1970), S. 427–446. Wieder abgedruckt in David Lewis: *Philosophical Papers. Volume 1*. Oxford: Oxford University Press 1983. S. 78–95.

[8–13] Smith, Michael: *The Moral Problem*. Oxford: Blackwell 1994.

[8–14] Scheibe, Erhard: *Die Reduktion physikalischer Theorien. Ein Beitrag zur Einheit der Physik. 2 Bände*. Berlin: Springer 1997/99.

[8–15] Primas, Hans: *Chemistry, Quantum Mechanics and Reductionism*. Berlin: Springer 1981.

[8–16] Mittelstraß, Jürgen: *Die Häuser des Wissens. Wissenschaftstheoretische Studien*. Frankfurt (Main): Suhrkamp 1998.

[8–17] Jaeger, Jochen und Scheringer, Martin: „Transdisziplinarität: Problemorientierung ohne Methodenzwang". *GAIA* 7 (1998), S. 10–25.

[8–18] Schäfer, Lothar: *Das Bacon-Projekt. Von der Erkenntnis, Nutzung und Schonung der Natur*. Frankfurt (Main): Suhrkamp 1993.

[8–19] Cartwright, Nancy: *The Dappled World. A Study of the Boundaries of Science*. Cambridge: Cambridge University Press 1999.

[8–20] Stöckler, Manfred: „On the Unity of Physics in a Dappled World. Comment on Nancy Cartwright". *Philosophia Naturalis* 35 (1998), S. 35–39.

[8–21] Bailer-Jones, Daniela M.: „Review of Nancy Cartwright, The Dappled World. A Study of the Boundaries of Science, Cambridge: Cambridge University Press 1999". *Erkenntnis* 54 (2001), S. 411–415.

[8–22] Smith, Sheldon R.: „Models and the Unity of Classical Physics: Nancy Cartwright's Dappled World". *Philosophy of Science* 68 (2001), S. 456–475.

[8–23] Sklar, Lawrence: *Physics and Chance. Philosophical Issues in the Foundations of Statistical Mechanics*. Cambridge: Cambridge University Press 1993.

[8–24] Callender, Craig: „Reducing Thermodynamics to Statistical Mechanics: The Case of Entropy". *Journal of Philosophy* 96 (1999), S. 348–373.

[8–25] Albert, David Z.: *Time and Chance.* Cambridge (Massachusetts): Harvard University Press 2000.
[8–26] Popper, Karl R.: „The Arrow of Time". *Nature* 177 (1956), S. 538.
[8–27] Popper, Karl R.: „Reply to Bosworth". *Nature* 181 (1958), S. 402–403.
[8–28] Grünbaum, Adolf: *Philosophical Problems of Space and Time.* Dordrecht: Reidel (1973). Zweite Auflage. Erste Auflage 1963.
[8–29] Zeh, H. Dieter: *The Physical Basis of the Direction of Time.* Berlin: Springer 2001. Vierte Auflage. Erste Auflage 1989.
[8–30] Callender, Craig: „Thermodynamic Time Asymmetry". *Stanford Encyclopedia of Philosophy* 2001. http://www.science.uva.nl/~seop/entries/time-thermo/
[8–31] Price, Huw: „Boltzmann's Time Bomb". *British Journal for the Philosophy of Science* 53 (2002), S. 83–119.
[8–32] Popper, Karl R.: „Time's Arrow and Entropy". *Nature* 207 (1965), S. 233–234.
[8–33] Popper, Karl R.: „Grünbaum on Time and Entropy". In: P. A. Schilpp (Hrsg.): *The Philosophy of Karl Popper. Volume II.* La Salle: Open Court 1974. S. 1140–1143.
[8–34] Horwich, Paul: *Asymmetries in Time. Problems in the Philosophy of Science.* Cambridge (Massachusetts): MIT Press 1987.

IX. Philosophische Aspekte der Biologie

[9–1] Sober, Elliott: *Philosophy of Biology.* Boulder: Westview Press 1993.
[9–2] Sterelny, Kim und Griffiths, Paul E.: *Sex and Death. An Introduction to Philosophy of Biology.* Chicago: University of Chicago Press 1999.
[9–3] Weber, Marcel: *Die Architektur der Synthese: Entstehung und Philosophie der modernen Evolutionstheorie.* Berlin: de Gruyter 1998.
[9–4] Sober, Elliott (Hrsg.): *Conceptual Issues in Evolutionary Biology.* Cambridge (Massachusetts): MIT Press 1994. 2. Auflage.
[9–5] Hull, David L. und Ruse, Michael (Hrsg.): *The Philosophy of Biology.* Oxford: Oxford University Press 1998.
[9–6] Mahner, Martin und Bunge, Mario: *Philosophische Grundlagen der Biologie.* Berlin: Springer 2000. Zuerst Englisch erschienen als *Foundations of Biophilosophy.* Berlin: Springer 1997.
[9–7] Hull, David L.: *The Metaphysics of Evolution.* Albany: State University of New York Press 1989.
[9–8] Ax, Peter: *Systematik in der Biologie. Darstellung der stammesgeschichtlichen Ordnung in der lebenden Natur.* Stuttgart: Fischer (UTB) 1988.
[9–9] Coleman, Keith A. und Wiley, E. O.: „On Species Individualism: A New Defense of the Species-as-Individuals Hypothesis". *Philosophy of Science* 68 (2001), S. 498–517.
[9–10] Sober, Elliott: *The Nature of Natural Selection. Evolutionary Theory in Philosophical Focus.* Cambridge (Massachusetts): MIT Press 1984.
[9–11] Bell, Graham: *Selection. The Mechanism of Evolution.* New York: Chapman & Hall 1997.
[9–12] Stamos, David N.: „Quantum Indeterminism and Evolutionary Biology". *Philosophy of Science* 68 (2001), S. 164–184.
[9–13] Mayr, Ernst: *Toward a new Philosophy of Biology. Observations of an Evolutionist.* Cambridge (Massachusetts): Harvard University Press 1988. Deutsch *Eine neue Philosophie der Biologie. Übersetzt von Inge Leipold.* München: Piper 1991.
[9–14] Gould, Stephen J. und Lewontin, Richard C.: „The Spandrels of San Marco and the Panglossian Paradigm: A Critique of the Adaptionist Programme." *Proceedings of the Royal Society of London* B 205 (1979), S. 581–598. Wieder abgedruckt in [9–4], S. 73–90.
[9–15] Dupré, John (Hrsg.): *The Latest on the Best. Essays on Evolution and Optimality.* Cambridge (Massachusetts): MIT Press 1987.
[9–16] Kauffman, Stuart A.: *The Origins of Order. Self-Organization and Selection in Evolution.* Oxford: Oxford University Press 1993.
[9–17] Varela, Francisco J.: *Principles of Biological Autonomy.* Amsterdam: North Holland 1979.
[9–18] Bertalanffy, Ludwig von: *General System Theory. Foundations, Development, Applications.* New York: Braziller 1968.
[9–19] Schlosser, Gerhard: *Einheit der Welt und Einheitswissenschaft. Grundlegung einer Allgemeinen Systemtheorie.* Braunschweig: Vieweg 1993.
[9–20] Brandon, Robert N. und Burian, Richard M. (Hrsg.): *Genes, Organisms, Populations: Controversies over the Units of Selection.* Cambridge (Massachusetts): MIT Press 1984.
[9–21] Williams, George C.: *Adaptation and Natural Selection. A Critique of some Current Evolutionary Thought.* Princeton: Princeton University Press 1966.
[9–22] Williams, George C.: *Natural Selection: Domains, Levels and Challenges.* Oxford: Oxford University Press 1992.
[9–23] Dawkins, Richard: *The Selfish Gene.* Oxford: Oxford University Press 1976. Deutsch *Das egoistische Gen. Übersetzt von Karin de Sousa Ferreira.* Berlin: Springer 1982.
[9–24] Dawkins, Richard: *The Extended Phenotype. The Gene as the Unit of Selection.* Oxford: Freeman 1982.
[9–25] Mills, Susan K. und Beatty, John H.: „The Propensity Interpretation of Fitness". *Philosophy of Science* 46 (1979), S. 263–286. Wieder abgedruckt in [9–4], S. 3–23.
[9–26] Matthen, Mohan und Ariew, André: „Two Ways of Thinking about Fitness and Natural Selection". *Journal of Philosophy* 99 (2002), S. 55–83.

[9–27] Rosenberg, Alexander: *The Structure of Biological Science*. Cambridge: Cambridge University Press 1985.
[9–28] Schaffner, Kenneth F.: *Discovery and Explanation in Biology and Medicine*. Chicago: University of Chicago Press 1993.
[9–29] Wright, Larry: „Functions". *Philosophical Review* 82 (1973), S. 139–168. Wieder abgedruckt in [9–4], S. 27–47, in [9–34], S. 51–78, und in [9–35], S. 29–55.
[9–30] Cummins, Robert: „Functional Analysis". *Journal of Philosophy* 72 (1975), S. 741–764. Wieder abgedruckt in [9–4], S. 49–69, in [9–34], S. 169–196, und in [9–35], S. 57–83.
[9–31] Bigelow, John und Pargetter, Robert: „Functions". *Journal of Philosophy* 84 (1987), S. 181–196. Wieder abgedruckt in [9–34], S. 241–259, und in [9–35], S. 97–114.
[9–32] Schlosser, Gerhard: „Self-Re-Production and Functionality. A Systems-Theoretical Approach to Teleological Explanation". *Synthese* 116 (1998), S. 303–354.
[9–33] McLaughlin, Peter: *What Functions Explain. Functional Explanation and Self-Reproducing Systems*. Cambridge: Cambridge University Press 2001.
[9–34] Allen, Colin, Bekoff, Marc und Lauder, George (Hrsg.): *Nature's Purposes. Analyses of Function and Design in Biology*. Cambridge (Massachusetts): MIT Press 1998.
[9–35] Buller, David J. (Hrsg.): *Function, Selection, and Design*. Albany: State University of New York Press 1999.
[9–36] Nagel, Thomas: *Mortal Questions*. Cambridge: Cambridge University Press 1979. Aufsatz „Wie ist es, eine Fledermaus zu sein?", deutsch übersetzt von Ulrich Diehl in [10–6], S. 261–275.
[9–37] Jackson, Frank: *Mind, Method, and Conditionals. Selected Essays*. London: Routledge 1998.
[9–38] Chalmers, David: *The Conscious Mind. In Search of a Fundamental Theory*. Oxford: Oxford University Press 1996.
[9–39] Lewis, David: „An Argument for the Identity Theory" in David Lewis: *Philosophical Papers. Volume 1*. Oxford: Oxford University Press 1983, S. 99–107. Deutsch „Ein Argument für die Identitäts-Theorie" in Ansgar Beckermann (Hrsg.): *Analytische Handlungstheorie. Band 2. Handlungserklärungen*. Frankfurt (Main): Suhrkamp 1985, S. 398–411, und in David Lewis: *Die Identität von Körper und Geist. Übersetzt von Wolfgang Spohn*. Frankfurt (Main): Klostermann 1989, Kapitel 1.
[9–40] Davies, Martin und Humphreys, Glyn W. (Hrsg.): *Consciousness: Psychological and Philosophical Essays*. Oxford: Blackwell 1993.
[9–41] Metzinger, Thomas (Hrsg.): *Bewußtsein: Beiträge aus der Gegenwartsphilosophie*. Paderborn: Schöningh 1996. 3. Auflage.
[9–42] Block, Ned, Flanagan, Owen und Güzeldere, Güven (Hrsg.): *The Nature of Consciousness*. Cambridge (Massachusetts): MIT Press 1997.
[9–43] Pauen, Michael und Stephan, Achim (Hrsg.): *Phänomenales Bewußtsein – Rückkehr zur Identitätstheorie?* Paderborn: Mentis 2002.

X. Grenzen der Naturwissenschaft

[10–1] Nagel, Thomas: *The View from Nowhere*. Oxford: Oxford University Press 1986. Deutsch *Der Blick von nirgendwo. Übersetzt von Michael Gebauer*. Frankfurt (Main): Suhrkamp 1992.
[10–2] Laplace, Pierre Simon de: *Essai philosophique sur les probabilities*. Paris: Courcier 1814. Nachdruck Brüssel: Culture et Civilisation 1967. Deutsch *Philosophischer Versuch über die Wahrscheinlichkeiten. Übersetzt von Norbert Schwaiger*. Leipzig: Duncker & Humblot 1886.
[10–3] Breuer, Thomas: *Quantenmechanik: Ein Fall für Gödel?* Heidelberg: Spektrum 1997.
[10–4] Peitgen, Heinz-Otto, Jürgens, Hartmut und Saupe, Dietmar: *Chaos. Bausteine der Ordnung*. Berlin: Springer 1994.
[10–5] Smith, Peter: *Explaining Chaos*. Cambridge: Cambridge University Press 1998.
[10–6] Bieri, Peter (Hrsg.): *Analytische Philosophie des Geistes*. Bodenheim: Athenäum 1993 (2. Auflage).
[10–7] Carrier, Martin: „Freiheit und Indeterminismus: Zu den Naturbedingungen menschlicher Freiheit". *Facta Philosophica* 1(1999), S. 111–133.
[10–8] Eccles, John C.: *How the Self Controls Its Brain*, Berlin: Springer 1994.
[10–9] Loewer, Barry: „Freedom from Physics: Quantum Mechanics and Free Will". *Philosophical Topics* 24 (1996), S. 92–113.
[10–10] Esfeld, Michael: „Is Quantum Indeterminism Relevant to Free Will?". *Philosophia Naturalis* 37 (2000), S. 177–187.
[10–11] Kim, Jaegwon: *Philosophy of Mind*. Boulder (Colorado): Westview Press 1996. Deutsch *Philosophie des Geistes. Übersetzt von Georg Günther*. Wien: Springer 1998.
[10–12] Beckermann, Ansgar: *Analytische Einführung in die Philosophie des Geistes*. Berlin: de Gruyter 1999.
[10–13] Apel, Karl-Otto: *Die Erklären : Verstehen-Kontroverse in transzendentalpragmatischer Sicht*. Frankfurt (Main): Suhrkamp 1979.
[10–14] Hobbes, Thomas: *Opera Latina. 5 Bände. Hrsg. von William Molesworth*. London: Bohn 1839–1845.
[10–15] Hobbes, Thomas: *English Works. 11 Volumes. Edited by William Molesworth*. London: Bohn 1839–1845.
[10–16] Rohbeck, Johannes: *Technologische Urteilskraft. Zu einer Ethik technischen Handelns*. Frankfurt (Main): Suhrkamp 1993.

[10–17] Heidegger, Martin: *Sein und Zeit.* Zuerst erschienen in *Jahrbuch für Philosophie und phänomenologische Forschung* 8 (1927), S. 1–438; letzte Ausgabe Tübingen: Niemeyer 1993.
[10–18] Heidegger, Martin: *Die Technik und die Kehre.* Pfullingen: Neske 1962.
[10–19] Hastedt, Heiner: *Aufklärung und Technik. Grundproblem einer Ethik der Technik.* Frankfurt (Main): Suhrkamp 1991.
[10–20] Ropohl, Günter: *Technologische Aufklärung.* Frankfurt (Main): Suhrkamp 1991.
[10–21] Jonas, Hans: *Das Prinzip Verantwortung. Versuch einer Ethik für die technologische Zivilisation.* Frankfurt (Main): Suhrkamp 1979.
[10–22] Gethmann-Siefert, Annemarie und Gethmann, Carl Friedrich (Hrsg.): *Philosophie und Technik.* München: Fink 2000.
[10–23] Höffe, Otfried: *Moral als Preis der Moderne.* Frankfurt (Main): Suhrkamp 1993.
[10–24] Birnbacher, Dieter: *Verantwortung für zukünftige Generationen.* Stuttgart: Reclam 1988.
[10–25] Wolf, Ursula: *Das Tier in der Moral.* Frankfurt (Main): Klostermann 1990.
[10–26] Wolf, Jean-Claude: *Tierethik. Neue Perspektiven für Menschen und Tiere.* Freiburg (Schweiz): Paulus 1992.
[10–27] Meyer-Abich, Klaus-Michael: *Wege zum Frieden mit der Natur. Praktische Naturphilosophie für die Umweltpolitik.* München: Hanser 1984.
[10–28] Meyer-Abich, Klaus-Michael: *Aufstand für die Natur. Von der Umwelt zur Mitwelt.* München: Hanser 1990.
[10–29] Taylor, Paul W.: *Respect for Nature. A Theory of Environmental Ethics.* Princeton: Princeton University Press 1986.
[10–30] Krebs, Angelika: *Ethics of Nature.* Berlin: de Gruyter 1999.
[10–31] von der Pfordten, Dietmar: *Ökologische Ethik. Zur Rechtfertigung menschlichen Verhaltens gegenüber der Natur.* Reinbek: Rowohlt 1996.
[10–32] Krebs, Angelika (Hrsg.): *Naturethik. Grundtexte der gegenwärtigen tier- und ökoethischen Diskussion.* Frankfurt (Main): Suhrkamp 1997.
[10–33] Elliot, Robert (Hrsg.): *Environmental Ethics.* Oxford: Oxford University Press 1995.
[10–34] Patzig, Günther: *Ökologische Ethik – innerhalb der Grenzen bloßer Vernunft.* Göttingen: Vandenhoeck & Ruprecht 1983.
[10–35] Passmore, John: *Man's Responsibility for Nature. Ecological Problems and Western Traditions.* London: Duckworth 1974.
[10–36] Weinberg, Steven: „Newtonianism, Reductionism, and the Art of Congressional Testimony". *Nature* 330 (1987), S. 433–437.

Die wichtigsten Fachzeitschriften im Gebiet der Naturphilosophie

- *British Journal for the Philosophy of Science*: http://www3.oup.co.uk/jnls/list/phisci
- *Dialectica*: http://www.dialectica.ch
- *Epistemologia*: http://www.tilgher.it/epistemologiae.html
- *Erkenntnis*: http://www.kluweronline.com/issn/0165–0106
- *Foundations of Science*: http://www.vub.ac.be/CLEA/FOS/
- *GAIA*: http://www.nomos.de/nomos/zeitschr/zeitschr.htm
- *HYLE*: http://www.hyle.org
- *International Studies in the Philosophy of Science*: http://www.tandf.co.uk/journals/routledge/02698595.html
- *Journal for General Philosophy of Science/Zeitschrift für allgemeine Wissenschaftstheorie*: http://www.kluweronline.com/issn/0925–4560
- *Perspectives on Science*: http://mitpress.mit.edu/catalog/item/default.asp?ttype=4&tid=1
- *Philosophia Naturalis*: http://www.klostermann.de/zeitsch/phna_hmp.htm
- *Philosophy of Science*: http://www.journals.uchicago.edu/PHILSCI/home.html
- *Studies in History and Philosophy of Modern Science*: http://www.elsevier.nl/inca/publications/store/3/0/5/8/6
- *Studies in History and Philosophy of Modern Physics*: http://www.elsevier.nl/inca/publications/store/3/0/5/6/6
- *Studies in History and Philosophy of Biological and Biomedical Sciences*: http://www.elsevier.nl/inca/publications/store/6/0/0/6/5/8
- *Synthese*: http://www.kluweronline.com/issn/0039–7857

Register

Namen

Aristoteles 8, 10–14, 16, 50–51, 73, 86, 134
Armstrong, David 86
Aspect, Alain 64

Bacon, Francis 16, 133
Bell, John 62–63, 77, 98
Bennett, Jonathan 25–27
Besso, Michele 79
Bieri, Peter 130
Blumenberg, Hans 14
Bohm, David 54–55, 65
Bohr, Niels 46
Bradley, Francis Herbert 79

Cartwright, Nancy 84–85, 110
Clarke, Samuel 20–21

Darwin, Charles 117
Davidson, Donald 95
Dawkins, Richard 121
Demokrit 13, 20
Descartes, René 8–16, 18–19, 22–27, 42, 129, 133
Dretske, Fred 86

Eccles, John C. 131
Einstein, Albert 29–30, 46, 48–56, 62, 65, 69, 71, 79
Espagnat, Bernard de 56

Fraassen, Bas C. van 93–94

Ghiradi, Giancarlo 68
Gonseth, Ferdinand 80

Hastedt, Heiner 136
Hegel, Georg Wilhelm Friedrich 79
Heidegger, Martin 135
Heisenberg, Werner 46, 51–53
Heraklit 13
Hobbes, Thomas 16, 129, 133
Höffe, Otfried 137

Jackson, Frank 74–75, 78, 80, 104, 125
Jarrett, Jon 63
Jonas, Hans 136

Kant, Immanuel 20, 75, 78

Laplace, Pierre Simon de 128
Leibniz, Gottfried Wilhelm 9, 18, 20–23, 26, 40–41
Lewis, David 37, 50, 73, 91–94, 97, 104, 108, 112, 125

Mackie, John 94–95
Maxwell, James Clerk 29
Mayr, Ernst 123
McCall, Storrs 90
Mellor, D. Hugh 97
Meyer-Abich, Klaus-Michael 138
Michelson 30
Morley 30

Nagel, Thomas 125
Neumann, Johann von 66–67
Newton, Isaac 9, 18–21, 23, 31, 39, 49, 84–85, 114

Penrose, Roger 69–70, 131
Planck, Max 52
Platon 13, 86
Popper, Karl R. 111–113

Quine, Willard Van Orman 37

Ramsey, Frank 108
Reichenbach, Hans 41
Rimini, Alberto 68
Rohbeck, Johannes 135
Ropohl, Günter 136
Russell, Bertrand 37

Schrödinger, Erwin 48, 66–68, 70
Shimony, Abner 64, 79–80
Sober, Elliot 122–123
Spinoza, Baruch de 9, 18, 23–27, 42, 79

Tooley, Michael 86

Volder, Burcher de 21–22

Weber, Tullio 68
Wheeler, John A. 42–43, 61, 79
Williams, George C. 121

Sachen

Adaption, Adaptionismus, adaptiv 119, **120**
  -e Eigenschaft → Eigenschaft
Äther 50
aetiologische Erklärung 123–124
Agnostizismus 94
Anfangsbedingungen, -zustand 43, 110, **111**, 112–114, 116, 127–129, **134**, 135
Anisotropie 113–114
Anthropozentrismus 138
Arten → Biologie
Asymmetrie → Symmetrie
Atom 13, 18–22, 51, 104–105, 107, 109
Atomismus 9, **18**, 19, 24
Atomist, atomistisch 13, 18, 21–22
Atomphysik 83–84, 102
Auslese → Selektion
Autopoiese 120

Bell-Experimente, Bells Theorem **62**, **64**, 65–66, 69–71, 77–80, **81**, 98
Bewusstsein 116, **124**, 125–126, 136, **137**, 138, 140
Bezugssystem → System
Biologie, biologisch 8–9, 12, 100–101, 105, 109, 115, **116**, 117–118, 120, 122–124, 130
  biologische Arten 12, **116**, 117–120, 126, **138**
  -e Eigenschaften → Eigenschaften
  Evolutions- → Evolution
  Molekular- **118**

Biozentrismus **138**
Blockuniversum 34–35, **36**, 37–38, 114
Bosonen 58–59
Brückenprinzipien 108–109

ceteris-paribus(-Klausel) 84–85, 87
Chaostheorie **128**, 129, 135
Chemie, chemisch 100–101, 109, 118–119, 126, 130
Chiralität 101, 107
continuants 37

Dekohärenz, -theorie **67**, 68–69, 71, 103
(In-)Determinismus, (in-)deterministisch 15, 19, 34, **35–36**, 40, 54, 65–67, **70**, 92, 97, 101–103, 119, 127–130, 141
Ding im Vergleich zu Ereignis 37–38
Diskursethik 136
Disposition, dispositional 65, 89–91, 93, 97, 124
DNA 118
Dualismus, dualistisch 129–132

Eigendrehimpuls → Impuls
Eigenschaft
  adaptive – 119–120, 123
  biologische 118, 123
  Disjunktion von – 84
  (nicht-)dispositionale – 90, 92
  – höherer Ebenen 132
  emergente – → Emergenz
  Feld- → Feld
  funktionale – 118, 122
  geometrische – 43
  grundlegende – (i. d. R. → physikalische –) 13, **51**, 94
  inkompatible – **51-53**, 54, 71
  intrinsische – **13**, 14, 22–23, 40, 44, 46, 48, 50, **53**, 58–60, 62, 66, 71, **73**, 74, **75**, 76, **77–78**, 79–82, 91–93, 104, 106, 133
  makroskopische – 104
  mikroskopische – 104
  physikalische – 19, 25, **26**, 27, 42–44, 48, 59, 74, 89, 91, 93–94, 104, 108, 115, 122–124
  quantenfeldtheoretische – 105
  quantenphysikalische – 109
  relationale/extrinsische – 22, 53, 58–59, 74–75, 77–78, 93, 104
  systemische – 107
zustands(un)abhängige – 49, 52–54, 56–57, **58**, 62, 65, **78**
Elektrizität 85
Elektrodynamik 43
Elektromagnetismus, -magnetisch 29, 42–44, 49, 74, 84, 101, 111–112
Elimination, Eliminativismus, eliminieren 25, 43, 106, 109, 132, 136, 139
Embryonen 137
Emergenz, emergent 9, 100, **107**, 108, 122
Emotion, emotional 124
Empirismus, empirisch, empiristisch 19, 47, 66, 90, 93–94, 96, **97**, 112, 122, 140
  konstruktiver – 93–94
  Kriterium der – Adäquatheit 94
Entropie **110**, 111–114
Epiphänomen, Epiphänomenalismus 124–125
Epistemologie → Erkenntnistheorie
EPR-Korrelationen **54**, 56–58, 64
Ereignis im Vergleich zu Ding **36**, 37–38
Ergebnis-Unabhängigkeit 63–65
Erhaltungsgesetz → Gesetze
Erkenntnistheorie, -theoretisch/mäßig 47, 73, **80**, 81–82, 87, 106, 108, 127–128, **129**, 132–133, 140–141
Ethik, ethisch → Moral
Evolution 15, 107, 116–117, **118**, 119–120, 122–124, 126, 132
  -sbiologie **116**, 118, 126
  -stheorie 107, 116–119, 122
extrinsisch → Eigenschaft

Faktorisierbarkeit **62**, 63
Feld 19, 25, 27, 30, 40, 42–43, 46, 48–50, 60, 105
  -eigenschaft 19, 39
  -konzeption 19
  -quelle 22
  Gravitationstheorie 19–20, 22, 29, 39, 42, 47, 49
  Gravitations- → Gravitation
– klassische Feldtheorie 101
– Materie-Feld 27
– physikalische Feldtheorie 22
– Quantenfelder, -quanten 60–61, 106
Fermionen 43, 59
Fernwirkung 19, 39, 49, 65
fitness → Tauglichkeit
Form 11–12, 14–15
freier Wille 34, 36
Funktion, funktional 22, 51–52, 61, 73, 90, **123**
  -e Eigenschaften → Eigenschaften
Funktionalismus 105, 124–125

Galaxie 33
Geistiges → Mentales
Gen, genetisch, Genom 117–118, 121–122, 126, 137
  genetische Mutation 119
  Genforschung 137
Geometrodynamik **42–43**, 61, 79
Gesetze
  Erhaltungs- (Impuls, Energie) 15–16, 26, 89, 130
  fundamentale/grundlegende/physikalische – 84, 112
  logische/mathematische – 11, 19, 84, 87
  Gesetzesaussagen 86–91, 101–103, 108–110, 113, 118, 135
  Gesetzes-Realismus → Realismus
  Gesetzes-Reduktionismus → Reduktionismus
  Gravitations- 84–85
  Kausal- 94, 96
  Natur- 9, 35, 75, **83–84**, 85–88, 91–92, **93**, 94–96, 98, 100, 108, 111–114, 128–129, 135
  phänomenologische – 84
  Wahrscheinlichkeits- 87, 92, 131
Gott 14, 18–21, 40
Gravitation 19, 32–33, 38–39, 42–44, 49, 69–70, 84–85, 101, 103
  -sfeld 33, 42
  -gesetz → Gesetz

Heisenberg'sche Unschärferelation **51**, 52–53
Holismus 57–58
Homogenität
– der Zeit 89
– des Raumes 89
Humanität 16
Hume'sche Supervenienz → Supervenienz

Idealismus 81
Immanenter Beobachter **127**, 128–129, 141
Impuls 15, 51–53, 56, 59, 110, 112, 130
  Eigendreh- 51

Individualität, Individuen, individuell 38, 46, **49**, 50, **58**, 59–60, 62, 71, 79, 117, 119–121, 126, 138
Inertialsystem → System
Inkompatibilität → Eigenschaften
Instrumentalismus 7
Intelligibles → Geistiges
Intentionalität, intentional 137
intrinsisch → Eigenschaften
Isotropie 89

Kausalität, kausal 9, **15**, 32, 36, 39, **40**, 41, 48–49, 58, 61, **65**, 66, 69, 74–75, 78, **83**, **94–96**, 97, 98, 100, 108, 119–120, 123–125, 130–131
begriffliche Analyse von – 96–97
Dilemma für – Theorie der Raum-Zeit 41
Regularitätstheorie der – 95, 98
-e Rückkopplung 120
Transfertheorie der – 41, **95**, 96–97
zeitlich rückwärtsgerichtete – 41
klassische Feldtheorie 49
klassische Mechanik 49
klassische Physik → Physik
Klonen, Klon 118
Kognition, kognitiv 124
Körper-Geist-Problem **130**, 132
– in Bezug auf Quantenphysik 130
Komplementarität 132
Kontinuum **21**, 24–27, 42, 46
kontrafaktisch, -e Abhängigkeit 41, 69, **97**, 98
Kosmologie, Kosmos, kosmisch 33, 107, **111**, 112, 114, 116
Krümmung der Raum-Zeit → Raum-Zeit

Laplace'scher Dämon 128
Leben 11, 16, 118, 122, 139
geistiges Leben 11
Lebensbaum-Prinzip 117–118
Lichtgeschwindigkeit 29–30, 32, 49, 64, 66
Konstanz der –/– als Konstante 29, 30, 32
Überlichtgeschwindigkeit 66, 80, 133
Lichtkegel 32, 34–36, 40–41, 93, 114
Linearität, linear 128–129, 134–135
Loch-Argument **40**
Lokalisiertheit, lokalisieren 25, 46, **47**, 48–50, 52, 54, 58–59, 62, **66**, 71, 79
Lorentz-Transformation 31
Lotka-Volterra Gleichung 122

makroskopisch → System
Materialismus 132
Mechanik
klassische – 101, 113–114
Quanten- → Quantentheorie
statistische – **110–111**, 112–113
Mentales, Geistiges 12, 15, 96, 124, **129**, 130–133
mentale Verusachung 96
mentale Zustände/Phänomene 124, 130
Messproblem 46, 54, 56, **66**, 67–68, **69**, 71, **103**
Metaphysik, metaphysisch 8, 10, 43, 73, 79–80, 90, 125, 135–136
experimentelle – **79**, 80
mikroskopisch → System
mögliche Welten 35–36, 70, 74, 84, 87–88, 90, 96–97, 103
Moleküle 101–102, 104, 107
Molekularbiologie → Biologie
Monaden **21**, 22–23, 41
Moral, moralisch, Ethik, ethisch 10, 88, 118, 121, 127, **137**, 138–141
moralische Pflichten **137**, **139**, 140
Moralphilosophie 139
normative Instanz, Normen 138–139, 141
praktische Naturphilosophie 140
Multiple Realisierbarkeit → Realisation
Mutation → Gen

Nahewirkung 47, **49**, 50, **58**, 62, 65, 69, 71, 81
Naturalismus 132
nicht-reduktionistischer Naturalismus 132
Naturgesetz → Gesetze
Naturwissenschaft → Wissenschaft
Normen → Moral
Notwendig-Machen (necessitation) **87**, 90, 93

objektiver Zufall 54
objektive Wahrscheinlichkeit → Wahrscheinlichkeit
Observablen 51
occurrents 37
Ökologie 122
Ontologie, ontologisch 7–10, 16, 20, 26–27, 36–40, 42–44, 67, 70, 73, 74–76, 78, **79–81**, 82, 91, 93, 96–98, 106, 108, 115, 128, 132–133, 136, 140
– von Relationen 81–82
ontologischer Dualismus → Dualismus
ontologische Sparsamkeit 37
Organismus 100, 102, 104–105, 117–126

Parameter
-unabhängigkeit 63–65
verborgene – **64**, 65
Pathozentrismus 137
Leidensfähigkeit 137, 139
Pauli-Prinzip 59
Personen → Subjekte
Phänomenalismus 81
Philosophie der Technik → Technik
Philosophie des Geistes 131–132
Physik, physikalisch 8–9, 12, 15, 19–20, 24, 26–27, 29, 33, 35–44, **46**, 49–51, 61–62, 66, 74, 79, 84–85, 94, 96–97, **100–101**, 102–103, 105–109, 111, 114–116, 118–119, 122, 125–126, 128, 131–133
Descartes' – 26
heutige – 9, 33, 39, 44, 61
klassische – 33, 36, 41, 46–48, 51, 58–59, 65, 67, 77
mikrophysikalisch 122
Newton'sche – 19, 49, 84–85
– als grundlegende Naturwissenschaft 8
– der Relativität 9
– des Aristoteles 12
-e Eigenschaft → Eigenschaft
Physiologie, physiologisch 100, 130–131
Physiozentrismus **138**
Planck'sches Wirkungsquantum 52
Population 119, 122
probabilistisch → Wahrscheinlichkeit
Prognostizierbarkeit, Vorhersagbarkeit **128**, 129, 133, 141
Prognosen der Quantentheorie 65
Prognose in Bezug auf negative Folgen 136
Psychologie, psychologisch 109
Punktladung 30

Qualia, qualitative Zustände **124–125**, 126
Quanten
-computer 133
-ereignisse 119, 131
-feldtheorie, -feld, -feldtheoretisch 46, **60**, 61, 105, 127
-mechanik 46, 58–59, **60**, 61, 66–67, 113
-systeme 51–60, 62, 65–71, 77–78, 94, 98, 103–105, 131
-relationen → Relationen
-potential 65
Überlagerung von -zuständen → Superposition
Quarks 51

Raum
absoluter – 18–23, 26, 39–40
euklidischer –, nicht euklidischer – 24, 32–33
leerer – 19–20, 26
– als Eigenschaft Gottes 20
– als Relation → Relation
voller – 19
Raum-Zeit, raum-zeitlich 25, **29**, 31–44, 46–48, 50, 59–62, 71, 76, 91–92, 93–94, 106, 110, 114, 116–117
absolute – 39–40, 61
Dilemma für kausale Theorie der – 41
gekrümmte bzw. Krümmung der – 32–33, 39, 42–44, 101
leere – 42
materielle – **42**
relationale – **40**, 41, 44, 61–62, 76, 94
substantielle – **38–39**
Realisation, realisieren 100, **104**, 105–107, **108**, 109, 111, 115, 118, 120, 123–125, 132–133
multiple Realisierbarkeit 123
Realismus, realistisch 7, 9, 35, **85**, 86, 88, 94–95, 98, 100, **105**, 106–107, 115
Alltags- 9, 100, **105**, 106–107, 115
Gesetzes- **85**, 86
wissenschaftlicher – 9, 94, 100, **105**, 106, 115
Universalien- **85**, 86
Rechte
– von Personen → Subjekt
– von Tieren → Tiere
Reduktionismus, Reduktion 88, **94**, 95, 98, 100, **107–109**, 110, **112**, 113, 115, 118, **122**, 123, 126, 132–134
Gesetzes- **88–89**
nicht-reduktionistischer Naturalismus 132
ontologischer – 108
Theoriereduktion 9, **108–109**, 110, 113, 118, 132
Regelmäßigkeit, Regularität 12, 14, **83**, 84, 87, 90–91, 95, 98, 131
kausale – 83
gesetzesartige – **83**, 87, 90, 95, 98
zufällige – **83**, 84, 87, 90, 95, 98
Relationen 9, **21–22**, 23, 27, 31, 39, 41, 44, 48, 50, **56**, 60–61, 66, **73**, 74, **75**, 76, **77**, 78, **79**, **81**, 82, 93, 104, 133–134
Raum und Zeit als – **21**, 22–23
raum-zeitliche – → Raum-Zeit
– der Zustandsverschränkung 56, 79, 82, 134
Relativismus 7, 94
wissenschaftlicher – 94
Relativitätstheorie **29 ff.**
allgemeine – 9, 29, **32**, 33–38, 40, 42–43, 47, 49, 61, 64, 69, 77–78, 100–101, 127
spezielle – 9, **29**, 30–37, 43, 47, 49, 64, 70, 114
Reproduktion, -sfähigkeit 117–124, 126
res cogitans 15, 129
res extensa 15, 129

Schrödinger-Dynamik, -Gleichung 66–68, 70, 103
Schrödingers Katze **67**
Selbstorganisation **120**
Selbstverständnis, Stellung in der Natur 8–9, 127, **129**, **132**, 133, 137, 139, 141
Selektion 116–118, **119**, 120, **121**, 123, 126
Separabilität, separabel, separat **48**, 49, **50**, 54, **56**, 58–60, 62, 65–66, 69–71, 77, 79, 81, 98, 104
Singularitäten 43
singuläres Ereignis 33
Singulettzustand 55, 57, 62, 64
soziale Interaktion 132
Spin 43, 51–57, 59, 62, 64, 70
-komponente 52–53, 55, 57, 60
Stellung in der Natur → Selbstverständnis
String 26
Subjektivismus, Subjektivität 92, 129
Subjekte, Personen 9, 31, 38, 46, 132–133, 135–136, **137**, 138–141
erkennende Subjekte/Beobachter 31, 46
denkende und handelnde –/ Wesen 9, 11–14, 16, 132–133, 135–136
Pflichten von Personen → Moral
Rechte von Personen 137–140
Substantialismus 39
Substanz 14–15, 23–26, 38–40, 50, 73, 79
Superauswahlregeln 58
Superposition 55, 60, 67
Supervenienz, supervenieren 50, 75, **88**, 89–94, 97–98, 100, 103–105, 107, **108**, 109, 115, 122–124, 132–133
globale – 88–89, **103**, 104, 122
Hume'sche – 50, 73, 91, 93–94
Symmetrie, Asymmetrie **89**, 113–114, 137–138
– in Bezug auf Pflichten gegenüber Tieren 137–138
Asymmetrie der Zeit 113–114
Symmetrie-Transformation 40
System
abgeschlossenes – 47, 110
Bezugs-/Inertial- 29, 31–35
biologisches/lebendiges – 100–101, 114, 120, 122–123
chemisches – 100–101
Elementar- 43, 60
Gesamt- 49–50, 56, 59, 62–63, 66
systemische Eigenschaften 107
makroskopisches –/Objekt 53, 67, 77, 100–103, 105
mikroskopisches –/Objekt 53, 101, 105
physikalisches – 25, 32, 42–43, 47–49, 51, 54, 58–61, 66, 71, 73, 76–78, 80, 93, 100, 103, 114, 122
Quanten- → Quantentheorie
-theorie 120
Teil- 49, 50 ,56

Tauglichkeit, tauglich 121–122
fitness („survival of the fittest") 119
„propensity interpretation" von – 121

Technik, technisch 8, 10–11, **12**, 13–14, **15**, 16, 118, 127–128, 132, **133–135**, 136
Technikfolgenabschätzung 137
Technikphilosophie 7–8, 10, 16
technische Nutzbarmachung/ Verwendung 8–9, 13, 133, 135, 137, 141
technische Verfügbarkeit/ Beherrschung 10, 13, 132, **133**, 134, **136**
Teilchenphysik, -theorie 42, 44, 47
Teilchenzahloperator 60
Teleologie, teleologisch, Teleonomie **123**, 126
Theorie-Reduktion → Reduktion
Thermondynamik 100, **110**, 111, **112**, 113–115
thermisches Gleichgewicht 112
Tiere 12, 137–138
Trägheitskraft 19
Trennungsprinzip, -hypothese 48
Tropen, Theorie der – 89

Umweltfaktoren, -einflüsse, -beschafftenheit 119–121, 124, 139
Unbestimmtheit 21
Unbestimmtheitsrelation 52
Universalien 86, **87**, **89**, 90, 93, 98
-n-Realismus → Realismus
– zweiter Ordnung 87
Universelle Gegenwart/Gleichzeitigkeit 33
Universum 14, 33, 90, 94, 111–114, 116, 118
expandierendes/Expansion des – 33, 114
unrealisierte Möglichkeiten **89**, 90, 93
Unschärferelation → Heisenberg'sche Unschärferelation
Urknall 33, 111, 116
Ursache → Verursachung

Verantwortung, verantworten 136–141
Pflichten → Moral; → Subjekt
Verhalten 121, 123–125, 133, 138–139
altruistisches – 121
Verschränkung 23, 46, **51**, **54**, 55–56, **57**, 58–62, 64, 66–68, **69**, 77–79, 94, 97, 103–104, 133
Verursachung, Ursache **11**, 12, 14, 95–96, 100, 123, 135
mentale – → Mentales
Ursache bei Aristoteles 11–12, 14

Wahrheit 35, 86, 94, 127
Wahrscheinlichkeit, wahrscheinlich **53**, 54–55, 57, 59–60, 62–63, 67, 69, 87, 92–93, 95–97, 101–103, 110–112, 119, 131
objektive – 92–93, 101–103, 131
subjektive – 102
Wahrscheinlichkeitsgesetze → Gesetze
Wechselwirkung 101
Weltlinie 38
Wesen → Subjekt
Wissenschaft
historische – 116
Naturwissenschaft, -wissenschaftlich 7–10, 14, **15**, 16, 19, **73–74**, 75–78, 80, 86, 96–97, **100**, 101, 103, 105–106, 108–110, 114–115, 118, 120, 126, **127**, 129–132, **133**, 134–135, **137**, 139, **140**, 141
heutige Naturwissenschaft 14
spezielle Naturwissenschaft 9, **100**
systematische Naturwissenschaft 136
universelle Naturwissenschaft **100**, 101
Wissenschaftsgeschichte 127
Wissenschaftsphilosophie 123
Wissenschaftstheorie, -theoretisch 7, 9–10, 80, 109

Zeit
absolute 21–23, 30–31, 39, 114
Gleichzeitigkeit 30–31, 33–34
Homogenität der – 89
raum-zeitliche Relation → Raum-Zeit
– als Relation → Relation
zeitliche Sicht von Existenz 33–34, **113**
zeitlose Sicht von Existenz 33, **34**, 36, 114
Zombie 125
Zufall, zufällig 74, 95, **118**, 119–120, 131
Zustand
gemischter –, Gemisch (improper mixture) **56**, 57, 67
Gesamt- von Quantensystemen 56–57, 60
Mischung von –, Gemenge (proper mixture) **56**, 57, 68
qualitativer – → Qualia
Reduktion von -sverschränkung 67, **68**, 69–70, 77, 98, 103, 130–131
reiner – 56–57, 67–68
separater – 50, 68
Singulett- → Singulettzustand
-sverschränkungen → Verschränkung
Überlagerung von Quanten- → Superposition

Einführungen Philosophie

Folgende weitere Bände der Reihe sind geplant und werden ab Herbst 2003 erscheinen:

B 15464–9 MICHAEL QUANTE
Einführung in die Allgemeine Ethik

B 15465–7 ANDREAS VIETH
Einführung in die Angewandte Ethik

B 15457–6 CHRISTINA RUNTENBERG/DIETER SCHÖNECKER/NIKO STROBACH
Einführung in die Didaktik der Philosophie

B 15473–8 RALF SCHUMACHER
Einführung in die Erkenntnistheorie

B 15472-X THOMAS ZWENGER
Einführung in die Geschichtsphilosophie

B 15460–6 ALI BEHBOUD
Einführung in die Logik

B 15458–4 UWE MEIXNER
Einführung in die Metaphysik

B 15463–0 DIETER TEICHERT
Einführung in die Philosophie des Geistes

B 15469-X MARIA ELISABETH REICHER
Einführung in die Philosophische Ästhetik

B 15470–3 CHRISTIAN THIES
Einführung in die Philosophische Anthropologie

B 15468–1 ALEJANDRO G. VIGO
Einführung in die Philosophische Hermeneutik

B 15466–5 CHRISTOPH HORN
Einführung in die Politische Philosophie

B 15467–3 JEAN-CHRISTOPHE MERLE
Einführung in die Rechtsphilosophie

B 15471–1 WINFRIED LÖFFLER
Einführung in die Religionsphilosophie

B 15459–2 ALBERT NEWEN/MARKUS SCHRENK
Einführung in die Sprachphilosophie

B 15462–2 GERHARD SCHURZ
Einführung in die Wissenschaftstheorie